MIX
Papier aus verantwortungsvollen Quellen
Paper from responsible sources
FSC® C105338

Heike Kniesel

Moderne Vergütungspraxis

Anforderungen an die Gestaltung,
die Implementierung und die Umsetzung
variabler Entgeltsysteme

Diplomica Verlag GmbH

Kniesel, Heike: Moderne Vergütungspraxis: Anforderungen an die Gestaltung, die Implementierung und die Umsetzung variabler Entgeltsysteme, Hamburg, Diplomica Verlag GmbH 2013

Buch-ISBN: 978-3-8428-9871-4
PDF-eBook-ISBN: 978-3-8428-4871-9
Druck/Herstellung: Diplomica® Verlag GmbH, Hamburg, 2013

Bibliografische Information der Deutschen Nationalbibliothek:
Die Deutsche Nationalbibliothek verzeichnet diese Publikation in der Deutschen Nationalbibliografie; detaillierte bibliografische Daten sind im Internet über http://dnb.d-nb.de abrufbar.

Das Werk einschließlich aller seiner Teile ist urheberrechtlich geschützt. Jede Verwertung außerhalb der Grenzen des Urheberrechtsgesetzes ist ohne Zustimmung des Verlages unzulässig und strafbar. Dies gilt insbesondere für Vervielfältigungen, Übersetzungen, Mikroverfilmungen und die Einspeicherung und Bearbeitung in elektronischen Systemen.

Die Wiedergabe von Gebrauchsnamen, Handelsnamen, Warenbezeichnungen usw. in diesem Werk berechtigt auch ohne besondere Kennzeichnung nicht zu der Annahme, dass solche Namen im Sinne der Warenzeichen- und Markenschutz-Gesetzgebung als frei zu betrachten wären und daher von jedermann benutzt werden dürften.

Die Informationen in diesem Werk wurden mit Sorgfalt erarbeitet. Dennoch können Fehler nicht vollständig ausgeschlossen werden und die Diplomica Verlag GmbH, die Autoren oder Übersetzer übernehmen keine juristische Verantwortung oder irgendeine Haftung für evtl. verbliebene fehlerhafte Angaben und deren Folgen.

Alle Rechte vorbehalten

© Diplomica Verlag GmbH
Hermannstal 119k, 22119 Hamburg
http://www.diplomica-verlag.de, Hamburg 2013
Printed in Germany

Inhaltsverzeichnis

Abbildungsverzeichnis 8
1   Einleitung in die Thematik 9
    1.1   Problemstellung und Zielsetzung 9
    1.2   Aufbau 10
2   Theoretische Grundlagen 13
    2.1   Variable Entgeltsysteme 13
    2.1.1   Das Entgeltsystem als Element des Führungssystems 16
    2.1.2   Funktionen von Entgeltsystemen 17
    2.1.3   Gestaltungsdimensionen von Entgeltsystemen 18
        2.1.3.1   Zusammensetzung der Anreizinhalte 18
        2.1.3.2   Bemessungsgrundlagen für die Gewährung von Anreizen 22
        2.1.3.3   Die Zeitdimension des Anreizsystems 24
        2.1.3.4   Differenzierung von Anreizebenen 26
    2.2   Motivation 27
    2.2.1   Der Begriff der Arbeitsmotivation 29
    2.2.2   Intrinsische und extrinsische Motivation 30
    2.2.3   Leistung und Zufriedenheit als Ziele der Motivierung 31
    2.2.4   Theorien der Motivation und des Verhaltens 33
    2.3   Wirkungszusammenhang von Anreizsystemen und Motivation 34
3   Warum variable Entlohnung? 35
    3.1   Veränderungen am Markt 36
    3.2   Wertewandel 37
    3.3   Neue Informations- und Kommunikationstechnologien 38
    3.4   Neue Unternehmensformen 39
    3.4.1   Traditionelle Organisation mit hierarchischer Struktur 40
    3.4.2   Die Modularisierung 41
    3.4.3   Strategische Netzwerke und Kooperationen 42
    3.4.4   Die Virtualisierung 43
    3.5   Veränderungen im Menschenbild 44
    3.5.1   Menschenbilder in der Theorie 45
    3.5.2   Die Menschenbilder der Vergangenheit 46
    3.5.3   Das Menschenbild von heute 50
        3.5.3.1   Der Homo oeconomicus als soziales Wesen 51
        3.5.3.2   Werte als Basis des Menschenbildes 52
        3.5.3.3   „Wir probieren herum und suchen das beste für uns" 54
        3.5.3.4   Neue Spielregeln der Zusammenarbeit 57

4	Ist Motivation käuflich?	61
4.1	Extrinsische zerstört intrinsische Motivation	61
4.2	Extrinsische verdrängt intrinsische Motivation	62
4.3	Extrinsische ergänzt und verstärkt intrinsische Motivation	64
4.4	Folgerungen aus diesem Kapitel	67
5	**Anforderungen an die Gestaltung von Entgeltsystemen**	**69**
5.1	Individualisierung und Flexibilisierung	70
5.2	Transparenz	71
5.3	Leistungsorientierung	72
5.4	(Lohn-) Gerechtigkeit	74
5.5	Wirtschaftlichkeit	76
6	**Die Implementierung eines variablen Entgeltsystems**	**79**
6.1	Der Begriff Implementierung	79
6.2	Implementierungs-Management im Spektrum des Change-Managements	81
6.3	Das Projektmanagement als Implementierungsansatz	82
6.3.1	Phase der Vorbereitung und Analyse	84
6.3.2	Phase der Konzipierung	86
6.3.3	Phase der Umsetzung	87
6.3.4	Systemüberprüfung	89
6.4	Die Akzeptanz der MitarbeiterInnen als Erfolgsfaktor	90
7	**Die Rolle von Information und Kommunikation**	**97**
7.1	Der Begriff der Kommunikation	97
7.2	Kommunikation und Information	100
7.3	Kommunikation und Interaktion	101
7.4	Das Funktionieren des Kommunikationsprozesses	103
7.4.1	Informationstheoretische Erklärungsansätze	103
7.4.2	Verhaltenswissenschaftliche Erklärungsansätze	106
7.4.2.1	Die Axiome zwischenmenschlicher Kommunikation	106
7.4.2.2	Die vier Seiten einer Nachricht	109
7.4.2.3	Der Symbolische Interaktionismus	111
7.4.2.4	Die Theorie des kommunikativen Handelns	112
7.4.3	Relevanz der beschriebenen Theorien	113
8	**Besonderheiten bei der Kommunikation im Unternehmen**	**117**
8.1	Arten von Kommunikation	119
8.1.1	Verbale und nonverbale Kommunikation	119
8.1.2	Formelle und informelle Kommunikation	121
8.1.3	Einweg- und Zweiwegkommunikation	124

8.2	Ziele von Kommunikation	127
8.3	Barrieren der Kommunikation	130
8.4	Kommunikation bei der Einführung variabler Entgeltsysteme	134
8.4.1	Kommunikation in den einzelnen Projektphasen	136
8.4.1.1	Kommunikation in der Phase der Vorbereitung und Analyse	136
8.4.1.2	Kommunikation in der Phase der Konzipierung	138
8.4.1.3	Kommunikation in der Phase der Umsetzung	140
8.4.1.4	Kommunikation in der Phase der Systemprüfung	142
8.4.2	Ausgewählte Instrumente der Projektkommunikation	145
8.4.2.1	Instrumente der Einwegkommunikation	147
8.4.2.2	Instrumente der Zweiwegkommunikation	149

9 Schlussfolgerungen und Ausblick 155

Literaturverzeichnis 159

Abbildungsverzeichnis

Abbildung 1: Zusammenhang zwischen Anreizsystem und Leistung 14
Abbildung 2: Verschiedene Klassen von Anreizsystemen 15
Abbildung 3: Zusammensetzung von Grund- und Leistungsentgelt 19
Abbildung 4: Mögliche Ausformung der Entgeltbestandteile 20
Abbildung 5: Gewichtung von Unternehmens- und
              Individualperformance nach Hierarchieebene 26
Abbildung 6: Determinanten und Verlauf motivierten Handelns 28
Abbildung 7: Ausformungen intrinsischer Motivation 31
Abbildung 8: Veränderte Rahmenbedingungen für Unternehmen 35
Abbildung 9: Organisationsformen in Abhängigkeit von Produktkomplexität und
              Marktunsicherheit 40
Abbildung 10: Mensch und Menschenbild – ‚Sein' und Sollen 45
Abbildung 11: Faktoren zur Bestimmung einer Gehaltserhöhung 73
Abbildung 12: Implementierung als wechselseitige Abstimmung von Konzept und Kontext 81
Abbildung 13: Überblick über rechtliche Bestimmungen für die Entgeltfindung 85
Abbildung 14: Unterschiedliche Veränderungsstrategien 94
Abbildung 15: Schematische Kommunikationsdarstellung 104
Abbildung 16: Soziologische Analyse kommunikativer Prozesse 105
Abbildung 17: Die vier Seiten einer Nachricht 109
Abbildung 18: Beispiel grafischer Darstellung von Kommunikationsstrukturen 122
Abbildung 19: Die vier Modelle der Public Relations 125
Abbildung 20: Die Intentionalität kommunikativen Handelns 128
Abbildung 21: Hierarchie der Ziele 129
Abbildung 22: Barrieren der Kommunikation 131
Abbildung 23: Mögliche Kommunikationsinstrumente bei der Einführung variabler
              Entgeltsysteme 136
Abbildung 24: Komponenten interner Projektkommunikation 139
Abbildung 25: Kommunikationsschwerpunkte 142
Abbildung 26: Systematisierung von Kommunikationsinstrumenten 146
Abbildung 27: Gestaltung der Botschaft 148
Abbildung 28: Spannungsfeld zwischen Effektivität und Effizienz 153

*Wie oft verglimmen
die gewaltigsten Kräfte, weil kein Wind sie anbläst.*

Jeremias Gotthelf, 1797 - 1854

1 Einleitung in die Thematik

Leistungs- und erfolgsorientierte Entgeltsysteme liegen im Trend. Die Unternehmen reagieren damit auf die vielfach diskutierte Dynamik, Komplexität und Diskontinuität im Umfeld, aber auch innerhalb der Organisationen. Durch die Variabilisierung der Entlohnung soll der Personalaufwand – bis zu einem gewissen Ausmaß – an den Unternehmenserfolg angeglichen werden, darüber hinaus verspricht die Einführung eines variablen Entgeltsystems die Steigerung der Leistung und die Erhöhung der Leistungsmotivation der MitarbeiterInnen. Vor allem Know-how-TrägerInnen sollen durch ein ansprechendes Entgeltsystem gewonnen und an das Unternehmen gebunden werden. So verdeutlicht auch eine aktuelle Studie der Unternehmensberatung Heissmann grundlegende Veränderungen hinsichtlich der Vergütungspraxis. Fünf von sechs der befragten Unternehmen nutzen ihre Vergütungssysteme im zunehmenden Maße zur Erreichung der Unternehmensziele. Das Ziel der Motivation und der Belohnung der Leistungsträger steht mit 77 Prozent an zweiter Stelle.[1]

Auch ein Umdenken in der Wirtschaft spiegelt sich in dieser Entwicklung wider. Während MitarbeiterInnen früher eher als Kostenfaktor betrachtet wurden, erfährt der Faktor „Human Ressource" heute zunehmende Bedeutung. Die Annahmen über den Menschen haben sich verändert. Nicht mehr der rein materialistische Homo oeconomicus liegt zu Grunde, sondern Menschen, welche ihre Kreativität ins Unternehmen einbringen sollen und als MitunternehmerInnen und MitdenkerInnen Verantwortung übernehmen. Durch die variablen Entgeltanteile soll das unternehmerische Denken der MitarbeiterInnen gefördert und so ihr Entscheidungsspielraum erweitert werden.

Doch es gibt auch kritische Stimmen, welche bezweifeln, dass materielle Belohnungen überhaupt die Leistung der MitarbeiterInnen steigern. Und tatsächlich können in der Praxis eine große Anzahl von Entgeltprojekten beobachtet werden, welche bereits bei der Einführung oder kurz danach scheitern. Warum dies so ist, was genau unter variabler Entlohnung zu verstehen ist und wie man oft begangene Fehler bei der Einführung variabler Entgeltsysteme vermeiden kann, soll Inhalt dieser Abhandlung sein.

1.1 Problemstellung und Zielsetzung

Zielsetzung des vorliegenden Werkes ist es aufzuzeigen, ob und unter welchen Bedingungen variable Entgeltsysteme eine positive Wirkung auf die Motivation von MitarbeiterInnen

---

[1] Vgl. Heissmann [Variable Vergütung 2007], Seite 3. An der Studie nahmen 218 Unternehmen teil, 30 Prozent davon DAX-Unternehmen.

haben. Die Einleitung zeigt bereits, dass im Bereich der Motivation, und vor allem bei der Arbeitsmotivation, sehr unterschiedliche Meinungen und Ansätze vertreten werden. Um die Frage nach den Auswirkungen von *variablen* Entgeltsystemen beantworten zu können, muss zuerst geklärt werden, ob materielle Belohnungen generell etwas zur Motivation von MitarbeiterInnen beitragen können.

Ausgehend vom allgemeinen Aufbau eines Entgeltsystems werden speziell die Wirkungen von variablen Entgeltkomponenten auf die Arbeitsmotivation betrachtet, um anschließend wichtige Anforderungen zu formulieren, welche bei der Ausgestaltung zu berücksichtigen sind.

Darüber hinaus zeigte sich im Zuge der Recherche, dass vor allem die Akzeptanz der MitarbeiterInnen einen großen Einfluss auf den Erfolg des Systems hat. Da diese bereits bei der Implementierung einen entscheidenden Faktor darstellt, werden Spezifika des Implementierungsprozesses und Besonderheiten des damit eng in Zusammenhang stehenden Kommunikationsprozesses aufgezeigt.

Insgesamt soll das Werk einen Überblick über mögliche variable Entgeltbestandteile liefern und aufzeigen, unter welchen Umständen diese einen Beitrag zur Motivation von MitarbeiterInnen leisten können. Das Thema der Motivation benötigt einen interdisziplinären Zugang, weshalb für diese Abhandlung eine sehr breite Herangehensweise gewählt wurde, welche sowohl betriebswirtschaftliche Elemente, als auch Ansätze aus der Psychologie, der Soziologie und der Kommunikationswissenschaft beinhaltet.

1.2 Aufbau

Ausgehend von diesem ersten Kapitel, in dem eine Einführung in die Thematik und ein Überblick über die Problemstellung und Zielsetzung gegeben wurde, werden in Kapitel 2 die theoretischen Grundlagen der Themenkomplexe „variable Entgeltsysteme" und „Motivation" erläutert, um das Begriffsverständnis, welches dieser Abhandlung zu Grunde liegt, zu definieren.

In Kapitel 3 wird aufgezeigt, warum der Trend in Richtung variable Entlohnung geht. Um dies zu erreichen werden zunächst die Veränderungen am Markt (Abschnitt 3.1), der Wertewandel in der Gesellschaft (Abschnitt 3.2) und die Entwicklungen im Bereich der Informations- und Kommunikationstechnologien (Abschnitt 3.3) beschrieben und deren Auswirkungen auf die Organisationsstrukturen und Unternehmensformen (Abschnitt 3.4) dargelegt. Da auch die so genannten Menschenbilder im Laufe der Jahre eine Veränderung erfahren haben, was sich einerseits durch die erwähnten Entwicklungen ergibt, andererseits diese bedingt und verstärkt, wird auch dieses Thema in Abschnitt 3.5 diskutiert.

Nachdem die Rahmenbedingungen und neuen Anforderungen aufgezeigt wurden, wird in Kapitel 4 der Frage nachgegangen, ob Motivation durch extrinsische Anreize überhaupt gesteigert werden kann. Hierzu werden unterschiedliche Meinungen und Ansätze aufgezeigt und unter Zuhilfenahme verschiedener Metastudien werden Rückschlüsse für die hier relevante Fragestellung gezogen. Um Dysfunktionalitäten im Bereich der variablen Entlohnung zu vermeiden, spielt die Gestaltung des Systems eine enorme Rolle. In Kapitel 5 werden unterschiedliche Anforderungen an variable Entgeltsysteme näher betrachtet, welche bei der Ausgestaltung des Systems bedacht werden müssen.

Die Erkenntnisse der Kapitel 2 bis 5 haben gezeigt, dass bereits die Einführung eines variablen Entgeltsystems einen Erfolgsfaktor darstellt, da diese einen wesentlichen Beitrag zur Akzeptanz der MitarbeiterInnen leisten kann. In Kapitel 6 wird daher ausführlich auf die Thematik der Implementierung eingegangen und aufgezeigt, worauf dabei speziell zu achten ist.

Da die Einführung eines neuen Entgeltsystems immer eng mit dem Austausch zwischen Initiatoren und MitarbeiterInnen im Zusammenhang steht, wird in Kapitel 7 auf die Rolle von Information und Kommunikation eingegangen. Hier wird zunächst ein grundlegendes Begriffsverständnis erarbeitet und anschließend der Frage nach dem Funktionieren des Kommunikationsprozesses nachgegangen. Die Besonderheiten bei der Kommunikation im Unternehmen und die unterschiedlichen Möglichkeiten Kommunikation in diesem Rahmen durchzuführen werden in Kapitel 8 beleuchten. Auch die spezifischen Kommunikationsmaßnahmen und -instrumente, welche im Rahmen der Einführung eines neuen Entgeltsystems Verwendung finden können, sowie die Besonderheiten, die während der einzelnen Projektphasen zu beachten sind, werden thematisiert.

Um die Ergebnisse zusammenzufassen und einen möglichen Ausblick aufzuzeigen werden in Kapitel 9 Schlussfolgerungen über die Thematik gezogen und weitere Forschungsfelder im Bereich der variablen Entgeltsysteme aufgezeigt.

2 Theoretische Grundlagen

Die Thematik dieses Werks bezieht sich auf variable Entgeltsysteme und deren Auswirkung auf die Motivation von MitarbeiterInnen. Eine genaue Betrachtung und Diskussion dieses Themenbereichs verlangt nach einem klaren und eindeutigen Begriffsverständnis. Ausgangspunkt bilden daher theoretische Grundlagen, welche es ermöglichen, ein einheitliches Verständnis der Begriffe „variables Entgeltsystem" und „Motivation" zu erzeugen und eine theoretische Einordnung vorzunehmen.

2.1 Variable Entgeltsysteme

Die Aufgabe dieses Kapitels ist es, das Verständnis von Entgeltsystemen wie es für diese Abhandlung relevant ist, darzustellen und von anderen Begriffen abzugrenzen. Um sich dem Begriff des Entgeltsystems, und in weiterer Folge dem Begriff des variablen Entgeltsystems anzunähern, werden vorweg grundlegende Charakteristika über den weiter gefassten Begriff des Anreizsystems beschrieben.

Von einem Anreizsystem ist laut Drumm dann „zu sprechen, wenn mehrere Anreize mit der Funktion von Belohnungen angeboten und so aufeinander abgestimmt werden, dass sie im Wirkungsverbund erwünschte Verhaltensweisen auslösen und unerwünschte Verhaltensweisen unterdrücken oder zurückdrängen."[2]

Basierend auf der Annahme, dass die Arbeitszufriedenheit der MitarbeiterInnen durch Anreize von außen beeinflusst werden kann, lässt sich der zentrale Zweck von Entgeltsystemen in der Verhaltensbeeinflussung von MitarbeiterInnen zur Erbringung höherer Leistungen sehen. Weinert geht davon aus, dass das Anreizsystem eines Unternehmens eine unmittelbare Wirkung auf die Zufriedenheit der MitarbeiterInnen hat und diese wiederum die Motivation prägt. Die Motivation beeinflusst das Verhalten auf den unterschiedlichen Ebenen der Organisation und verändert so die erreichten Leistungen bzw. Ergebnisse. Durch die Beurteilung der erreichten Leistung ergibt sich wiederum eine Rückkoppelung zum Anreizsystem, wodurch der Kreislauf geschlossen wird. Weinert macht darauf aufmerksam, dass Anreize hierbei auf unterschiedlichen Wegen wirken, denn sie „befriedigen Bedürfnisse, sie führen zum Erlernen neuer Verhaltensweisen und sie lenken bzw. beeinflussen die Wahl einer Person

---

[2] Drumm [Presonalwirtschaft 2000], Seite 525.

unter unterschiedlichen Verhaltensalternativen."[3] Dieser in Abbildung 1 grafisch dargestellte Zusammenhang soll für diese Abhandlung als gedanklicher Hintergrund dienen.

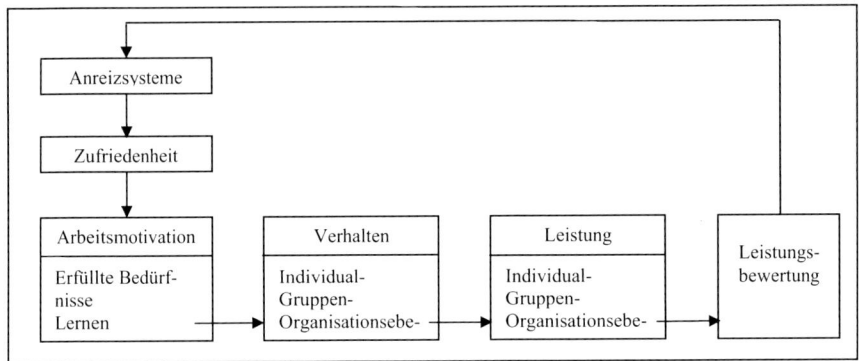

Abbildung 1: Zusammenhang zwischen Anreizsystem und Leistung[4]

In der Literatur finden sich verschiedene Auffassungen über den Umfang von Anreizsystemen. Wird das Unternehmen in seiner Gesamtheit als Anreizsystem verstanden, kann vom **Anreizsystem im weitesten Sinn** gesprochen werden. Hier werden alle denkbaren Anreize mit einbezogen, sogar diejenigen, die durch das Arbeitsumfeld entstehen. Dies ergibt sich aus der Überlegung, dass alle strukturellen, kulturellen und prozessualen Elemente eines Unternehmens verhaltensbeeinflussende Wirkungen haben. Das gesamte Unternehmen wird als Anreizsituation wahrgenommen.[5]

Im Gegensatz dazu zählt zum **Anreizsystem im weiteren Sinn** der systematische Einsatz aller monetären und nicht-monetären Anreize. In Abgrenzung zum Anreizsystem im weitesten Sinn handelt es sich hier um das gesamte Führungssystem, wodurch vor allem eine gute, wenngleich nur längerfristige Gestaltbarkeit in den Vordergrund rückt. Dieses System entspricht wohl auch jenem Umfang, auf den Drumm mit der oben genannten Definition abstimmte. Bei den **Anreizsystemen im engeren Sinn** wird der Einsatz auf monetäre Anreize beschränkt. Hierzu zählen Vergütungskomponenten wie fixe und variable Gehälter, eine betriebliche Altersvorsorge und unterschiedliche Beteiligungsmodelle.[6]

---

[3] Weinert [Anreizsysteme 1992], Spalte 126.
[4] Quelle: Weinert [Anreizsysteme 1992], Spalte 126 (leicht modifiziert).
[5] Vgl. Rosenstiel [motivationale Grundlagen 1975], Seite 226f.
[6] Vgl. Becker [Anreizsysteme 1990], Seite 8 sowie Brandenberg [Anreizsysteme 2001], Seite 42.

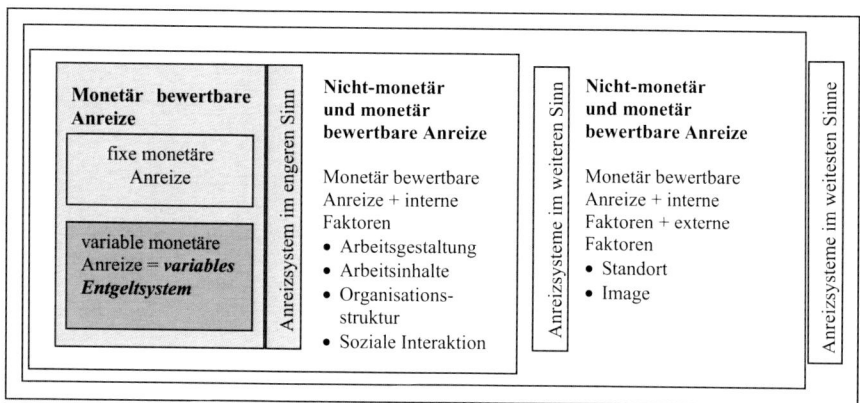

Abbildung 2: Verschiedene Klassen von Anreizsystemen[7]

Wie in Abbildung 2 dargestellt, wird dieses Verständnis von Anreizsystemen für die vorliegende Abhandlung auf eine „engste Fassung" reduziert. Im Gegensatz zur obigen Beschreibung bezieht sich die Fragestellung dieses Werks auf jene Möglichkeiten, welche sich durch variable Anreize ergeben. Das Wort der Variabilität meint in diesem Zusammenhang jenen Bestandteil der Vergütung, welcher vom fixen Entgelt abweicht. Das variable Arbeitsentgelt ist in der Regel an Bedingungen gekoppelt. Meist bedeutet dies, dass die Vergütung an individuelle oder kollektive Leistungen geknüpft ist.

Die Sinnhaftigkeit dieser Einschränkung erklärt sich auch durch das anfänglich beschriebene Kreislaufmodell von Weinert, da nur durch die Verknüpfung der Leistung mit dem bestehenden Anreizsystem dieser Kreislauf auch tatsächlich geschlossen werden kann. Welche Möglichkeiten es gibt, diese beiden Größen zu koppeln, und wie sich diese Koppelung auf die Motivation der MitarbeiterInnen auswirkt, wird im Rahmen dieses Buches noch aufzuzeigen sein.

Nach einem arbeitsrechtlichen Verständnis kann unter dem Begriff Entgelt die Gesamtheit aller Geld- und Sachleistungen verstanden werden, welche ein/e ArbeitnehmerIn in Gegenleistung für ihre/seine Arbeitsleistung erhält.[8] In diesem Begriffsverständnis könnte das Wort Entgelt also als Synonym für den hier verwendeten Begriff „Anreiz" verstanden werden. In der Tat werden in dieser Abhandlung die Begriffe „Entgeltsystem" und „Anreizsystem" teilweise parallel verwenden, da eine strikte Trennung nicht immer notwendig erscheint. Dennoch soll der Begriff des Entgeltsystems stärker auf die „entgeltliche" und somit monetä-

---

[7] Quelle: in Anlehnung an Bau [junge Unternehmen 2003], Seite 29.
[8] Vgl. Jaborncgg et al. [Arbeitsrecht 2005], Seite 60.

re Komponente hinweisen. Während der Begriff des Anreizsystems durchaus auch nichtmonetäre Anreize beinhalten kann, bezieht sich der Begriff des Entgeltsystems jedenfalls immer auf die hier als „im engeren Sinne" beschriebene Fassung.

2.1.1 Das Entgeltsystem als Element des Führungssystems

Für die erfolgreiche Gestaltung, Lenkung und Entwicklung einer Organisation ist es notwendig, alle vorhandenen Subsysteme auf die gemeinsame Strategie auszurichten. Das Entgeltsystem ist hierbei als Teil des Personalsystems in das Führungssystem eingebettet, um dieses unterstützen zu können. Nur durch die Abstimmung der einzelnen Subsysteme kann der gewünschte Erfolg erzielt werden.[9] Wird ein Entgeltsystem isoliert und nicht als Teil des Gesamtsystems konzipiert, muss man damit rechnen, dass andere (personalwirtschaftliche) Gestaltungsinstrumente die Wirkung des Entgeltsystems aufheben oder überkompensieren.[10] „Es bedarf einer zielgerichteten, konsistenten und ineinandergreifenden Gestaltung aller Führungssubsysteme, um eine »optimale« Anreiz- und Motivationswirkung ... zu erreichen."[11]

Der enge Zusammenhang zwischen den Bereichen lässt sich unter anderem darin erkennen, dass der Zeithorizont des Entgeltsystems mit jenen des Kontroll- und des Planungssystems übereinstimmen sollte. Auch die Verschränkung mit dem Controlling zeigt sich deutlich, da Bezugsgrößen sehr oft auf Kennzahlen beruhen. Maßgeblich für die Gestaltung von Anreizsystemen sind hierbei die personalstrategischen Ziele, welche sich aus der Unternehmensstrategie ableiten lassen.[12] Meist stehen die Verbesserung der Produktivität und der Kostenkontrolle an erster Stelle, um zu einer Erhöhung der Rentabilität beitragen zu können. Aus Sicht der Personalverantwortlichen stehen drei Teilbereiche im Vordergrund, die zur Erreichung der unternehmenspolitischen Ziele beitragen:

(1) Die Mitarbeitergewinnung ermöglicht bereits von Anfang an Qualifikationen dem Unternehmen entsprechend auszuwählen und somit die Qualität der Arbeit zu steigern. (2) Durch die Mitarbeiterbindung soll die Fluktuation möglichst niedrig gehalten werden, wodurch auch das Know-how ans Unternehmen gebunden wird. (3) Auch die Motivation der MitarbeiterInnen wird als Zieldimension betrachtet, da diese zur Effizienzsteigerung beiträgt.[13] Durch eine

---

[9] Vgl. Winter [Managementanreizsysteme 1996], Seite 10.
[10] Vgl. Grewe [Implementierung 2003], Seite 11 sowie Eckardstein [Modernisierung 1995], Seite 21.
[11] Becker [Anreizsysteme 1990], Seite 113.
[12] Vgl. Evers/Hören [Bonussysteme 1996], Seite 457.
[13] Vgl. Towers Perrin [Benefits 2006], Seite 11f.

strategische Ausrichtung können Anreizsysteme zum Erreichen der personalpolitischen Ziele beitragen und die Aktivitäten der MitarbeiterInnen beeinflussen.[14]

2.1.2 Funktionen von Entgeltsystemen

Die verhaltenssteuernde Zielsetzung von Entgeltsystemen wird von unterschiedlichen Funktionen getragen. Diese nicht ganz überschneidungsfreien Dimensionen, welche im Folgenden beschrieben werden, lassen erkennen, auf welche Art und Weise Entgeltsysteme funktionieren:[15]

- *Aktivierungsfunktion*: durch den Einsatz des Entgeltsystems wird die Motivation der MitarbeiterInnen aktiviert und vorhandene kognitive Komponenten (Gedanken, Meinungen, Einstellungen) werden positiv beeinflusst. Dies führt zu einer erhöhten Leistungsbereitschaft, wodurch die Qualifikation der MitarbeiterInnen gesteigert werden kann.

- *Steuerungsfunktion*: Grundsätzlich können Elemente des Entgeltsystems mit betrieblichen Zielen verknüpft werden. Durch positive oder negative Sanktionen können dadurch Art und Intensität des Mitarbeiterverhaltens antizipativ und nachhaltig beeinflusst werden.

- *Informationsfunktion*: Durch den Einsatz von Entgeltsystemen werden explizite wie auch implizite Signale gesendet, die den MitarbeiterInnen einen Hinweis darauf geben, was im Unternehmen erwartet wird und was unterlassen werden soll. Diese Informationen können sich z.B. auf die Führungspolitik, die Strategie, die Organisationskultur oder die Unternehmensziele beziehen.

- *Veränderungsfunktion*: Entgeltsysteme können dazu genutzt werden, veränderte Anforderungen an die MitarbeiterInnen zu kommunizieren und zu verdeutlichen. Das System kann an die beabsichtigten Veränderungen angepasst werden, um so einen Beitrag zur Umsetzung zu leisten.

---

[14] Vgl. Elšik/Nachbargauer [Enlohnung 2002], Seite 529 sowie Grewe [Implementierung 2003], Seite 13.
[15] Vgl. Becker [Mitarbeiterführung 2000], Seite 8f.

Je nach Gestaltung des Entgeltsystems treten Funktionen stärker in den Vordergrund oder sind schwächer ausgeprägt. Wie die unterschiedlichen Funktionen zusammenspielen, hängt von den Zielen der Verantwortlichen ab und davon, wie das System gestaltet wird.

2.1.3 Gestaltungsdimensionen von Entgeltsystemen

Je nach Unternehmensstruktur und -kultur gibt es eine Fülle von Möglichkeiten, das Anreizsystem zu gestalten. Hierbei geht es vor allem um die Systematisierung möglicher Anreizinhalte, der Bemessungsgrundlage der Anreizgewährung, der zeitlichen Dimension von Anreizen sowie der Frage, welche Bereiche des Unternehmens davon betroffen sind.[16]

2.1.3.1 Zusammensetzung der Anreizinhalte

Ein Anreizsystem setzt sich immer aus unterschiedlichen Elementen zusammen, durch deren bewusste Gestaltung es als Führungsinstrument eingesetzt werden kann. Hierzu zählen sowohl materielle als auch immaterielle Anreize, deren Kombination einen optimalen Mix für die Ansprache der MitarbeiterInnen ergeben soll. Zu den immateriellen Anreizen zählen hier vor allem Möglichkeiten der Mitbestimmung für die Mitarbeiterin/den Mitarbeiter, aber auch Maßnahmen im Bereich der Personalentwicklung sowie das Arbeitsklima und Karrieremöglichkeiten.[17] Da in dieser Abhandlung vor allem die materiellen Anreize von Bedeutung sind, werden die immateriellen Möglichkeiten der Anreizgestaltung nicht näher beleuchtet.

Das materielle Anreizsystem umfasst die Summe aller gegenständlichen Belohnungen. Wie in Abbildung 3 dargestellt, kann hierbei grundsätzlich zwischen obligatorischen Leistungen wie Festgehalt und Sozialleistungen, und fakultativen Leistungen, welche die MitarbeiterInnen am Erfolg des Unternehmens beteiligen, unterschieden werden.[18] Während der fixe Teil des Entgelts eine erwartete Leistung honoriert (ex ante), erfolgt die Entlohnung bei der variablen Vergütung nach Erreichung eines vorab definierten Arbeitsergebnisses (ex post).[19]

---

[16] Vgl. Bleicher [strategische Anreizsysteme 1989], Seite 370, zitiert nach Grewe [Implementierung 2003], Seite 15.
[17] Vgl. Becker [Anreizsysteme 1995], Spalte 41f.
[18] Vgl. Becker [Anreizsysteme 1995], Spalte 40
[19] Vgl. Bühner [Personalmanagement 1994], Seite 214.

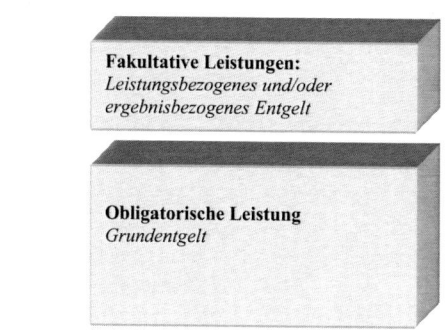

Abbildung 3: Zusammensetzung von Grund- und Leistungsentgelt[20]

Die Ermittlung des fixen Grundentgelts orientiert sich an relativ konstanten Größen, wie den Anforderungen des Arbeitssystems und der Qualifikation der MitarbeiterInnen. Auch soziale und lebensabschnittsabhängige Kriterien sowie die Frage nach der hierarchischen Stellung im Unternehmen können die Höhe des Entgelts beeinflussen.[21] In der Vergangenheit lag die Schwerpunktsetzung auf dieser Art der Entgeltfindung, welches in der Regel nach der Dauer der geleisteten Arbeitsstunden als sogenannter Zeitlohn ausbezahlt wurde. Durch die Entwicklungen im Unternehmensumfeld und der Arbeitsorganisation sind Unternehmen allerdings immer stärker darauf angewiesen PotentialträgerInnen für das Unternehmen zu gewinnen und halten zu können. Dies wird unter anderem durch die Beteiligung der MitarbeiterInnen am Unternehmenserfolg möglich, weshalb der variable Teil des Entgelts in den letzten Jahren immer mehr an Bedeutung gewonnen hat. Hierbei lassen sich zwei Trends erkennen: einerseits steigt die Anzahl der Unternehmen, die mit variabler Vergütung arbeiten, andererseits sinkt der Trend zur Variabilisierung eines Teils der Vergütung in der Hierarchie immer tiefer und bezieht heute auch immer öfter Angestellte und Arbeiter mit ein.[22]

Eine Beteiligung von MitarbeiterInnen wird in der Praxis auf unterschiedliche Weise möglich. Eine grobe Gliederung ist jene in Erfolgsbeteiligung und Kapitalbeteiligung, welche in Abbildung 4 grafisch dargestellt ist. Die Erfolgsbeteiligung kann systematisch unterteilt

---

[20] Quelle: In Anlehnung an Schultetus [Entgeltsysteme 1996], Seite 901.
[21] Vgl. Scholz [Personalmanagement 2000], Seite 734.
[22] Vgl. Lurse et al. [Ziele 2002], Seite 92.

werden in die Leistungs-, die Gewinn- und die Ertragsbeteiligung. Bei der Kapitalbeteiligung kann zwischen Eigen- und Fremdkapitalbeteiligung unterschieden werden.[23]

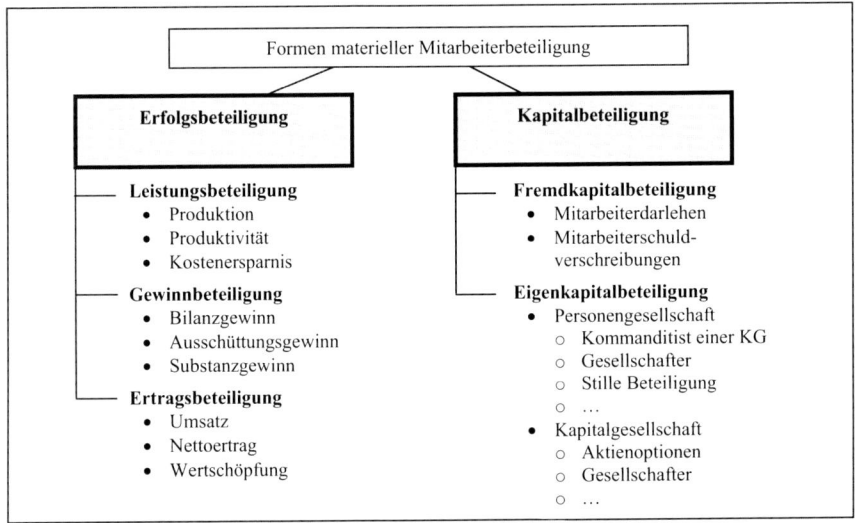

Abbildung 4: Mögliche Ausformung der Entgeltbestandteile[24]

Bei der *Leistungsbeteiligung* ist die individuelle Leistung der Maßstab für die Höhe der Vergütung, die Situation des Absatzmarktes und die möglichen Schwankungen werden hierbei nicht berücksichtigt.[25] Die Betrachtung der Leistung erfolgt über die Kriterien der Leistungsbedingungen, des Leistungsverhaltens und des Leistungsergebnisses.[26] Ein klar definiertes Verständnis von Leistung findet sich allerdings nur in theoretischen Beiträgen wieder, da das Ausmaß der Leistung in der Praxis nicht immer bzw. nur bedingt messbar ist. Aus diesem Grund ist Leistung – vor allem aus dem Blickwinkel der Praxis – immer das, „was zu einem bestimmten Zeitpunkt, in einem bestimmten Betrieb als Leistung definiert wird."[27] Die genauen Kriterien für die Berechnung des Entgelts sollten deshalb im Vorhinein vereinbart werden.

---

[23] Vgl. Jung [Personalwirtschaft 2001], Seite 598f.
[24] Quelle: in Anlehnung an Jung [Personalwirtschaft 2001], Seite 596ff.
[25] Vgl. Jung [Personalwirtschaft 2001], Seite 584.
[26] Vgl. Becker [Anreizsysteme 1990], Seite 22f., vgl. hierzu auch Abschnitt 5.3.
[27] Polzer [Entgeltsysteme 1995], Seite 149.

Bei der *Gewinnbeteiligung* ist die Höhe des Entgelts von der betrieblichen Entwicklung, aber auch von der Situation auf dem Absatzmarkt abhängig. Je nach Beteiligungsbasis unterscheidet man hier zwischen Bilanz-, Ausschüttungs- und Substanzgewinnbeteiligung. Im Unterschied dazu hängt die Ertragsgewinnbeteiligung nur von den tatsächlich erzielten Absätzen und somit sehr stark von den Einflüssen des Absatzmarktes ab. Werden die MitarbeiterInnen am Umsatz beteiligt, spricht man von einer Umsatzbeteiligung, auch eine Beteiligung am Nettoertrag oder an der Wertschöpfung ist denkbar.[28]

Bei den hier beschriebenen Beteiligungsmöglichkeiten handelt es sich um vereinfachte Darstellungen, da sich in der Praxis zahlreiche Modelle und auch Mischformen etabliert haben. Die Anteile der Erfolgsbeteiligung werden in vielen Fällen im Unternehmen gehalten und dem Geschäftsprozess so wieder zugeführt. Die MitarbeiterInnen werden somit auch am Kapital des Unternehmens beteiligt. Geschieht dies über eine Eigenkapitalbeteiligung (als Gesellschafter oder Aktionär) wird die Mitarbeiterin oder der Mitarbeiter zur Miteigentümerin oder zum Miteigentümer. Bei einer Beteiligung über das Fremdkapital wird sie oder er zum Gläubiger des Unternehmens. Möglichkeiten der Eigen- und auch der Fremdkapitalbeteiligung sind in Abbildung 4 zusammengefasst.[29]

Vor allem bei der Kapitalbeteiligung kann die Höhe der Auszahlung nur in einem geringen Ausmaß von der individuellen Leistung beeinflusst werden und ist stark durch externe Faktoren bestimmt. Hier stellt sich die Frage, ob diese Form der Beteiligung zum variablen Entgelt im Sinne des hier angewandten Verständnisses zu zählen ist. Die MitarbeiterInnen haben nur in einem sehr eingeschränkten Sinn die Möglichkeit, auf das Ergebnis einzuwirken. Zudem erhalten die meist periodisch fixierten Auszahlungen durch ihre Regelmäßigkeit eher den Charakter eines fixierten Entgeltanteils. Darüber hinaus haben die schwankenden Aktienmärkte zu einem Umdenken in diesem Bereich geführt, weshalb die Bedeutung nach der anfänglichen Euphorie Anfang/Mitte der 90er zurückging.[30] Die Trennung der unterschiedlichen Beteiligungsmöglichkeiten ist allerdings in der Praxis nicht immer so eindeutig, weshalb alle Formen der Beteiligung in die obige Systematik aufgenommen wurden. Die Überlegungen im weiteren Verlauf dieser Abhandlung werden sich allerdings in erster Linie auf jene Teile der variablen Vergütung konzentrieren, welche durch Leistungs- oder Erfolgsbeteiligungen entstehen.

---

[28] Vgl. Jung [Personalwirtschaft 2001], Seite 584.
[29] Vgl. Olfert/Steinbuch [Personalwirtschaft 2001], Seite 392.
[30] Vgl. Wagner et al. [Entgeltbestandteile 2005], Seite 177.

Für die genaue Zusammensetzung von fixen und variablen Komponenten gibt es in der Literatur keine einheitlichen Hinweise. Eine Expertenbefragung von Becker zeigte auf, dass erst ab einem variablen Anteil von fünfzehn Prozent ein nachhaltiger Zusammenhang mit der individuellen Zufriedenheit erkannt werden kann.[31] Eckardstein führt aus, dass Anreize, die etwa fünf Prozent der Gesamthonorierung unterschreiten, nicht wahrgenommen werden.[32] Die Empfehlungen in der Literatur liegen meist bei einem Anteil zwischen zehn und dreißig Prozent, wobei Winter kritisiert, dass diese Hinweise relativ willkürlich sind und nur Empfehlungen, bezogen auf eine deutliche Wahrnehmbarkeit, dezidiert gegeben werden.[33] Insgesamt lässt sich anmerken, dass die Höhe des variablen Anteils mit zunehmender Hierarchieebene steigt.[34]

2.1.3.2 Bemessungsgrundlagen für die Gewährung von Anreizen

Für die Gestaltung von Anreizsystemen ist die Wahl der entsprechenden Bemessungsgrundlage entscheidend, da diese unmittelbar auf die Funktionsfähigkeit des Systems wirkt. Hierbei „handelt es sich um eine Größe, deren Ausprägung eine Beurteilung der Güte der Aufgabenerfüllung erlauben sollte."[35] An die ausgewählte Bemessungsgrundlage sind Anforderungen der Objektivität, der Reliabilität und der Validität zu stellen:[36]

- *Objektivität* ist dann gewährleistet, wenn die Messwerte unabhängig von der Person, welche die Auswertungen vornimmt, zustande kommen.
- Die *Reliabilität* oder Zuverlässigkeit versteht die Stabilität und Genauigkeit einer Messung. Dies bedeutet, dass wiederholte Anwendungen zu den selben Messergebnissen führen (müssen).
- Die *Validität* oder Gültigkeit meint die Vertrauenswürdigkeit des Messinstruments und die Forderung, dass es wirklich das misst, was es zu messen vorgibt.

---

[31] Vgl. Becker [strategisches Management 1987], Seite 94 zitiert nach Grewe [Implementierung 2003], Seite 17f.
[32] Vgl. Eckardstein [Modernisierung 1995], Seite 30.
[33] Vgl. Winter [Managementanreizsysteme 1996], Seite 100.
[34] Vgl. Lurse et al. [Ziele 2002], Seite 105.
[35] Schöb [dezentrale Organisationsstrukturen 1998], Seite 37.
[36] Vgl. Winter [Managementanreizsysteme 1996], Seite 108, Nieschlag et al. [Marketing 2002], Seite 430 und Lamnek [Sozialforschung 2005], Seite 166f.

Hier spiegelt sich die Anforderung wider, dass die Bemessungsgrundlage nicht manipulierbar sein darf. Dies bedeutet, dass es den MitarbeiterInnen nicht möglich sein darf, das Maß zu beeinflussen, ohne die erbrachte Leistung zu verändern.

Im Sinne der Unterteilung von Leistung in Leistungsfähigkeit, Leistungsverhalten und Leistungsergebnis können auch die Bemessungsgrundlagen in drei Gruppen eingeteilt werden. So wird die *Leistungsfähigkeit* eines Menschen meist durch seine Persönlichkeitsmerkmale bemessen. Hierzu zählen Eigenschaften wie z.B. Intelligenz, Zuverlässigkeit, Selbstsicherheit und Kontaktfähigkeit. Die Beurteilung der Leistungsfähigkeit spielt bei variablen Entgeltsystemen aber eher eine untergeordnete Rolle, da die Merkmale einer Person nur geringfügig verändert werden können und daher keine Verhaltensbeeinflussung erreicht werden kann. Die Frage nach der Leistungsfähigkeit stellt sich vor allem bei der Besetzung von Stellen, um den richtigen „Fit" zwischen Aufgabe und Person zu erlangen. Um das *Leistungsverhalten* beurteilen zu können, ist es notwendig, den Arbeitseinsatz zu analysieren. Es muss festgestellt werden, welche Anstrengungen ein/e MitarbeiterIn in der Vorbereitung und der Umsetzung der Arbeit zeigt und wie ihre/seine Entscheidungen zu beurteilen sind. Beispiele hierfür wären der Führungsstil, die Sorgfalt bei der Arbeit oder auch die Kooperationsbereitschaft der MitarbeiterInnen. Bei dieser Bemessensgrundlage muss allerdings bedacht werden, dass diese Art der Beurteilung das Selbstwertgefühl der MitarbeiterInnen verletzen kann. Die häufig als Kontrolle und Einschränkung empfundenen Ansätze können zu Abwehrreaktionen führen und somit kreatives und spontanes Verhalten unterbinden.[37]

Die erheblichen Probleme der hier beschriebenen Bemessungsgrundlagen führen dazu, dass meist das Leistungsergebnis als Grundlage herangezogen wird. Diese Beurteilung kann auf Kennzahlen aus der Buchhaltung gestützt sein, oder sich an Marktindizes oder strategischen Erfolgsfaktoren orientieren.[38] In Frage kommen hierbei quantitative Größen wie Kosten oder Absatzmenge, aber auch qualitative Ergebnisse wie Kundenzufriedenheit und Produktqualität. Größen die in Werten ausgedrückt werden können bieten hierbei den Vorteil, dass die finanzielle Wirkung des Ergebnisses unmittelbar erkannt werden kann.[39] Allerdings ist auch die Berücksichtigung von qualitativen Größen notwendig, um nicht Gefahr zu laufen, das System zu einseitig auszurichten. Vor der Auswahl der entsprechenden Bemessungsgrundlage sollte man sich der Ziele bewusst werden, welche man mit dem Anreizsystem verfolgt, um

---

[37] Vgl. Schöb [dezentrale Organisationsstrukturen 1998], Seite 39ff. sowie Winter [Managementanreizsysteme 1996], Seite 109.

[38] Vgl. Winter [Managementanreizsysteme 1996], Seite 109.

[39] Vgl. Schöb [dezentrale Organisationsstrukturen 1998], Seite 44f.

diese berücksichtigen zu können. Zwei konfligierende Ziele, die hier vor allem zu beachten sind, finden sich im Anspruch auf möglichst vollständige Beachtung der wichtigen Erfolgsgrößen einerseits und der Notwendigkeit der Handhabbarkeit und Transparenz des Systems andererseits.[40]

2.1.3.3 Die Zeitdimension des Anreizsystems

Bei der Gestaltung eines variablen Entgeltsystems gilt es unterschiedliche Interessen und Erwartungen auszubalancieren. Der Anspruch der Investoren ist langfristig eine angemessene Verzinsung ihres eingesetzten Kapitals zu erhalten. Um dies zu erlangen, müssen Unternehmen den variablen Entgeltanteil der MitarbeiterInnen (vor allem in höheren Führungspositionen) an den strategischen Erfolg des Unternehmens binden. Dieser Anspruch steht allerdings im Widerspruch dazu, dass das variable Entgeltsystem, verstanden als Instrument der Führung und Steuerung, kurzfristige Verhaltensanreize setzt. Um diesem Widerspruch gerecht werden zu können ist es notwendig, auch das Anreizsystem den unterschiedlichen Zeithorizonten anzupassen und so auf die verschiedenen Ansprüche reagieren zu können.[41] Als Gestaltungsparameter sollte hierbei vor allem bedacht werden, wie das Verhältnis zwischen lang- und kurzfristigen Anreizen sein soll, für welche Bemessungsperiode die Leistung bemessen wird und in welchem Ausschüttungsrhythmus die Anreize gewährt werden.[42]

Kurzfristige Vergütung (oder auch Short-Term-Incentives genannt) soll als Führungs- und Steuerungsinstrument die operative Umsetzung der Unternehmensstrategie unterstützen.[43] Leistungskriterien in diesem Bereich stellen z.B. terminierte operative Ergebnisse, aber auch Gewinn-, Rentabilitäts- oder Marktgrößen dar. Neben Kriterien die sich speziell auf den Unternehmenserfolg beziehen, können auch individuelle Größen – wie Teamfähigkeit, Eigeninitiative oder Qualitätsbewusstsein – in die Beurteilung aufgenommen werden. Die Auszahlung kurzfristiger Anreize geschieht in der Regel unmittelbar nach der Leistungsbeurteilung, üblicherweise einmal im Jahr. Dies hat den Vorteil, dass kurzfristig eine sehr hohe Motivationswirkung erreicht werden kann und der Zusammenhang zwischen Belohnung und Leistung für die MitarbeiterInnen sehr gut nachvollziehbar ist.[44] In manchen Fällen empfiehlt sich auch eine Aufteilung des Auszahlungsbetrages, z.B. in Form einer monatlichen

---

[40] Vgl. Grewe [Implementierung 2003], Seite 18 sowie Becker [Anreizsysteme 1990], Seite 36.
[41] Vgl. Towers Perrin [Vergütung 2006], Seite 15.
[42] Vgl. Becker [strategisches Management 1987], Seite 339ff. zitiert nach Grewe [Implementierung 2003], Seite 21.
[43] Vgl. Towers Perrin [Vergütung 2006], Seite 15.
[44] Vgl. Grewe [Implementierung 2003], Seite 21f.

Akontozahlung. Dies kann dazu beitragen, dass die MitarbeiterInnen über einen längeren Zeitraum motiviert sind und führt durch die Erhöhung des sogenannten Monatssechstels auch zu einem Steuervorteil. Durch diese regelmäßige Auszahlung ist allerdings die Gefahr gegeben, dass der Zusammenhang zwischen Entgelt und Leistung für die MitarbeiterInnen nicht „spürbar" ist und die Auszahlung als Teil der laufenden Einkünfte wahrgenommen wird, was sich negativ auf die Motivationsfunktion des variablen Entgelts auswirken könnte.

Langfristige Anreize (Long-Term-Incentives) hingegen meinen „alle Formen von langfristigen Vergütungselementen, die eine Laufzeit von mehr als einem Jahr haben und in der Regel den Erfolg des Gesamtunternehmens honorieren."[45] Der Zuwachs des Unternehmenswertes wird dabei häufig über die positive Kursentwicklung der Unternehmensaktien oder bei nicht börsennotierten Unternehmen über maßgebliche Unternehmenskennzahlen definiert.[46] Der Bemessungszeitraum beträgt in der Regel drei bis fünf Jahre und muss so gewählt werden, dass mögliche Veränderungen des Unternehmens oder der Umwelt abgefangen werden können. Dies ist vor allem dann wichtig, wenn sich das Aufgabenfeld der entsprechenden Person ändert oder die festgelegten Zielgrößen für die Unternehmung die Bedeutung verlieren.[47]

Das am weitesten verbreitete Modell findet sich in den sogenannten Stock-Option-Plänen.[48] Diese Option berechtigt zum Bezug von Aktien zu einem bestimmten Preis, die nach Ablauf einer meist zwei- bis dreijährigen Sperrfrist eingelöst werden kann. Der Gewinn für die MitarbeiterInnen ergibt sich aus der Differenz zwischen dem Preis den sie zu zahlen haben und dem Preis, den die Aktie am Tag der Optionsausübung wert ist. Über diese Art der Beteiligung hinaus gibt es eine Vielzahl von unterschiedlichen Möglichkeiten der langfristigen Beteiligung von MitarbeiterInnen, welche durch Unterarten und Ausgestaltungsvarianten noch weiter erhöht wird.[49] Bei Long-Term-Incentives wird ein Teil des variablen Gehalts zurückgestellt. Die Auszahlung erfolgt erst durch die Erreichung der langfristigen Ziele. Die Verlängerung der Beteiligungsperiode bringt die Möglichkeit, den Erfolg zu einem späteren

---

[45] Kahlert/Würz [Long-Term-Incentives 2003], Seite 66.
[46] Vgl. Towers Perrin [Vergütung 2006], Seite 19.
[47] Vgl. Grewe [Implementierung 2003], Seite 22.
[48] Vgl. Kahlert/Würz [Long-Term-Incentives 2003], Seite 67.
[49] Für eine detaillierte Auflistung und ausführlichere Beschreibung der unterschiedlichen Varianten vgl. Haussmann [Long-Term-Incentive-Pläne 2000], Seite 28ff.

Zeitpunkt besser bewerten zu können. Allerdings stellt sich hierbei die Frage, ob diese späten Auszahlungen noch eine Motivationswirkung haben können.[50]

2.1.3.4 Differenzierung von Anreizebenen

Welche Ebenen des Unternehmens in welchem Ausmaß von der Anreizgestaltung betroffen sind, hat ebenso einen Einfluss auf die Gestaltung des Systems. Die Strukturierung dieser Ebenen ist auf unterschiedliche Weise möglich, so z.B. die Unterteilung in Gesamtorganisation, Abteilung, Gruppe und Individuum. Aber auch die Differenzierung nach unterschiedlichen Funktionen und Sektoren ist denkbar. Grundsätzlich ist darauf zu achten, nicht in zu viele Ebenen aufzufächern, da ansonsten der Anreiz der durch die einzelnen Ebenen entsteht bei den EmpfängerInnen an Wirkung verliert. Die in der Literatur empfohlene Unterteilung beschränkt sich daher auf zwei (Individuum/Gruppe, Individuum/Unternehmen oder Gruppe/Unternehmen) oder maximal drei (Individuum/Gruppe/Unternehmen) Ebenen.[51]

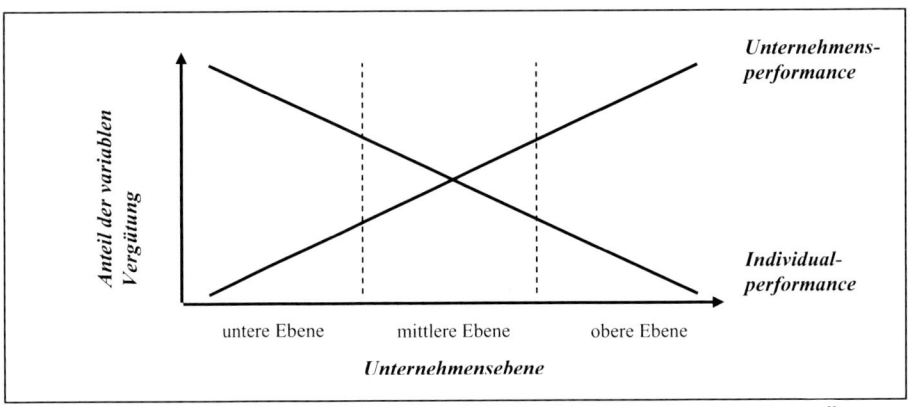

Abbildung 5: Gewichtung von Unternehmens- und Individualperformance nach Hierarchieebene[52]

Die Höhe des variablen Anteils im Verhältnis zum Grundentgelt und die Gewichtung der einzelnen Ebenen müssen gemäß der jeweiligen Kontextbedingungen entschieden werden. Grundsätzlich lässt sich allerdings festhalten, dass die Unternehmensperformance niedriger

---

[50] Vgl. Winter [Managementanreizsysteme 1996], Seite 141.
[51] Vgl. Grewe [Implementierung 2003], Seite 23, welcher unterschiedliche Autoren und Ansätze zu diesem Thema analysiert.
[52] Quelle: Kramarsch [Vergütung 1997], Seite 110, (leicht modifiziert).

gewichtet wird, wenn die Hierarchieebene niedriger ist.[53] Wie in Abbildung 5 ersichtlich, steigt hier der Anteil der individuellen- oder Gruppenleistungen.

Neue Organisationsformen wie Profit-Center, Projektmanagement oder auch Gruppenarbeit führen allerdings dazu, dass der Erfolg auch in den unteren Hierarchieebenen immer stärker am Abteilungs- bzw. Unternehmensergebnis bemessen wird. Die MitarbeiterInnen sollen dadurch für unternehmerisches Handeln sensibilisiert werden und verstehen, welchen Beitrag sie zur Steigerung des Unternehmenswerts leisten.[54]

2.2 Motivation

In unserer Alltagssprache ist Motivation ein sehr gängiger Begriff. Worte wie Antrieb, Drang, Bedürfnis, Lust, Wille oder Wunsch werden häufig synonym verwendet.[55] Allerdings fällt es schwer, das Wesen der Motivation zu fassen und zu definieren und auch in der Literatur gibt es keine genaue Abgrenzung.

So beschreibt Heckhausen Motivation als einen Begriff der „vielerlei Prozesse und Effekte [zusammenfasst], deren gemeinsamer Kern darin besteht, daß ein Lebewesen sein Verhalten um der erwarteten Folgen willen auswählt und hinsichtlich Richtung und Energieaufwand steuert."[56]

Während Heckhausen Motivation deutlich vom Individuum her betrachtet, bleibt der Adressat bei Zimbardo et al. offen. Hier ist Motivation „der allgemeine Begriff für alle Prozesse, die der Initiierung, der Richtungsgebung und der Aufrechterhaltung physischer und psychischer Aktivitäten dienen."[57]

Ähnlich wie bei Heckhausen steht auch bei Robbins die Zielerreichung im Vordergrund, er bezieht seine Definition allerdings deutlich auf Organisationsziele. Er beschreibt Motivation als „the willingness to exert high levels of effort toward organizational goals, conditioned by the effort's ability to satisfy some individual need".[58] Dies weist darauf hin, dass Motivation vor allem entsteht, wenn die individuellen Bedürfnisse mit den organisationalen Zielen übereinstimmen oder zumindest eine Schnittmenge aufweisen.

---

[53] Vgl. Winter [Managementanreizsysteme 1996], Seite 100.
[54] Vgl. Grewe [Implementierung 2003], Seite 25.
[55] Vgl. Graumann [Psychologie 1969], Seite 3.
[56] Heckhausen [Motivation 1989], Seite 10.
[57] Zimbardo et al. [Psychologie 2006], Seite 503.
[58] Robbins [organizational behavior 1991], Seite 192.

Trotz großer Unterschiede kann aufgezeigt werden, dass die meisten Motivationsdefinitionen ähnliche Komponenten behandeln. Hierzu zählen[59]

- die Aktivierung, welche eine Handlung auslöst,
- die Richtung, die durch das angestrebte Ziel ausgewählt wird und
- die Ausdauer eines zielgerichteten Verhaltens.

Wie in Abbildung 6 dargestellt, kann dieses Verhalten von Faktoren beeinflusst werden, die sich einerseits durch die Person selbst, andererseits durch die Situation in der das Verhalten auftritt ergeben.[60] Zu den personenbezogenen Faktoren zählen vor allem Bedürfnisse und Motive die, im Gegensatz zu den anlagebedingten Instinkten und Trieben, zum größten Teil durch die Gesellschaft erlernt sind und in der Regel ein Mangelgefühl ausdrücken. Bedürfnisse sind den Motiven rangmäßig vorgeordnet.[61]

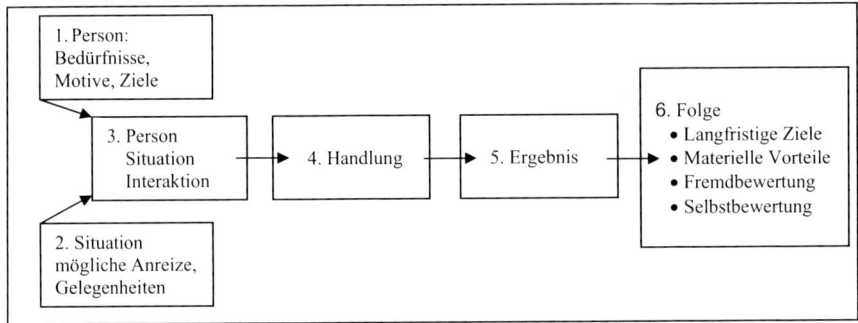

Abbildung 6: Determinanten und Verlauf motivierten Handelns[62]

Man kann grundsätzlich zwischen vitalen Bedürfnissen, die angeboren sind und dem Überleben dienen sollen, und humanspezifischen Bedürfnissen, welche im Laufe der Zeit „erlernt" werden, unterscheiden. Zu den vitalen oder auch primären Bedürfnissen können Hunger, Durst, oder Schmerzvermeidung zählen, humanspezifische oder sekundäre Bedürfnisse entstehen aus der Lebenssituation heraus und dienen den Primärbedürfnissen sozusagen. Hierzu zählen die Bedürfnisse nach Gerechtigkeit, nach Tätigkeit oder nach Erfolg.[63] Aus einem Bedürfnis/einem Mangelempfinden kann sich ein Motiv entwickeln. Darunter ist ein

---

[59] Vgl. Kirchler/Walenta [Motivation 2005], Seite 320f.
[60] Vgl. Heckhausen/Heckhausen [Einführung 2006], Seite 3.
[61] Vgl. Staehle [Management 1999], Seite 165f.
[62] Quelle: Heckhausen/Heckhausen [Einführung 2006], Seite 3 (leicht modifiziert).
[63] Vgl. Deibl [Führungsaufgabe 1991], Seite 47ff.

angestrebter Zielzustand zu verstehen, der sich aus einem Bedürfnis und dem Wunsch dieses zu beseitigen ergibt. Ein Bedürfnis führt somit nicht zwingend zu einem Motiv, aber ein Motiv baut immer auf ein Bedürfnis auf.[64] Es kann allerdings nicht ausreichen, Motivation nur auf Basis der Person zu erklären. Dies würde bedeuten, dass ein Mensch in jeder Situation auf die gleiche Weise reagiert, da dies seiner Person entspricht. Doch meist werden menschliche Motive vor allem durch die Wahrnehmung der Situation aktiviert. Situationen können dazu auffordern bestimmte Handlungen vorzunehmen und andere zu unterlassen.

Die Situation als Struktur potentieller Anreize verstanden zeigt, wie groß ihre Bedeutung am Motivationsprozess ist.[65] Anreize regen somit bestimmte Motive an, diese Motive führen wiederum zu Verhalten. „Diese Wechselwirkung von Person und Situation, von Motiv und Anreiz wird in der Psychologie als *Motivation* bezeichnet."[66] Diese Annahmen zeigen auf, dass sich vor allem in der Gestaltung der Situation ein vielversprechender Weg ergibt, die Motive von Mitarbeiterinnen und Mitarbeitern anzusprechen und auf ihr Verhalten Einfluss zu nehmen.

2.2.1 Der Begriff der Arbeitsmotivation

Auch am Arbeitsplatz wird das Verhalten einer Person durch Bedürfnisse und Motive bestimmt, welche sich im Laufe der Zeit verändern können. So strebt man in der Jugend oft bewusst nach Veränderungen und will gefordert werden, während im mittleren Alter Prestige und Status an Bedeutung gewinnen.[67] Der Bereich der Arbeitsmotivation ist somit speziell auf die Frage ausgerichtet, „welche Kräfte Menschen dazu bewegen, Energie in eine Aufgabe oder Arbeit zu ‚investieren'."[68] Mögliche Arbeitsmotive finden sich hierbei im Leistungsmotiv (dem Bedürfnis erfolgreich zu sein), dem Geselligkeitsmotiv (dem Wunsch guter zwischenmenschlicher Beziehungen) und dem Wachstumsmotiv (als das Streben nach Selbstverwirklichung).[69]

Dennoch steht die Frage nach den tatsächlichen Beweggründen in Wissenschaft und Praxis zur Diskussion. Können extrinsische Arbeitsmotive wie Geld und Geltung zur Motivierung von MitarbeiterInnen beitragen oder stehen intrinsische Motive wie soziale Kontakte oder

---

[64] Vgl. Staehle [Management 1999], Seite 167.
[65] Vgl. Rosenstiel [motivationale Grundlagen 1975], Seite 226.
[66] Nerdinger [Motivierung 2001], Seite 386.
[67] Vgl. Deibl [Führungsaufgabe 1991], Seite 46.
[68] Weinert [Lehrbuch 1992], Seite 261.
[69] Vgl. Deibl [Führungsaufgabe 1991], Seite 56ff.

Selbstverwirklichung bei den MitarbeiterInnen von heute höher im Kurs? Diese Frage steht im Mittelpunkt dieser Abhandlung und wird daher vor allem in Kapitel 4 noch eingehender betrachtet.

Motivierung meint in diesem Zusammenhang das Erzeugen, Erhalten und Steigern der Verhaltensbereitschaft durch den gezielten Einsatz von Anreizen und/oder Motivationsinstrumenten. Im Gegensatz zum negativ behafteten Begriff der Manipulation[70] soll hier ein Verständnis von Motivierung verwendet werden, welches in erster Linie die Gestaltung der Situationsfaktoren meint, um den MitarbeiterInnen die Verfolgung selbstbestimmter Ziele zu ermöglichen.[71]

2.2.2 Intrinsische und extrinsische Motivation

Weshalb handeln Personen nun und investieren Aufmerksamkeit und Energie in die Erreichung eines Zieles? Verhalten kann auf zwei unterschiedliche Arten motiviert sein: Einerseits kann der Anreiz „von außen" bzw. extrinsisch geschehen, andererseits kann die Genugtuung auch „von innen", also intrinsisch entstehen.[72]

Intrinsische Motivation beschreibt den Antrieb, der aus einem selbst kommt. Die Handlung ist damit nicht bloß Mittel zum Zweck, sondern führt selbst zur Genugtuung. Die Befriedigung der Bedürfnisse geschieht hier durch das Verrichten der Aufgabe. Dies kann durch die Tätigkeit selbst geschehen, aber auch aus dem Wunsch nach sozialen Kontakten oder aus einem Machtbedürfnis heraus.[73] In Abbildung 7 sind drei Ausbildungsformen intrinsischer Motivation dargestellt.

---

[70] In Abgrenzung zur Motivierung versteht Manipulation die Animierung einer Handlung, die nicht aus freien Stücken, sondern ausschließlich zum Wohle des Manipulierenden, in diesem Fall nur den Zielen der Organisation dienend, geschieht. Vgl. Weinert [Lehrbuch 1992], Seite 374. Der Autor und Managementtrainer Reinhard Sprenger vertritt die Ansicht, dass Motivierung als Fremdsteuerung immer auch die Manipulation von MitarbeiterInnen meint. Dieser Punkt wird in Abschnitt 4.1 noch genauer behandelt.
[71] Vgl. Nerdinger [Motivierung 2001], Seite 387.
[72] Vgl. Kirchler/Walenta [Motivation 2005], Seite 321f.
[73] Vgl. Frey/Osterloh [Motivation 2000], Seite 25.

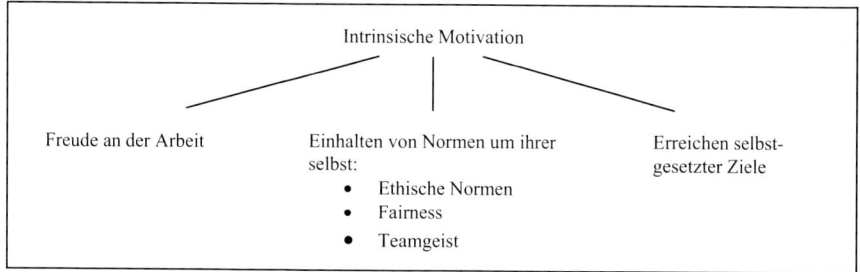

Abbildung 7: Ausformungen intrinsischer Motivation[74]

Wenn eine Handlung nicht um ihrer selbst ausgeführt wird, sondern um damit verbundene Belohnungen zu erhalten, spricht man von extrinsischer Motivation. Hier ist die Handlung bloß Mittel zum Zweck, da sie selbst keine Genugtuung beinhaltet.[75] Extrinsische Motivation kann z.B. durch monetäre Anreize entstehen. Durch das Ausführen der Handlung erlangt man Geld, welches gegen Produkte und Dienstleistungen getauscht werden kann. Die Arbeit selbst ist hier nicht der motivierende Faktor, sondern dient rein der Möglichkeit, Wünschenswertes zu erlangen.[76]

Für Unternehmen ist es daher von großer Bedeutung zu wissen, was den MitarbeiterInnen an der Arbeit besonders wichtig ist. Je nach Bedürfnissen kann die Motivation durch entsprechende Maßnahmen längerfristig gesteigert werden und somit die Aufgabe der Motivierung erleichtern. Im Rahmen dieser Abhandlung sind vor allem die extrinsische Motivation und die Frage, ob materielle Anreize überhaupt zur Motivationssteigerung beitragen können, von Interesse. In der Literatur gibt es hierzu zwei sich völlig widersprechende Ansichten, die in Kapitel 4 näher betrachtet werden.

2.2.3 Leistung und Zufriedenheit als Ziele der Motivierung

Im unternehmerischen Alltag werden Anreize zur Motivierung der MitarbeiterInnen gesetzt, um die Intensität und die Ausdauer bei der Bereitschaft zur Bearbeitung ihrer Aufgaben zu erhöhen. Diese Bereitschaft soll einen Beitrag zu den Zielen der Organisation erbringen, und kann somit als Leistung bezeichnet werden. Die Messung dieser Leistung findet meist durch den Vorgesetzten unter Zuhilfenahme unterschiedlicher Beurteilungsverfahren statt.[77]

---

[74] Quelle: Frey/Osterloh [Motivation 2000], Seite 25 (leicht modifiziert).
[75] Vgl. Nerdinger [Motivierung 2001], Seite 393.
[76] Vgl. Frey/Osterloh 2000 [Motivation], Seite 25.
[77] Vgl. Marcus/Schuler [Leistungsbeurteilung 2001], Seite 398ff.

Beurteilt wird also das Arbeitsverhalten, welches über einen bestimmten Zeitraum, bezogen auf bestimmte Aufgaben und Situationen, betrachtet wird. Leistung ist somit nicht nur von der Motivation, sondern auch von anderen Faktoren abhängig. Hierzu zählen vor allem die Fähigkeiten und Fertigkeiten der Organisationsmitglieder, aber auch die Arbeitssituation und vorhandene Rahmenbedingungen. Somit ist Leistung zwar das wichtigste Ziel von Motivationsmaßnahmen im Unternehmen, Motivation ist aber nur *ein* Mittel zur Leistungssteigerung.[78]

Zusätzlich zur Leistungssteigerung gibt es aber auch die Forderung, durch Motivierung Arbeitszufriedenheit zu erzeugen. Dies hat nicht nur ethische Gründe, sondern verfolgt durchwegs einen wirtschaftlichen Gedanken. Weinert führt diesbezüglich unter anderem an, dass[79]

- zwischen Arbeitszufriedenheit und der Bereitschaft zu Kooperation und dem Erlernen neuer Prozesse ein mitunter starker Bezug besteht,
- eine negative Beziehung zwischen Arbeitszufriedenheit und Abwesenheitszeiten und Fluktuation besteht,
- das Arbeitsleben einen großen Einfluss auf andere Lebensbereiche und das Empfinden von Lebensqualität hat und
- dass Arbeitszufriedenheit über einen längeren Zeitraum stabil bleibt und so die Bindung der MitarbeiterInnen an das Unternehmen erhöht.

Unter Arbeitszufriedenheit werden in der Regel Einstellungen zur Arbeit verstanden, welche zeitlich relativ stabil sind und sowohl auf emotionaler als auch auf kognitiver Ebene stattfinden können.[80] Anders ausgedrückt kann Arbeitszufriedenheit auch als Übereinstimmung zwischen Erwartungen und tatsächlicher Belohnung oder als Absenz von Soll-Ist-Divergenzen definiert werden.[81] Dies zeigt deutlich, dass Arbeitszufriedenheit nicht einfach die Situation der Arbeit widerspiegelt, sondern auch von persönlichen Eigenschaften des Individuums beeinflusst wird. „Arbeitszufriedenheit ist das Ergebnis eines komplexen Zusammenwirkens von Person und Situation, das sich nicht beliebig herstellen lässt."[82]

---

[78] Vgl. Nerdinger [Motivierung 2001], Seite 387.
[79] Vgl. Weinert [Personalpsychologie 2004], Seite 246 und 273ff.
[80] Vgl. Nerdinger 2001 [Motivierung], Seite 387.
[81] Vgl. Kirchler/Hölzl [Arbeitsgestaltung 2005], Seite 244.
[82] Nerdinger [Motivierung 2001], Seite 388.

2.2.4 Theorien der Motivation und des Verhaltens

Die Frage nach dem menschlichen Verhalten ist Gegenstand der Motivationsforschung[83] und somit gleichzeitig ein Anhaltspunkt zur Verhaltenssteuerung. Zur Analyse des Verhaltens in Organisationen sind die auf der individuellen Ebene angesiedelten Motivationstheorien und die Verhaltenstheorien auf Organisationsebene zu betrachten. Auf individueller Ebene unterscheidet man Inhalts- und Prozesstheorien. Inhaltstheorien versuchen die Frage zu beantworten, wonach ein Mensch strebt. Welche Motive bringen die Menschen dazu, sich zielgerichtet zu verhalten? Im Bereich der Arbeits- und Betriebspsychologie wird die Frage gestellt, *was* die Mitarbeiter dazu veranlasst, Arbeitsleistungen zu erbringen. Im Gegensatz zu den Inhaltstheorien gehen Prozesstheorien der Frage nach, *wie* motiviert wird bzw. genauer gesagt, wie Verhalten hervorgebracht, gelenkt, erhalten oder abgebrochen wird.[84] Es wird also nicht danach gefragt, welche Ziele eine Person zu erreichen versucht, sondern vielmehr nach den Prozessen, die bei einem Individuum ablaufen, wenn es ein Ziel anstrebt.[85]

Die wohl prominentesten Inhaltstheorien stellen die Bedürfnishierarchie von Maslow und die Zwei-Faktoren-Theorie von Herzberg et al. dar. Den Theorien ist gemein, dass sie die Klassifizierung und Typologisierung menschlicher Motive anstreben. Allerdings sind sie – wie alle Inhaltstheorien – der Kritik ausgesetzt, nur Befriedigungs- oder Anreizwerte zu bestimmen und somit der Komplexität der Thematik nicht genügen können. Die meist komplexeren Prozesstheorien beziehen die Erwartungen der MitarbeiterInnen mit ein und setzen in der Regel keinen determinierten Zusammenhang voraus. Aussagen über das Zusammenwirken einzelner – oft stark voneinander beeinflussten – Variablen, geben die Möglichkeit, auf die Individualität der Personen und die Einzigartigkeit von Situationen einzugehen. Beispielhaft lassen sich hier die Gleichgewichtstheorie von Adams, die Erwartungs-Mal-Wert-Theorien und die Zielsetzungstheorie von Locke und Latham nennen. Über die individuelle Ebene hinaus gehen die Verhaltenstheorien, welche danach fragen, wie Verhalten in Organisationen zustande kommt. Als grundlegendes Verhaltensmodell kann die Anreiz-Beitrags-Theorie von March und Simon genannt werden. Um die Bedeutung der unterschiedlichen Theorien für die hier bearbeitete Fragestellung zu verdeutlichen, werden sie an unterschiedlichen Stellen dieses Werks eingeflochten und anhand von Beispielen konkreti-

---

[83] Vgl. Rosenstiel [motivationale Grundlagen 1975], Seite 40.
[84] Vgl. Rosenstiel [Grundlagen 1992], Seite 218.
[85] Vgl. Rosenstiel et al. [Organisationspsychologie 1995], Seite 221.

siert. Um auch die Einordnung in den theoretischen Rahmen nicht zu verlieren, wird an den entsprechenden Stellen auf den Zusammenhang hingewiesen.

2.3 Wirkungszusammenhang von Anreizsystemen und Motivation

Der Einsatz von Entgeltsystemen basiert immer auf den Prämissen des jeweilgen Führungssystems und den enthaltenen Annahmen über die Motivation menschlichen Handelns. Die Wahl der Anreize und der Art ihres Einsatzes hängen vor allem vom Menschenbild, welches Führungskräfte über ihre MitarbeiterInnen haben und somit von den Annahmen über dominierende Motive, Einstellungen und Werte ab.[86]

Anreize sollen nun dazu führen, dass die Motive der Organisationsmitglieder aktiviert werden. Das grundlegende Verhaltensverständnis der Anreiz-Beitrags-Theorie[87] geht davon aus, dass Individuen unterschiedliche Anreize von der Organisation erhalten, um ihrerseits einen brauchbaren Beitrag zu leisten. In diesem Verständnis wird eine Person ihre Mitarbeit und ihr leistungsorientiertes Verhalten in einer Organisation beibehalten bzw. steigern, solange das Verhältnis zwischen den gebotenen Anreizen und dem zu leistenden Beitrag positiv und größer ist, als bei einer als verfügbar wahrgenommenen alternativen Arbeitsstelle.[88] Unternehmen geraten dadurch in die Situation, als Gegenleistung für die erwarteten Beiträge Anreize anbieten zu müssen, welche den Vorstellungen der MitarbeiterInnen entsprechen und wodurch sie sich von Mitbewerbern differenzieren können.[89]

March und Simon fokussieren mit ihrer Theorie die Entscheidung zur Teilnahme, zur Leistungserbringung und zum Austritt, welche sie vom Anreiz-Beitrags-Verhältnis abhängig machen.[90] In diesen drei Entscheidungen spiegeln sich die bereits beschriebenen Ziele des Personalsystems – Gewinnung, Bindung und Motivation von MitarbeiterInnen – wider. Um diese zu erreichen, wird für immer mehr Unternehmen deutlich, dass es notwendig ist, sich vom Standard abzuheben, flexibel und dezentral auf die Wünsche der MitarbeiterInnen einzugehen und das Entgeltsystem in eine einheitliche Philosophie einzugliedern.[91] Warum die Bemühungen von Unternehmen immer häufiger auf die Variabilisierung der Anreize abzielen, wird im nächsten Kapitel genauer erläutert.

---

[86] Vgl. Becker [Anreizsysteme 1990], Seite 9.
[87] Diese Theorie ist in den Bereich der Verhaltenstheorien einzuordnen, vgl. Abschnitt 2.2.4.
[88] Vgl. March/Simon [Organisation 1976], Seite 82f.
[89] Vgl. Becker [Mitarbeiterführung 2000], Seite 4f.
[90] Vgl. March/Simon [Organisation 1976], Seite 78f. sowie Seite 104f.
[91] Vgl. Towers Perrin [Benefits 2006], Seite 24.

3 Warum variable Entlohnung?

Rasante Entwicklungen durch Globalisierung und Technisierung führen zu veränderten Rahmenbedingungen, welche sowohl Manager als auch MitarbeiterInnen vor neue Herausforderungen stellen. Diese in Abbildung 8 grafisch dargestellten Veränderungen in Wettbewerb und Technologie führen zu einer notwendigen Umstrukturierung der Arbeitswelt. Der Wertewandel der Gesellschaft und ein Umdenken im sozialen und umweltbewussten Handeln der Menschen erfordern neue Strategien für die Unternehmensführung und vor allem auch für ein zeitgemäßes Personalmanagement. Begreift man Entgeltsysteme als Instrumente der Personalsteuerung und -führung wird klar, dass auch eine nähere Betrachtung der Entgeltfrage stattfinden muss.

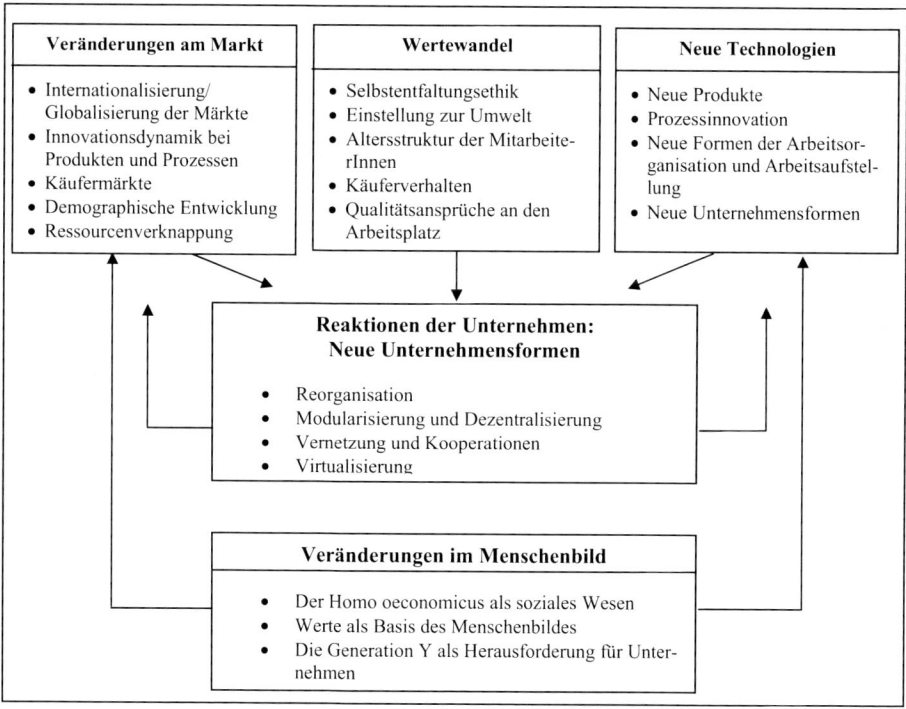

Abbildung 8: Veränderte Rahmenbedingungen für Unternehmen[92]

---
[92] Quelle: In Anlehnung an Picot et al. [Unternehmung 1996], Seite 3.

Wie in der Grafik dargestellt, wird im Folgenden näher auf die Veränderungen am Markt, den Wertewandel der Gesellschaft und Neuerungen im Bereich der Informations- und Kommunikationstechnologien eingegangen. Danach werden die Reaktionen der Unternehmen und die daraus resultierenden neuen Unternehmensformen sowie die Veränderungen im Menschenbild thematisiert.

3.1 Veränderungen am Markt

Die zunehmende internationale Verflechtung in unterschiedlichen Gebieten wie Politik, Kultur und Wirtschaft lässt die Welt immer „kleiner" werden. Im Bereich der wirtschaftlichen Beziehungen, wo inzwischen bereits von „globalen Märkten" die Rede ist, führt dies dazu, dass nationale Grenzen kaum noch eine Rolle spielen. In vielen Branchen finden sich die wesentlichen Beschaffungs- und Absatzmärkte nicht mehr nur in ausgewählten Ländern oder Ländergruppen – der Handel erfolgt global.[93]

Die erhöhten Expansionschancen, die sich durch diese Veränderungen ergeben, führen allerdings auch dazu, dass der Wettbewerbsdruck steigt und sich die Wettbewerbsbedingungen verschieben. Erschwert wird die Situation der Unternehmen zusätzlich durch immer kürzer werdende Produktlebenszyklen, welche schnellere Neuentwicklungen und aggressivere Marktstrategien erforderlich machen.[94] Auch das Verhalten der Käufer ändert sich. Sie sind anspruchsvoller geworden und auf Grund des großen Angebotes nicht mehr bereit lange Lieferzeiten oder Mängel in der Qualität zu akzeptieren. Käufermärkte verlangen von Unternehmen vor allem eine stärkere Orientierung am Kunden und ein hohes Maß an Flexibilität. Dies führt dazu, dass „die bestehenden Produktionskonzeptionen mit ihrer Arbeitsorganisation, ihrem Menschenbild und ihrem Führungs- und Steuerungsverständnis … mit den technologischen und wirtschaftlichen Notwendigkeiten nicht mehr überein [stimmen]."[95]

Betriebswirtschaftliche Ziele wie Kosten, Qualität, Zeit (im Sinne von Entwicklungs- und Lieferzeiten) und Flexibilität gewinnen zunehmend an Bedeutung. Qualifizierte Mitarbeiter zu rekrutieren, alternde Belegschaften leistungsfähig zu halten und dabei die steigenden Arbeitskosten in den Griff zu bekommen zählen zu den großen Herausforderungen an die Personalarbeit im 21. Jahrhundert.[96] Und auch auf der Seite des Individuums werden Mobilität und

---

[93] Vgl. Kasper/Mayrhofer [Wandel 2002], Seite 11 sowie Hornberger [Individualisierung 2006], Seite 26.
[94] Vgl. Hornberger [Individualisierung 2006], Seite 27 sowie Hesch [Menschenbild 1997], Seite 112.
[95] Polzer [Entgeltsysteme 1995], Seite 152.
[96] Vgl. Picot et al. [Unternehmung 1996], Seite 4 sowie o.V. [21. Jahrhundert 2007], Seite 2 und Müller [21. Jahrhundert 2003], Seite 32.

Flexibilität immer wichtiger. Sprachkenntnisse sowie Wissen über fremde Kulturen können den entscheidenden Faktor beim Vorankommen im Unternehmen darstellen. Flexibilität und die Bereitschaft zu Veränderung und Weiterbildung werden in Unternehmen im globalen Umfeld vorausgesetzt.[97]

3.2 Wertewandel

Spezifische Wertstrukturen einer Gesellschaft ergeben sich aus den vorherrschenden politischen, wirtschaftlichen, sozialen und kulturellen Rahmenbedingungen. Sie geben in gewisser Weise eine Orientierungshilfe für die Mitglieder der Gesellschaft vor und steuern durch das Aufzeigen von Grenzen das Verhalten und Handeln der Individuen.[98] Das Wertegerüst einer Gesellschaft entsteht immer durch einen kollektiven Prozess, wodurch es einem ständigen Wandel unterliegt.[99]

Heute meint der Begriff „Wertewandel" meist den Veränderungsschub der gesellschaftlichen Werte, der seit Ende der sechziger Jahre beobachtet werden kann. Traditionelle gesellschaftliche Muster wurden zu Gunsten individualistischer Selbstentfaltungswerte aufgebrochen und postmaterielle Werte wie Sozialstatus, Solidarität und Selbstverwirklichung traten in den Vordergrund. Gehorsam, Disziplin, Fleiß und Bescheidenheit mussten hinter Freizeitorientierung und Eigenständigkeit zurückstehen.[100]

Dies führte dazu, dass bald vor der „Ego-Gesellschaft" gewarnt wurde, in der ohne eine Vorgabe von Werten eine Orientierung für das Individuum immer schwieriger wird. Klages macht darauf aufmerksam, dass als Folge der Wohlstandsentwicklung seit den fünfziger Jahren in der Tat die jüngeren Teile der Gesellschaft eine Entwicklung in Richtung „Spaßgesellschaft" oder „Ellenbogen-Gesellschaft" vollzogen. Diese Tendenz wurde aber relativ schnell wieder abgelöst. Jener Menschentyp[101], der heute nach Klages den größten Teil der Bevölkerung ausmacht, schätzt moderne und traditionelle Werte gleichermaßen.[102] Am Beispiel des Einsatzes der Deutschen bei der ehrenamtlichen Mitarbeit zeigt er auf, dass die Verfolgung von Eigeninteressen, die Hinwendung zu den Genüssen des Lebens, der Wunsch „Spaß" zu haben, nicht nur durch Zerstreuung und Vergnügen in Freizeitparks oder durch

---

[97] Vgl. Hoss [Personalwirtschaft 1996], Seite 633.
[98] Vgl. Hornberger [Individualisierung 2006], Seite 15.
[99] Vgl. Scholz [Personalmanagement 2000], Seite 18.
[100] Vgl. Noelle-Neumann/Petersen [Zeitwende 2001], Seite 16 sowie Inglehart [Modernisierung 1998], Seite 189f.
[101] Vgl. Abschnitt 2.2.4
[102] Vgl. Klages [Werte 2001], Seite 10f.

Medienkonsum erreicht werden kann. Unter „Spaß" kann im Verständnis des Menschen von heute „das Erlebnis aktiven und erfolgreichen persönlichen Wirkens und Helfens in Verbindung mit Selbsterweiterungserfahrungen"[103] verstanden werden.[104]

Die Veränderungen in den Wertesystemen können dazu führen, dass das traditionelle Lebensmodell einer Gesellschaft keine Möglichkeiten bietet, die „neuen Werte" auch leben zu können.[105] Die „Pflichtethik", in der die Arbeit den Lebensmittelpunkt bildet, weicht zunehmend einer „Selbstentfaltungsethik", in der ein Gleichgewicht der unterschiedlichen Lebensbereiche angestrebt wird.[106] Dies gilt es auch für die Unternehmen zu erkennen, da Einsatzfreude und Motivation der MitarbeiterInnen unmittelbar von der Abstimmung von Personalarbeit und Wertesystem abhängen.[107] Gleichzeitig wird erkannt, welche Potentiale der Wunsch nach Individualisierung und Flexibilität für die Wirtschaftlichkeit des Unternehmens mit sich bringt.[108]

3.3 Neue Informations- und Kommunikationstechnologien

Neue Technologien im Bereich der Information und Kommunikation („IuK") ermöglichen Unternehmen eine Vielzahl von Maßnahmen um auf die beschriebenen Veränderungen zu reagieren. Die IuK-Technologien nehmen dabei eine doppelte Rolle ein: Sie sind einerseits Hauptursache für viele der tiefgreifenden Veränderungen, andererseits aber auch ein unverzichtbares Werkzeug, um Gesellschaft und Wirtschaft an die sich ständig verändernden Rahmenbedingungen anzupassen.

Auf der Ebene der Organisation tragen die neuen IuK-Technologien zur Veränderung von Prozess- und Produktionsabläufen bei. Es gibt kaum einen Bereich im Unternehmen, der sich vor diesen Neuerungen verschließen kann. Informations- und Kommunikationstechnologien ermöglichen eine vernetzte Zusammenarbeit beinahe ohne zeitliche und räumliche Barrieren.[109] Emails und Net-Meetings prägen den immer schneller werdenden Büroalltag. So ergaben Untersuchungen in der Schweiz, dass bei Hotelanfragen eine Antwort innerhalb von maximal 24 Stunden erwartet wird, wenn man den Kunden nicht verlieren möchte (besser

---

[103] Klages [Werte 2001], Seite 7.
[104] Vgl. Klages [Werte 2001] Seite 7.
[105] Vgl. Scholz [Personalmanagement 2000], Seite 18.
[106] Vgl. Hornberger [Individualisierung 2006], Seite 20.
[107] Vgl. Scholz [Personalmanagement 2000], Seite 21.
[108] Vgl. Picot et al. [Unternehmung 1996], Seite 4.
[109] Vgl. Hornberger [Individualisierung 2006], Seite 25f.

wäre sogar eine Zeit von unter sechs Stunden).[110] Fertigung und Produktion können durch Kapazitäts- und Programmvarianten flexibler gestaltet werden, um so besser den Kundenwünschen entsprechen zu können. Auch im Bereich der Logistik gewinnt die Telematik an Bedeutung. Vor allem bei Tourenplanung, -überwachung und -abrechnung, aber auch bei der Umsetzung von Just-in-Time-Konzepten nehmen die IuK-Technologien künftig eine noch größere Rolle ein.[111]

Auch im Bereich des Personalmanagements bringen die neuen IuK-Technologien tiefgreifende Veränderungen mit sich. Zwar werden organisatorische Abläufe vereinfacht und durch die weiterentwickelten Technologien unterstützt, sie führen aber auch zu verschiedenartigen Anforderungen im Bereich der Personalentwicklung. Um die neuen Arbeitsformen effektiv nutzen zu können, bedarf es der ständigen Weiterentwicklung und Schulung der MitarbeiterInnen.[112] „Einer der wichtigsten Gründe für die Forderung des lebenslangen individuellen Lernens ist eben die rasante und ununterbrochene technische Weiterentwicklung."[113]

Darüber hinaus bieten die neuen Technologien auch Potenziale zur Gestaltung neuer Organisationsformen. Inner- und zwischenbetriebliche Kooperationsformen (mit Herstellern und Zulieferern, teilweise auch mit Kunden oder sogar mit Wettbewerbern[114]) wie Teamkonzepte, Gruppenarbeit, virtuelle Unternehmen, dezentrale Arbeitsstätten und Telekooperationen werden durch diese Technologien ermöglicht und unterstützt.[115]

3.4 Neue Unternehmensformen

Als Reaktion auf die veränderten Wettbewerbsbedingungen und die aktuellen Herausforderungen gewinnt die Diskussion um neue Organisationsformen an Bedeutung. Bezeichnungen wie Business Reengineering, Lean Management, flexible Firma, Netzwerkorganisation oder virtuelles Unternehmen werden in das Zentrum des Interesses gerückt. Die zentralisierten, bürokratischen und hierarchischen Strukturen der klassischen Organisation werden durch flexible, dezentrale und projektorientierte Formen ersetzt. Neue Wege der Zusammenarbeit

---

[110] Vgl. Schegg et al. [Benchmarking 2005], Seite 8.
[111] Vgl. Heng [IuK-Technologien 2002], Seite 8.
[112] Vgl. Scholz [Personalmanagement 2000], Seite 10.
[113] Hornberger [Individualisierung 2006], Seite 26.
[114] Vgl. Hesch [Menschenbild 1997], Seite 114.
[115] Vgl. Picot et al. [Unternehmung 1996], Seite 4.

führen zu neuen Fragestellungen im Bereich der Führung, der Anreizgestaltung und der Motivation der Organisationsmitglieder.[116]

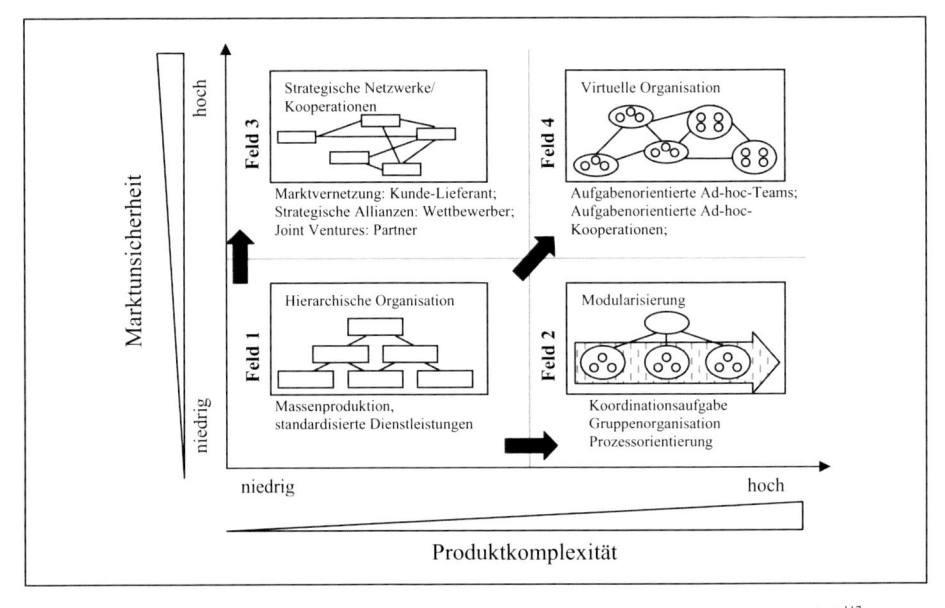

Abbildung 9: Organisationsformen in Abhängigkeit von Produktkomplexität und Marktunsicherheit[117]

Im Gegensatz zu den traditionellen Organisationskonzepten, die überwiegend auf eine Produktivitätsoptimierung durch funktionale oder verrichtungsorientierte Arbeitsteilung abzielten, liegt der Fokus bei den neuen Organisationsformen im Bereich der Prozessoptimierung.[118] Abbildung 9 zeigt – bezogen auf die Merkmale Marktunsicherheit und Produktkomplexität – die Entwicklungsrichtungen, die für ein Unternehmen von besonderer Wettbewerbswirksamkeit sein können. Ausgehend vom traditionellen System mit streng hierarchischer Organisation werden im wesentlichen drei Strategien unterschieden, die eine Neugestaltung der Wertschöpfungsprozesse und der Organisationsstrukturen ermöglichen.[119]

3.4.1 Traditionelle Organisation mit hierarchischer Struktur

Die in Feld 1 dargestellte „traditionelle Unternehmensführung" umfasst vor allem Grundsätze wie die maximale Durchplanung und Effizienzsteigerung betrieblicher Abläufe, klare hierar-

---

[116] Vgl. Kasper/Mayerhofer [Wandel 2002], Seite 11f.
[117] Quelle: Reichwald et al. [Reorganisationsprozesse 1996], Seite 15 (leicht modifiziert).
[118] Vgl. Picot et al. [Unternehmung 1996], Seite 6.
[119] Vgl. Reichwald et al. [Reorganisationsprozesse 1996], Seite 18.

chische Gliederung, Abgrenzung der Ressorts und die Vermeidung unbekannter Gebiete.[120] Die Ansätze entstanden zur Zeit der industriellen Revolution, weshalb neue Organisationsformen benötigt wurden. „Die neue Technik wurde somit von einer Mechanisierung des menschlichen Denkens und Handelns begleitet und verstärkt. Jede Organisation, die Maschinen einsetzte, wurde immer mehr zur Maschine."[121] Stabile Absatzmärkte, lange Produktlebenszyklen, eine begrenzte Zahl von bekannten Mitbewerbern und eine hohe Verfügbarkeit an qualifizierten Arbeitskräften schufen Bedingungen, welche Unternehmen mit traditioneller Führung lange Zeit zum Erfolg verhalfen.[122]

Die aufgezeigten Veränderungen und deren Einfluss auf die Unternehmungen machen deutlich, dass diese Prämissen heute keine Gültigkeit mehr besitzen. Die neuen Herausforderungen verlangen von den Unternehmen Flexibilität und die Fähigkeit, die veränderten marktlichen, technischen, rechtlichen oder sozialen Rahmenbedingungen schnell zu erfassen und entsprechend darauf zu reagieren.

3.4.2 Die Modularisierung

Unternehmen, deren Leistungsvielfalt einer zunehmenden Komplexität ausgesetzt ist (z.B. durch Variantenvielfalt und hohen Individualisierungsgrad der Produkte), sind in Feld 2 der Matrix dargestellt. Sie ändern ihre Struktur in die Richtung, dass bei der Bildung der Stellen und Abteilungen spezifische Erfordernisse der Prozessabläufe bedacht werden.[123] Die Auflösung von Hierarchien und die Aufgliederung der Unternehmensstruktur in Module ermöglicht schneller und flexibler auf Marktveränderungen, Kundenwünsche und Wettbewerber zu reagieren.[124]

Bei der Modularisierung der Produkte nimmt vor allem die Automobilbranche eine Vorreiterposition ein. Umfangreiche Baugruppen werden von Systemlieferanten produziert, welche diese Module zeitgenau am Montageband zur Verfügung stellen. Unterschiedliche Kombinationsmöglichkeiten der Module reduzieren den Produktionsaufwand und ermöglichen Fahrzeuge für unterschiedliche Ansprüche und Portmonees zu erzeugen.[125]

---

[120] Vgl. Lutz [Einleitung 1996], Seite 29f.
[121] Morgan [Organisation 1997], Seite 30.
[122] Vgl. Lutz [Einleitung 1996], Seite 31.
[123] Vgl. Reichwald et al. [Reorganisationsprozesse 1996], Seite 18.
[124] Vgl. Picot et al. [Unternehmung 1996], Seite 201.
[125] Vgl. Leupold [Lego 2003], Seite 4f.

Die Schwäche dieser unter dem Begriff „Modularisierung" zusammengefassten Ansätze findet sich in der großen Anzahl an Schnittpunkten und dem daraus entstehenden Konfliktpotenzial. Um einen möglichst reibungsfreien Ablauf zu erreichen und um mögliche Warte- und Leerzeiten zu vermeiden, ist ein hohes Maß an Kooperation und Kommunikation auf allen Ebenen des Leistungsprozesses notwendig. Produkt- oder Marktsegmente werden sowohl organisatorisch als auch räumlich dezentralisiert, Hierarchien abgebaut und gegebenenfalls Unternehmensteile verselbständigt oder ausgegliedert.[126]

3.4.3 Strategische Netzwerke und Kooperationen

In Feld 3 der Matrix befinden sich Unternehmen, deren Komplexität im Leistungsprogramm vergleichsweise niedrig ist, die aber mit hohen Unsicherheiten am Markt rechnen müssen. Dies kann z.B. bei Unternehmen der Fall sein, die auf internationalen Märkten agieren. Um schnell auf Marktveränderungen und Trends reagieren zu können ist es notwendig, dass Vertrieb, Produktentwicklung und Produktion auch über die Unternehmensgrenzen hinaus intensiv zusammenwirken. Kooperationen mit Kunden und/oder Lieferanten ermöglichen Vorteile durch die unternehmensübergreifende Integration vor- und nachgelagerter Wertschöpfungsprozesse, was dem Unternehmen die Fokussierung auf die eigenen Kernkompetenzen erlaubt.[127]

Durch die Verbindungen mit anderen, rechtlich und wirtschaftlich selbständigen Unternehmen können Synergieeffekte ausgeschöpft und somit die eigene Wettbewerbsfähigkeit gestärkt werden.[128] „Im Kontext der organisationalen Vernetzung geht es um eine trotz oder gerade wegen zunehmender Ausdifferenzierung eingetretene ‚Ausfransung' sozialer Gebilde an ihren ‚Rändern'."[129] Auch hier zählt ein guter Kommunikations- und Informationsfluss zu den entscheidenden Wettbewerbfaktoren.[130] Kooperationen zwischen Organisationen gab es zwar schon immer, allerdings finden sie heute in einer Intensität und Vielfalt statt, die noch vor wenigen Jahren undenkbar erschien.[131]

---

[126] Vgl. Reichwald et al. [Reorganisationsprozessen 1996], Seite 19.
[127] Vgl. Hesch [Menschenbild 1997], Seite 131.
[128] Vgl. Picot et al. [Unternehmung 1996], Seite 263.
[129] Payer [Netzwerk 2002], Seite 5.
[130] Vgl. Reichwald et al. [Reorganisationsprozesse 1996], Seite 19.
[131] Vgl. Payer [Netzwerk 2002], Seite 5.

3.4.4 Die Virtualisierung

Auch beim virtuellen Unternehmen, welches in Feld 4 dargestellt ist, soll die Leistungserbringung im Rahmen einer Kooperation mehrerer unabhängiger Unternehmen erfolgen. Der Unterschied findet sich allerdings in der Möglichkeit einer globalen Zusammenarbeit, die vor allem durch die rasanten Weiterentwicklungen im Bereich der Informations- und Kommunikationstechnologien gestützt wird. Die kooperierenden Unternehmen beteiligen sich horizontal und/oder vertikal an der Leistungserstellung und treten nach außen als einheitliches Unternehmen auf.[132] Ziel- und projektorientierte Teams können unabhängig von räumlichen und zeitlichen Einschränkungen flexibel auf die Anforderungen des Marktes reagieren.[133] Virtuelle Unternehmen ermöglichen vor allem auf Märkten mit stark komplexen Produkten und hoher Unsicherheit die notwendige Flexibilität und Agilität. Zu den grundlegenden Merkmalen virtueller Unternehmen zählen folgende Punkte:[134]

- Die beteiligten Akteure am virtuellen Unternehmen sind rechtlich selbständige, aber wirtschaftlich abhängige, spezialisierte Unternehmen. Hierbei kann es sich um Organisationen, aber auch um Einzelpersonen handeln. Auch Kunden und Lieferanten können in den Prozess integriert werden.

- Das virtuelle Unternehmen ist vor allem durch seinen temporären Kooperationscharakter gekennzeichnet. Je nach Marktaufgabe wird auch die Dauer der Zusammenarbeit gestaltet. Dies soll individuelle Kundenwünsche befriedigen und schnelle Reaktionsmöglichkeiten eröffnen.

- Das Motto bei virtuellen Unternehmen muss „Kontrolle ist gut, Vertrauen ist besser" lauten. Auf der Basis eines gemeinsamen Geschäftsverständnisses wird auf komplexe vertragliche Bindungen so weit wie möglich verzichtet.

- Zur Koordination der Abläufe und durch die Bedeutung der vertrauensvollen Zusammenarbeit spielt der Einsatz leistungsfähiger Informations- und Kommunikationstechniken eine besondere Rolle.

Zu suboptimalen Ergebnissen kann es immer dann kommen, wenn Leistungsunterschiede zwischen den Partnern auftreten, es Informationsbarrieren gibt oder die kulturellen Unterschiede die Zusammenarbeit beeinflussen.

---

[132] Vgl. Mertens/Faisst [Virtuelle Unternehmen 1997], Seite 102.
[133] Vgl. Fink [Unternehmensstrukturen 1998], Seite 16f.
[134] Vgl. Konradt [virtuelle Unternehmen 1999], Seite 103ff.

All diese Veränderungen im Bereich der Unternehmungen haben zu einem veränderten Miteinander mit der „Ressource Mensch" geführt. Die Ausschöpfung der Potentiale der MitarbeiterInnen und der kreative Einsatz jedes Einzelnen kann zum Erfolg oder Misserfolg der Unternehmung beitragen. In Abschnitt 3.5 wird daher auch auf die Veränderungen in den Annahmen über den Menschen und seine Rolle im Unternehmen eingegangen.

3.5 Veränderungen im Menschenbild

Parallel zu den Veränderungen in der Umwelt und den Entwicklungen im Bereich der Organisationen verschoben sich auch die Annahmen über den Menschen und seine Motivierbarkeit. So wie das Unternehmen von der Maschine zum Organismus wurde, wurde aus dem „fremdgesteuerten Zahnrad Mensch" ein/e MitunternehmerIn – Wissen, Kreativität und Ideenreichtum wurden zur unersetzlichen Ressource und zum Wettbewerbsvorteil des Unternehmens.

In vielen Unternehmen ist heute das Denken der klassischen Organisationstheorie noch verhaftet. Dennoch stehen seit einigen Jahren verstärkt die Wandlungen in den Arbeitsverhältnissen in Diskussion. Um die neuen Anforderungen der Märkte erfüllen zu können, gehen immer mehr Betriebe darauf über, den MitarbeiterInnen Gestaltungsfreiräume zu gewähren und einen hohen Grad an Eigenverantwortung zu ermöglichen.[135] In der Literatur ist in diesem Zusammenhang oft vom „Mitunternehmer", vom „Unternehmer im Unternehmen", oder auch vom „Intrapreneur"[136] die Rede.

Die Notwendigkeit der Unternehmen, den aktuellen Marktgegebenheiten mit Flexibilität und Kreativität zu begegnen und der daraus resultierende Wunsch die/den MitarbeiterIn mehr ins Unternehmen einzubinden als mit der bloßen (körperlichen) Arbeitsleistung führt zu neuen Organisationsstrukturen. Diese Umgestaltungen stehen im direkten Zusammenhang mit der Rolle des Menschen im Unternehmen und der Frage, wie eine neue Form der Zusammenarbeit entstehen kann.

Diese Veränderungen in der Umwelt und in den Organisationsformen führen auch zu einem Überdenken der vorhandenen Lohnstrukturen, die zu einem großen Teil noch aus hierarchischen und starren Arbeitsverhältnissen stammen. Da Unternehmen ihre Motivationsmaßnahmen oft auf (bewusste oder unbewusste) Annahmen über ihre MitarbeiterInnen ausrichten,

---

[135] Vgl. Unruh [Arbeitskraftunternehmer 2001], Seite 1.
[136] Dieses Kunstwort setzt sich aus „Intraorganizational" und „Entrepreneur" zusammen, was soviel bedeutet wie organisationsinterner Unternehmer. Vgl. Unruh [Arbeitskraftunternehmer 2001], Seite 1.

werden an dieser Stelle das theoretische Konzept des Menschenbildes und seine Entwicklung noch ausführlicher behandelt.

3.5.1 Menschenbilder in der Theorie

Neben Bereichen wie Philosophie und Psychologie hat der Begriff des Menschenbildes auch in die Betriebswirtschaftslehre Eingang gefunden, wo er vor allem in der neueren Literatur vorkommt. Hesch sieht den Grund hierfür darin, dass „die konsequente sozial- und verhaltenswissenschaftliche Öffnung der Betriebswirtschaftslehre erst gegen Ende der 60er Jahre einsetzte. Dadurch wurde das Verhalten des wirtschaftenden Menschen explizit in den Gegenstand der Betriebswirtschaftslehre einbezogen."[137]

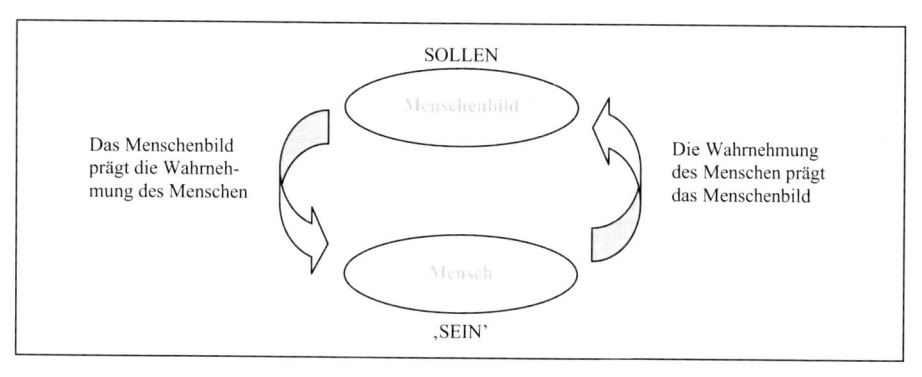

Abbildung 10: Mensch und Menschenbild – ‚Sein' und Sollen[138]

Menschenbilder können als eine Idealkonzeption über das menschliche Wesen und somit als Soll-Vorstellung angesehen werden (Vgl. Abbildung 10). Sie dienen aber auch als Orientierungsmuster und helfen somit die Komplexität der Realität zu reduzieren.[139] Ganz allgemein beschreibt Hesch ein Menschenbild als „eine bestimmte Vorstellung über den Menschen, die aus Annahmen und/oder Erkenntnissen zu seinem Wesen besteht."[140]

Werhahn, der sich in seiner Arbeit speziell auf das Menschenbild in der Betriebswirtschaftslehre konzentriert, fasst seine Definition enger. Bei ihm handelt es sich beim Menschenbild „um die Annahmen darüber, was der Mensch ist: welche Bedürfnisse er hat und welche Ziele er verfolgt, was sein Rang ist in der Welt und welches sein Verhältnis zu den Mitmenschen,

---

[137] Hesch [Menschenbild 1997], Seite 25.
[138] Quelle: Matthiesen 1995 [Kritik 1995], Seite 38 (leicht modifiziert).
[139] Vgl. Hesch [Menschenbild 1997], Seite 6.
[140] Hesch [Menschenbild 1997], Seite 6.

was sein Denken und Handeln bestimmt und wo seine Grenzen liegen."[141] In betriebswirtschaftlichen Theorien findet sich immer ein Menschenbild. In den meisten Theorien handelt es sich hierbei um implizite Menschenbilder, welche sich aus den zu Grunde liegenden Wertprämissen der Theorie ableiten lassen.[142] Einige wenige Theorien enthalten aber auch ein sogenanntes explizites Menschenbild, welche ausformuliert breiten Öffentlichkeiten zugänglich gemacht werden.[143] Sowohl die expliziten als auch die impliziten Vorstellungen über den Menschen und seine Bedürfnisse spielen im betrieblichen Alltag eine große Rolle, da „beinahe jede Bemühung in den Wirtschafts- und Sozialwissenschaften ... letztendlich eine große Zahl von Annahmen über die Natur des Menschen [beinhaltet]. Jede psychologische oder soziologische Theorie, jedes Führungs- und Organisationsmodell reflektiert diese Einstellungen und Überzeugungen in vielfältiger Weise. Sie basieren auf fundamentalen Annahmen über die Natur des Menschen, und diese Annahmen haben einen impliziten Einfluss auf die Theorien."[144]

Diese Aussage lässt sich vor allem auch auf den Bereich der Motivationstheorien übertragen. Jede Motivationsmaßnahme, die in einem Unternehmen gesetzt wird, stützt sich auf Annahmen darüber, was die Mitarbeiterin/den Mitarbeiter motiviert und welche Bedürfnisse für sie/für ihn von übergeordneter Bedeutung sind. Parallel zu den in Abschnitt 3.4 skizzierten Veränderungen im Bereich der Organisationsformen hat sich auch das Bild über den Menschen im Laufe der Zeit gewandelt. Hill et al. machen hierzu darauf aufmerksam, dass „jede wesentliche Veränderung im Menschenbild ... auf wesentlichen Veränderungen des gesellschaftlichen Bedingungsrahmens beruht. Sie führt ihrerseits wiederum über kurz oder lang zu einem Umbruch in der Organisationstheorie."[145] An dieser Stelle wird nun die historische Entwicklung der reziproken Beziehung zwischen Organisationsstruktur und Menschenbildern umrissen, und schließlich auf das moderne Menschenbild eingegangen.

3.5.2 Die Menschenbilder der Vergangenheit

Ausgehend von den klassischen Ansätzen wurde das Bild des Menschen sehr stark vom maschinendominierten Gedanken geprägt. Der Mensch galt in erster Linie als billiger Produktionsfaktor, der nicht dieselbe zuverlässige Leistung wie eine Maschine erbringen konnte. Die

---

[141] Werhahn [Menschenbild 1989], Seite 10.
[142] Vgl. Matthiesen [Kritik 1995], Seite 40.
[143] Vgl. Hesch [Menschenbild 1997], Seite 27f. sowie Matthiesen [Kritik 1995], Seite 42.
[144] Weinert [Menschenbilder 1995], Spalte 1497.
[145] Hill et al. [Organisationslehre 2 1998], Seite 407.

Maschine wurde somit zum Vorbild für den Menschen, weshalb man auch von einem mechanistischen Menschenbild bzw. vom „l'homme machine" spricht.[146] Dieses Konzept sieht den Durchschnittsmenschen als verantwortungsscheu und als ein rational kalkulierendes und eigennutzenorientiertes Wesen an. Als überwiegendes Arbeitsmotiv des ‚Homo oeconomicus' gilt das Bedürfnis nach Geld, welches sich aus einer existentiellen Notwendigkeit erklären lässt.[147]

Bereits in der zweiten Hälfte des 19. Jahrhunderts erkannte man, dass die Vernachlässigung der Interessen der Arbeiter zu Problemen wie Fluktuation oder Unruhen führen kann.[148] „Dem Hochmuth, der Lieb- und Herzlosigkeit von oben ... antwortet der Neid, der Trotz und die Rachsucht von unten ... . Der Mensch ist eben kein Stück Holz oder Eisen, er ist auch kein Ochse oder Esel, den man bloss um's Futter an seinen Wagen spannen kann ... ein Jeder bringt ein Stück Herz und Gemüth mit, das je nach seiner Behandlung entweder eine heitere oder eine finstere, eine saure und zuletzt bittere Stimmung annimmt. ... Die Zufriedenheit unserer Arbeiter liegt darum in unserem wohlverstandenen eigenen Interesse."[149]

Vor allem durch die immer lauter werdende Kritik am mechanistischen System, durch die schlechte wirtschaftliche Lage und nicht zuletzt die Durchführung der Hawthorne-Studien[150] erkannte man die Bedeutung der sozialen Prozesse und der angemessenen Behandlung der MitarbeiterInnen im Unternehmen. Die Human-Relations-Bewegung löste die Ansätze der klassischen Theorien jedoch nicht ab, sie erweiterte nur die Möglichkeiten der Rationalisierung. Die Arbeitsgestaltung nach den Grundsätzen wurde nicht prinzipiell hinterfragt, es wurde lediglich der Umgang mit den ArbeiterInnen revidiert.[151] Um die Motivation der MitarbeiterInnen zu steigern vertrauten viele Unternehmen nicht mehr alleine ihren An-

---

[146] Vgl. Hill et al. [Organisationslehre 2 1998], Seite 408f. sowie Rosenstiel [Grundlagen 1992], Seite 7.

[147] Vgl. Ulich [Arbeitspsychologie 1998], Seite 3 sowie Rosenstiel [Grundlagen 1992], Seite 179 und Seite 365.

[148] Vgl. Sanders/Kianty [Organisationstheorien 2006], Seite 59.

[149] Brunner [o.T. 1872], Seite 143 zitiert nach Walter-Busch [Arbeitszufriedenheit 1977], Seite 234.

[150] Die Untersuchungen von Mayo, Roethlisberger und Dickson in den Jahren 1927 bis 1932 beschäftigten sich ursprünglich in der Tradition des Scientific Managements mit dem Einfluss von physischen Umweltfaktoren auf die Arbeitsproduktivität, das Verhalten und die Gesundheit einer Arbeitsgruppe von Frauen, die speziell für diesen Zweck gegründet worden war. Durch systematische Veränderungen von Beleuchtung, Arbeitszeit und Arbeitspausen sollten die Auswirkungen getestet und überprüft werden. Das überraschende Ergebnis der mehrjährigen Untersuchungen war, dass beinahe unabhängig vom veränderten Faktor und der Intensität die Leistung ständig zunahm und sich das Befinden der Mitarbeiterinnen verbesserte. Die einzige Erklärung die es dafür zu geben schien war die, dass die Betroffenen durch die Studie das Gefühl hatten, dass ihre Arbeit und auch ihre Meinung ernst genommen wurden. Die Bedeutung sozialer Bedürfnisse, wie die Beziehung zwischen Mitarbeiterinnen und Mitarbeitern wurde erkannt. Das Unternehmen wurde fortan als soziales System verstanden und das Phänomen der informellen Gruppe wahrgenommen. Vgl. Roethlisberger/Dickson [Management 1964], Seite 551ff.

[151] Vgl. Schein [psychology 1965], Seite 63.

reizsystemen. Psychologen wurden eingesetzt, um mögliche Quellen der Arbeitsunzufriedenheit zu erkennen und zu beseitigen. Auch das Management musste sich den neuen Führungserfordernissen stellen und wurde in die Techniken der Human-Relations eingeschult.[152]

Nach dem zweiten Weltkrieg hat die starke Entwicklung der Industriegesellschaft die Rahmenbedingungen von Organisationen erneut wesentlich verändert. Der zunehmende Wohlstand und die Erfolge der Human-Relations-Bewegung führten zu einer weiteren Veränderung in der Motivstruktur. Bedürfnisse nach Anerkennung, Status und Persönlichkeitsentfaltung sowie der Wunsch nach Verantwortungsübernahme und Teilnahme an Entscheidungsprozessen wurden stärker.[153]

In diesem Kontext rückten die Ansätze der Arbeitszufriedenheitsforschung in den Blickpunkt, welche argumentierten, dass die Entfremdung der ArbeiterInnen vor allem dadurch entstünde, da die Arbeit selbst keine Möglichkeit mehr bot, Potentiale und Fähigkeiten sinnvoll zu nutzen.[154] Zu den wichtigsten Vertretern sind hier Maslow, mit seiner Hierarchie der menschlichen Bedürfnisse und Herzberg et al. mit der Zwei-Faktoren-Theorie zu zählen. Beiden Modellen ist gemein, dass sie danach Fragen was den Menschen motiviert und die Bedürfnisse in unterschiedliche Kategorien unterteilen.[155] So unterscheidet Maslow physiologische (Grund-) Bedürfnisse, Sicherheitsbedürfnisse, Bedürfnisse der Zugehörigkeit, Bedürfnisse nach Wertschätzung und Bedürfnisse nach Selbstverwirklichung. Er geht davon aus, dass diese Bedürfnisse hierarchisch zu betrachten sind, und die nächsthöhere Stufe nur erreicht werden kann, wenn die Stufe darunter befriedigt wurde.[156] Im Gegensatz dazu nahmen Herzberg et al. ihre Kategorisierung anhand der Pole Zufriedenheit und Unzufriedenheit vor und erkannten durch eine empirische Studie, dass nicht unterschiedliche Gestaltungsmaßnahmen, sondern verschiedene Faktoren zu die Ausprägungen führen. Zufriedenheit wurde demnach hauptsächlich durch Faktoren wie Leistung, Anerkennung oder die Arbeit selbst – also intrinsische Faktoren – erzeugt, während Unzufriedenheit durch Führungsstil, Status und Gehalt – also extrinsische Faktoren – entsteht.[157] Obwohl beide Theorien starker Kritik

---

[152] Vgl. Kieser [Managementlehre 2002], Seite 113 sowie Ulich [Arbeitspsychologie 2001], Seite 41f.
[153] Vlg. Hill et al. [Organisationslehre 2 1998], Seite 423 sowie Wunderer/Grundwald [Führungslehre 1980], Seite 100.
[154] Vlg. Ulich [Arbeitspsychologie 2001], Seite 44f.
[155] Diese Theorien sind somit in den Bereich der Inhaltstheorien der Motivation einzuordnen, vgl. Abschnitt 2.2.4.
[156] Vgl. Maslow [Motivation 1994], Seite 27ff.
[157] Vgl. Herzberg et al. [Motivation 1993], Seite 81.

ausgesetzt wurden[158], fanden sie sowohl in Theorie als auch in die Praxis Einzug und zählen wohl zu den am häufigsten zitierten Ansätze in diesem Bereich.

Diese Erkenntnisse und der sich vollziehende Wertewandel seit dem Ende der 60er Jahre[159] gab einen wesentlichen Ausschlag für die sogenannte Humanisierungsdebatte, welche nach einer menschenwürdigeren Gestaltung des Arbeitslebens verlangte. Neben den traditionellen Arbeitsstrukturen waren auch jene Unternehmen, welche die Erkenntnisse über die sozialen Bedürfnisse der MitarbeiterInnen umsetzten, immer stärkerer Kritik ausgesetzt. Die deutliche Ausrichtung der Unternehmen auf das soziale Verhalten innerhalb der Organisation führte dazu, dass die strukturellen Aspekte in den Hintergrund gerieten. „Es wurde fast neurotisch nur nach Zufriedenheit gefragt. Man verabsolutierte die Bedeutung der Zufriedenheit so sehr, dass sich in der betrieblichen Praxis eine gewisse Ängstlichkeit gegenüber allem entwickelte, was die Zufriedenheit der Mitarbeiter hätte stören können."[160]

Das Menschenbild dieser Zeit, welches auf die Bedürfnispyramide von Maslow aufbaut, geht davon aus, dass der Mensch keine angeborene Abneigung gegen Arbeit hat, sondern in ihr sogar eine wichtige Quelle der Zufriedenheit findet. Er ist vorrangig selbst-motiviert und selbst-kontrolliert und externe Anreize und Kotrollen führen eher zu negativen Auswirkungen.[161]

Um den hohen Grad der Spezialisierung und die daraus entstandene Entfremdung der MitarbeiterInnen überwinden zu können, begann man neue Formen der Arbeitsgestaltung zu finden. Diese ermöglichen der Mitarbeiterin/dem Mitarbeiter in und über den Arbeitserfolg die Bedürfnisse nach Selbstverwirklichung und Mitbestimmung zu befriedigen und diese individuellen Erwartungen mit den organisatorischen Anforderungen zu verknüpfen.[162]

Die neuen Arbeitsformen bezogen sich zuerst vor allem auf den Bereich der Arbeitsorganisation, hierzu zählen Maßnahmen wie Jobrotation, Jobenlargement, Jobenrichment und die Bildung teilautonomer Arbeitsgruppen. Später standen auch Fragen der Arbeitszeitgestaltung und der Arbeitsumweltgestaltung im Interesse. Die neuen Strukturierungsprinzipien führten einerseits zu motivationssteigernden Arbeitstätigkeiten, andererseits konnten die Persönlich-

---

[158] Für eine ausführliche Bewertung der Bedürfnishierarchie vgl. Wunderer/Grunwald [Führungslehre 1980], Seite 178f. sowie Conrad [Maslow-Kritik 1983], Seite 158ff. Eine kritische Betrachtung der Zwei-Faktoren-Theorie findet sich unter anderem bei Neuberger [Arbeitszufriedenheit 1974], Seite 126f. sowie bei Rosenstiel et al. [Organisationspsychologie 1995], Seite 251.
[159] Vgl. Abschnitt 1.2.
[160] Hill et al. [Organisationslehre 2 1998], Seite 422.
[161] Vgl. McGregor [Enterprise 1970], Seite 61 sowie Schein [pychology 1980], Seite 56f.
[162] Vgl. Hesch [Menschenbild 1997], Seite 103.

keitsentwicklung und die Qualifikation der Mitarbeiterinnen und Mitarbeiter gefördert werden.[163]

Beispiele für Umstrukturierungen finden sich in Europa z.B. bei Volvo oder Olivetti und in den USA bei General Foods. Die Schaffung flacher Hierarchien und dezentralisierter Entscheidungsstrukturen mit Möglichkeiten der Mitbestimmung am Arbeitsplatz sowie die Aufhebung extremer Arbeitsteilung muss die Akzeptanz eines solchen Menschenbildes mit sich bringen. Rigide Stellenbeschreibungen und vor allem auch rein ökonomische Anreizsysteme scheinen in solchen Strukturen eher hinderlich.[164] Doch auch der Ansatz des Homo oeconomicus ist heute noch weit verbreitet. So z.B. bei McDonalds, wo die Organisation so mechanisiert wurde, dass jede Niederlassung auf der ganzen Welt ein einheitliches Produkt anbieten kann. McDonalds verfolgt das tayloristische Prinzip unter anderem dadurch, dass Personen eingestellt werden, die bereit sind sich in das System einzufügen – die „*Maschine*" funktioniert tadellos. Die dynamischen und innovativen Aufgaben des Unternehmens werden vom übergeordneten Führungspersonal bewerkstelligt, welches die Entwicklung von Verkaufsstrategien und die Planungsarbeit übernimmt.[165]

3.5.3 Das Menschenbild von heute

Die hier beschriebenen Menschenbilder waren allesamt der Kritik ausgesetzt zu einseitig und generalisierend zu sein und somit der Komplexität der Wirklichkeit nicht gerecht werden zu können. Die klassischen Theorien gingen davon aus, dass der Mensch ausschließlich arbeitet um Geld zu verdienen. Die Human-Realtions stellten soziale Bedürfnisse in den Vordergrund und die Human-Resources sehen das Bedürfnis nach Selbstverwirklichung als hauptsächliche Quelle der Motivation. Die bisherigen Ansätze gehen nicht oder nicht ausreichend darauf ein, dass Lebensphasen oder -umstände die Bedürfnisse eines Menschen verändern können. Da Menschen über die Fähigkeit verfügen, neue Motive „dazuzulernen" ergibt sich die individuelle Bedürfnisstruktur des Einzelnen aus den anfänglichen Bedürfnissen und den Erfahrungen die im Laufe der Zeit gemacht wurden. Darüber hinaus gibt es immer mehrere Wege ein Bedürfnis zu befriedigen. So mag Geld zwar nur Mittel zum Zweck sein, dennoch können damit mittelbare Wünsche erfüllt und Bedürfnisse befriedigt werden.[166]

---

[163] Vgl. Kreikebaum [Humanisierung 1988], Seite 81.
[164] Vgl. Ulich [Arbeitspsychologie 1998], Seite 49.
[165] Vgl. Morgan [Organisation 1997], Seite 44.
[166] Vgl. Schein [psychology 1980], Seite 60, im Zusammenhang mit seinem Menschenbild des „komplexen Menschen".

Hesch macht in diesem Zusammenhang darauf aufmerksam, dass der Wandel der Anforderungen an den Menschen vor allem durch die in Kapitel 3 erwähnten Veränderungen zustande kam. Aspekte wie Autonomie, Einfühlungsvermögen, Kreativität und Vertrauen rücken in den Vordergrund. Erwartungen wie Gehorsam, Egoismus und Anpassung, wie man sie aus der traditionellen Theorie kennt, verblassen zunehmend. Auch Hesch betont, dass der Mensch als Ganzes betrachtet werden muss, da die neuen Anforderungen nicht als bloße Zusatzqualifikationen gesehen werden können, sondern in der grundlegenden Persönlichkeitsstruktur wurzeln.[167]

Dieses ganzheitliche Menschenbild findet sich auch in anderen Werken wieder: Sowohl der Harvard-Soziologe Etzioni, als auch Harvard-Politologe Fukuyama stützen ihre Arbeiten auf ein ganzheitliches Menschenbild. Beide gehen davon aus, dass der Mensch seine Entscheidungen nicht rein auf rationale Argumente stützt, sondern dass dabei Werte und Gefühle sowie der Faktor Vertrauen eine große Rolle spielen.[168]

3.5.3.1 Der Homo oeconomicus als soziales Wesen

Vor allem das Menschenbild des Homo oeconomicus konnte sich sehr hartnäckig halten, was unter Bedingungen wie hoher Arbeitslosigkeit und schlechten wirtschaftlichen Zeiten sicherlich seine Berechtigung findet. Insbesondere im Bereich der Ökonomie stützen sich viele Modelle und Annahmen noch heute auf dieses Bild, weshalb einige Forscher damit beginnen, die starren Annahmen zu hinterfragen.

Die Wissenschafter und Ökonomen Fehr und Falk zeigen in ihren Experimenten, dass der Mensch meist nicht so eigennützig agiert, wie es die Annahmen des Homo oeconomicus implizieren. Sie fanden in unterschiedlichen Verhaltensexperimenten heraus, dass vor allem der Grundsatz „Wie du mir, so ich dir" starken Einfluss auf das Verhalten der Teilnehmer hatte. So wird faires Verhalten von Seiten der Firma durch die Mitarbeiterinnen und Mitarbeiter belohnt, unfaires Verhalten hingegen wird sanktioniert.[169]

Zu einem ähnlichen Ergebnis kommt auch Ockenfels. Auch er macht darauf aufmerksam, dass – entgegen der Annahmen des Homo oeconomicus – Fairness und Reziprozität in der

---

[167] Vgl. Hesch [Menschenbild 1997], Seite 149f.

[168] Vgl. Etzioni [Egoismus-Prinzip 1994], Seite 180 sowie Fukuyama [Konfuzius 1995], Seite 65ff., zitiert nach Hesch [Menschenbild 1997], Seite 155f.

[169] Der Wissenschafter Ernst Fehr spricht in diesem Zusammenhang sogar von der Psychologischen Wende (in Anlehnung an die Kopernikanische Wende, welche den Umbruch vom geozentrischen zum heliozentrischen Weltbild einläutete). Vgl. Sigmund et al. [Fair Play 2002], Seite 83ff. sowie Fehr/Fischbacher [Human Altruism 2003], Seite 785.; Vgl. auch Niederer [Homo oeconomicus 2004], Seite 16.

Wirtschaft eine große Rolle spielen. „Wir wissen eindeutig, dass Menschen durchaus bereit sind, andere zu bestrafen, die sich unfair verhalten – selbst wenn es sie selbst eine ganze Menge kostet."[170] In zahlreichen Laborexperimenten und Feldstudien hat Ockenfels aufgezeigt, dass der Mensch sich sehr stark daran orientiert, wie sich seine eigene Situation im Vergleich zu der anderer entwickelt.[171]

Die Untersuchungen wurden anhand des sogenannten Ultimatospiels durchgeführt, bei dem sich zwei Parteien über die Aufteilung eines Geldbetrages (z.B. 100 Euro) einigen müssen. Person A muss einen Aufteilungsvorschlag machen, Person B hat nur die Möglichkeit zuzustimmen oder abzulehnen – bei letzterem bekommen beide nichts. Unter Annahme der Eigennutzenmaximierung müsste B auch zustimmen, wenn A ihm nur einen geringen Anteil überlässt (z.B. 1 Euro – auch dieser geringe Betrag hätte mehr Nutzen als kein Betrag). In den Versuchen zeigte sich, dass dies nicht der Fall ist, da diese Aufteilung (99 Euro für A und 1 Euro für B) von B als unfair wahrgenommen wird und er durch die Ablehnung A bestrafen kann. Die meisten Personen die in der Situation von Spieler A sind, bieten zwischen 40 und 50 Prozent der Summe an, um die Zustimmung von Spieler B zu erhalten. Angebote, die unter 20 Prozent lagen, wurden in der Regel abgelehnt.[172]

„Der Mensch als Wirtschaftssubjekt ist eben nicht nur rational und er ist nicht nur an der Maximierung des materiellen Eigennutzens interessiert"[173], postuliert Fehr in einem Interview. Die durch inszenierte Spiele aufgezeigten Forschungsergebnisse zeigen deutlich, dass die Maximierung des Eigennutzens nicht automatisch im Vordergrund steht.[174]

3.5.3.2 Werte als Basis des Menschenbildes

Helmut Klages formuliert mit seiner Forschung nicht explizite Menschenbilder, sondern unterteilt die Gesellschaft in Wertetypen. Angeregt von der Wertediskussion die in Folge des Wertewandels seit Beginn der 60er Jahre entbrannte und dem bald postulierten Werteverfall, begann er Untersuchungen über die tatsächlich vorherrschenden Wertegefüge durchzuführen.

---

[170] Ockenfels im Interview mit Ingun [Abschied 2005], o.S.
[171] Vgl. Storbeck [Ankunft 2006], o.S.
[172] Vgl. Storbeck [Ankunft 2006], o.S.
[173] Gull [Homo oeconomicus 2002], o.S.
[174] Vgl. Sigmund et al. [Fair Play 2002], Seite 83ff. sowie Bowles/Gintis [Homo reciprocans 2002], Seite 125ff. und Niederer [Homo oeconomicus 2004], Seite 16ff.

Gestützt auf diese Forschungsergebnisse unterteilte er fünf Wertetypen, welche sich vor allem darin unterscheiden, welche Fähigkeit und Neigung die Personen besitzen, sich auf die Anforderungen der gesellschaftlichen Modernisierung einzulassen.[175]

- Der ordnungsliebende Konventionalist ist vorrangig traditionell orientiert. Er hält sich eher an das Bewährte und lässt wenig Neigung zur Selbständigkeit und zur Risikofreude erkennen.
- Der perspektivlose Resignierte gehört zu den eigentlichen „Stiefkindern" des gesellschaftlichen Wandels, was sich in Rückzug, Passivität und Apathie ausdrückt.
- Der nonkonforme Idealist ist ein verbaler Fortschrittsbejaher. Seine oft ideologisch geprägte Sichtweise macht ihn allerdings frustrationsanfällig für die Realität der Modernisierung.
- Der hedonistische Materialist ist zwar flexibel, sein Lustprinzip und die Jagd nach schnellen Gewinnen bringen ihn jedoch oft an die Grenzen des sozial und legal Vertretbaren.
- Der aktive Realist ist in der Lage auf verschiedenartige Herausforderungen pragmatisch zu reagieren. Durch seine starke Erfolgsorientierung erreicht er ein hohes Maß an Eigenaktivität und Eigenverantwortung.

Durch den Vergleich von drei Untersuchungen aus den Jahren 1987, 1993 und 1999 lässt sich erkennen, dass sich die Anteile der Wertetypen im Zeitverlauf veränderten. Die Forschung, die an der trendsensiblen Altersgruppe der 18- bis 30-jährigen durchgeführt wurde zeigt, dass der traditionelle und der resignierte Wertetyp eine nur untergeordnete Rolle von etwa 10 Prozent einnimmt. Auch die Idealisten, die Ende der sechziger Jahre Konjunktur hatten, waren mit 18 Prozent im Jahr 1999 nicht mehr so stark vertreten.

Interessant hingegen ist vor allem die Entwicklung zwischen den Hedonisten und den Realisten. Im untersuchten Zeitraum lagen diese beiden Wertetypen oft sehr knapp beieinander. Die immense Wachstumsquote der Hedonisten zwischen 1987 und 1993 spiegelt die in Abschnitt 3.2 erwähnte Tendenz zur Spaßgesellschaft wider. Dennoch hielt dieser Trend nicht an. Die Untersuchungen im Jahr 1999 ergaben einen Rückgang der Hedonisten von 31 auf 27 Prozent, wodurch die Gruppe der aktiven Realisten mit 34 Prozent der Bevölkerung den stärksten Typus darstellten.[176]

---

[175] Vgl. Klages [Werte 2001], Seite 10f.
[176] Vgl. Klages [Werte 2001], Seite 11.

In der nachhaltigen Entwicklung der aktiven Realisten sieht Klages eine positive Wendung in der Wertefrage. In ihnen sieht er jenen Menschen, die am ehesten als „hochgradig modernisierungstüchtig" beschrieben werden können. Die aktiven Realisten sind „kooperative Selbstvermarkter mit hoch entwickelter fachlicher Kompetenz und ausgeprägtem Erfolgsstreben."[177] Gleichzeitig besitzen sie auch die Fähigkeit zur Selbstkontrolle und steuern ihr Verhalten oft rational. Trotz ihrer geselligen Art und Umgänglichkeit besitzen sie eine erhöhte Konflikt- und Durchsetzungsfähigkeit.

Diese widersprüchlichen Ausprägungen repräsentieren das spannungsreiche Persönlichkeitsprofil, welches laut Klages den Menschen in Zukunft abgefordert wird. Durch eine Synthese von modernen und traditionellen Werten ist der positive Realist allerdings in der Lage die Bedingungen moderner Gesellschaften zu meistern.

3.5.3.3 „Wir probieren herum und suchen das beste für uns"

Unter Begriffen wie „Generation.com"[178], „Net Generation"[179] „Jugend `99"[180] oder „Generation Y"[181] – deren Bedeutung im wesentlichen die gleiche ist – scheint sich ebenfalls ein neues Bild über den Menschen abzuzeichnen. In Abgrenzung zu den „Babyboomern" und der „Generation X" bildete sich Ende der 90er Jahre eine eher pragmatische und gesellschaftlich desillusionierte Generation heraus.

Die Babyboomer, oder 68er wie sie im deutschen Sprachraum auch oft genannt werden, werden von den bis Anfang der fünfziger Jahre Geborenen geprägt. Sie standen für „Love and Peace" und wollten eine bessere Welt erschaffen. Die 68er Generation übte vor allem Kritik an den bestehenden Verhältnissen und das in jeder Hinsicht. Sie verfügten über einen ausgeprägten Idealismus im gesellschaftlichen Bereich sowie starke persönliche Visionen.[182]

---

[177] Klages [Werte 2001], Seite 10.
[178] Vgl. Roehrs et al. [Generation.com 2003]
[179] Vgl. Tapscott [Net Generation 1998]
[180] Vgl. Beyer et al. [junge Milde 1999]
[181] Vgl. o.V. [Generation Y 1993]; In diesem frühen Artikel umfasste der Begriff der Generation Y nur die 1974- bis 1980-Geborenen. In späteren Auffassungen wurde die Zeitspanne unterschiedlich festgelegt und erweitert.
[182] Vgl. Kraushaar [68er-Bewegung 2001], Seite 15 sowie Scholz [Stammplatzgarantie 2003], Seite 61f.

Aus chronologischer Sicht betrachtet folgte den Babyboomern die Generation X.[183] Hierbei handelt es sich um die Altersgruppe der zwischen 1960 und 1970 Geborenen. Die „Xer" waren im Vergleich zu den „Boomern" vollkommen anders. Die Abgrenzung gegenüber Ihrer Eltern erfolgte nicht durch Rebellion, sondern durch demonstrative Anpassung an die Normen der Gesellschaft und auffällige Konsumorientierung.[184] Sie waren ohne jegliche Illusion über die gesellschaftlichen Verhältnisse, aber auch ohne Vision über die eigene Zukunft. Die meist sehr reale berufliche Chancenlosigkeit dieser Generation endete oft in der existentiellen Unsicherheit postmoderner Daseinsbewältigung.[185] Menschen aus der Generation X hatten nicht mehr die Erwartung eines Aufstiegs oder eines Aufschwungs. „Aufgewachsen in den schönen Zeiten üppiger Wachstumsraten hatte es, aus der Perspektive der Generation X, keiner leichter als die Babyboomer; ihnen stand alles offen – alles wuchs und gedieh."[186] Ein deutlicher Unterschied zwischen diesen beiden Generationen zeigte sich auch in der Art der Abgrenzung von Privatleben und Beruf: während der Babyboomer sich die Arbeit am Abend und am Wochenende mit nach Hause nahm, nahm der „Xer" seine Probleme mit zum Arbeitsplatz und erwartete sich dort Verständnis und Hilfe.[187]

Ende der 90er Jahre wurden die „Xer" nun von der Generation Y abgelöst. Die ab etwa 1975 geborenen Vertreter dieser Generation sind jung, selbstbewusst und voller Tatendrang, zielstrebig und leistungsorientiert und dennoch an den schönen Dingen im Leben interessiert. Sie haben ähnlich wie die „Xer" keinerlei Illusionen über den Staat und die Gesellschaft – sie strahlen diesbezüglich sogar eine neue Lust auf Wirklichkeit aus.[188] Anders steht es da um ihre persönlichen Ziele – Reichtum, Selbstentfaltung und Eigenbestimmung finden sich in ihren Werten wieder.[189]

Das gegenwärtige Interesse an dieser Generation, welches schon durch die auffallende Anzahl an Begriffen bekundet wird, scheint sich unter anderem aus einem wirtschaftlichen Blickwinkel zu ergeben. Die Generation Y, die dreimal so viele Menschen umfasst als die

---

[183] Obwohl der Begriff der Generation X schon früher verwendet wurde, erfuhr er seinen Hype durch den gleichnamigen Roman von Douglas Coupland, in dem er das Leben von drei „Twenty Somethings" beschreibt, die aus dem „Rat-Race" ausgestiegen waren, weil die „Babyboomer" nur mehr „McJobs" und Lessness übriggelassen hatten. Vlg. Coupland [Generation X 1991], vgl. auch Tulgan [Management 1997], Seite 30.

[184] Vgl. Jablonski [Generation X 2002], Seite 75.

[185] Vgl. Jablonski [Generation X 2002], Seite 9 sowie Scholz [Stammplatzgarantie 2003], Seite 62.

[186] Jablonski [Generation X 2002], Seite 67.

[187] Vgl. Tulgan [Management 1997], Seite 44f. sowie Scholz [Stammplatzgarantie 2003], Seite 63.

[188] Vgl. Beyer et al. [junge Milde 1999], Seite 97.

[189] Vgl. Scholz [Stammplatzgarantie 2003], Seite 63.

Generation X[190], wird in weniger als 10 Jahren einen beträchtlichen Teil des Arbeitsmarktes ausmachen. Hier stellt sich die Frage, ob die Unternehmen überhaupt schon bereit sind für diese neue Herausforderung.[191] Organizations "are about to see what happens when the workforce is inundated by talented, educated, techno-savvy, open-minded, service-oriented young people with every intention of making lots of money while building their ideal career and personal lives."[192]

Anders als die Babyboomer und die „Xer" investieren die Vertreter der Generation Y bewusst Arbeitszeit um auch Freizeit realisieren zu können. Für den Wunsch Geld verdienen zu wollen schämen sie sich daher nicht, eher wird Verdienst als deutliche Bestätigung für den Erfolg der eigenen Handlungen gesehen.[193] Nach der Auffassung von Scholz versuchen Vertreter der Generation Y aus jeder Lage einen persönlichen Vorteil zu ziehen, sie handeln rein opportunistisch. Sie sind zwar selbstmotiviert und ehrgeizig, dies bezieht sich aber vor allem auf ihre eigenen Ziele und nicht auf jene des Unternehmens.[194] „Yer" sind vom Nutzen, den sie dem Unternehmen bringen überzeugt und scheuen daher auch nicht davor zurück, die bisherigen Abläufe und Strukturen zu verändern.[195] Der Mangel an Arbeitskräften, der die Entwicklung der „Yer" geprägt hat, hat sie gelehrt selbst aktiv und immer auf der Suche nach einem besseren Angebot zu sein. Sobald sich für den Y-Opportunisten eine neue Chance ergibt oder er eine als bedeutsam eingestufte Krise wittert, wird er das Unternehmen verlassen und neue Wege gehen. Die Y-OpportunistInnen „probieren herum und suchen das beste"[196] für sich aus. Dies wird ihm auch dadurch ermöglicht, dass sich das Machtgefälle zwischen dem vermeintlich starken Arbeitgeber und dem scheinbar schwachen Arbeitnehmer inzwischen schon oft ins Gegenteil verkehrt hat. Gute MitarbeiterInnen und PotentialträgerInnen werden immer seltener und sind dadurch nicht mehr so machtlos wie der Arbeitnehmer „von damals".[197]

Auf der anderen Seite verhalten sich die Unternehmen streng nach dem darwinistischen Prinzip: Suvival of the Fittest heißt die Devise. Neue Rahmenbedingungen und verschärfter Wettbewerb haben dazu geführt, dass Unternehmen ihre Kernkompetenzen fokussieren. Wer

---

[190] Vgl. Gogoi [Gen Y workplace 2005], o.S.
[191] Vgl. Scholz [Generation Y 2000], Seite 61.
[192] Tulgan/Martin [Generation Y 2001], Seite 13.
[193] Vgl. Scholz [Stammplatzgarantie 2003], Seite 63.
[194] Vgl. Scholz [Generation Y 2000], Seite 62.
[195] Vgl. Armour [Generation Y 2005], o.S.
[196] Beyer et al. [junge Milde 19999], Seite 96.
[197] Vgl. Scholz [Generation Y 2000], Seite 62f.

keine Kernkompetenzen vorweisen kann wird aussortiert – dies gilt für Unternehmen gleichermaßen wie für MitarbeiterInnen. Vor allem bei Abkühlung der Konjunktur gehen Unternehmen immer schonungsloser mit ihren Mitgliedern um.[198] Die Loyalität der MitarbeiterInnen – die in der klassischen Ausführung des psychologischen Kontrakts dem sicheren Job auf Lebenszeit gegenüber stand – spielt meist keine Rolle mehr.[199] Das Konzept des Darwiportunismus – wie Scholz das Aufeinandertreffen von Darwinismus und Opportunismus nennt – führt zu einer neuen Art der Zusammenarbeit. Dies hat unmittelbare Konsequenzen auf das Personalmanagement und die Anforderungen an das Arbeitsumfeld.

3.5.3.4 Neue Spielregeln der Zusammenarbeit

Um Potentiale im Unternehmen nutzen zu können wird von den MitarbeiterInnen erwartet, dass sie sich mit den Zielen der Unternehmung identifizieren, sie ihre Energie im Sinne dieser Ziele einsetzen und ihre Arbeit schätzen. Doch in den oft hierarchisch geprägten Systemen werden nach wie vor Aspekte wie Gehorsam, Konkurrenz und Kontrolle betont. Um als Unternehmen in diesem neu gewachsenen Umfeld agieren zu können, müssen die Maßnahmen in allen klassischen Bereichen des Personalmanagements umgestellt werden.[200]

Da die MitarbeiterInnen keine ernsthafte Unternehmensbindung aufbauen, sondern sich permanent nach Optionen umsehen, wird es für Unternehmen schwirig, langfristige Laufbahn- und Karrierestrategien zu entwerfen. Es müssen neue Wege gefunden werden, um die MitarbeiterInnen zu Höchstleistungen anzuspornen. Aus diesem Grund ist es notwendig, die Anforderungen der zukünftigen MitarbeiterInnen zu kennen.

1) Vertreter der Generation Y entscheiden Fragen bezüglich ihrer Laufbahn immer aufgrund der Rolle die sie im ausgewählten Unternehmen spielen können. Sie wünschen sich eine sinnvolle Aufgabe in einem wertvollen Umfeld. Die „Yer" verfügen über ein ausgeprägtes soziales Bewusstsein und interessieren sich für Klima-, Armuts- und Gemeindeprobleme.[201] Scholz spricht in diesem Zusammenhang vom „Job-Entertainment", wodurch der Wunsch nach Spaß erfüllt werden soll. Er macht allerdings darauf aufmerksam, dass, ähnlich wie bei Klages Wertetypus des aktiven Realisten, „Spaß" hier nicht mit „Fun" gleichgesetzt werden

---

[198] Vgl. Scholz [Stammplatzgarantie 2003], Seite 216.
[199] Vgl. Scholz [Generation Y 2000], Seite 62.
[200] Vgl. Hesch [Menschenbild 1997], Seite 149
[201] Vgl. Tulgan/Martin [Generation Y 2001], Seite 13.

kann, sondern eher ein umfassendes Lebensgefühl beschreibt. Lust, Freude, Motivation und Sinngebung wirken hier zusammen.[202]

2) „Yer" arbeiten gerne mit Menschen zusammen, die hoch motiviert und engagiert sind. Sowohl Führungskräfte als auch MitarbeiterInnen sollten über Werte wie Authentizität, Optimismus und Spaß verfügen.[203] Von der Führungskraft erwarten sie sich darüber hinaus auch Inspiration und Betreuung sowie ein regelmäßiges Feedback über ihre Stärken und Schwächen, um die eigene Rolle im Unternehmen besser wahrnehmen zu können.[204] Menschen mit unterschiedlichsten Hintergründen das Gefühl zu vermitteln willkommen zu sein, ihre einzigartigen Talente zu mobilisieren und eine aufrichtige und aufgeschlossene Arbeitsatmosphäre zu schaffen gehört zu den größten Herausforderungen jeder Organisation.[205]

3) Auch wenn bisherige Ausführungen dieser Abhandlung darauf hingewiesen haben, dass Geld als Motivator nur bedingt einsetzbar ist, scheint es bei der Generation Y eine große Rolle zu spielen. Dies lässt sich durch die Wertschätzung von Konsum und Freizeit erklären, wie es bereits weiter oben erörtert wurde.[206] „The ‚magic' for Gen Yers comes in making a difference – in producing something worthwhile – while working with a great team and getting the rewards they feel they have earned."[207]

Zusätzlich spielt hier auch die veränderte Beziehung zwischen Unternehmen und MitarbeiterInnen eine große Rolle. Das bisherige Verständnis von „wenig Geld heute" im Austausch gegen „Arbeitssicherheit morgen" trifft nicht mehr zu. Die logische Konsequenz hieraus lautet: „gute Leistung heute, gutes Geld heute, schlechte Leistung morgen…game over"[208]. In diesen Erwartungen spiegelt sich auch die bereits beschriebene Forderung nach Fairness wider. Der Y-Opportunist ist bereit sich für das Unternehmen einzusetzen, aber er erwartet eine entsprechende Honorierung und das auch im finanziellen Bereich. Dies ist vielleicht mit ein Grund, weshalb sich „Yer" sehr hohe finanzielle und persönliche Ziele stecken. Da je nach Konjunktur am Arbeitsmarkt immer wieder dringend Potentialträger gesucht werden, befinden sich die Y-Opportunisten in einer Machtposition, wodurch diese hohen Ziele durchaus erreichbar werden. Um diesen Ansprüchen genügen zu können, versuchen immer

---

[202] Vgl. Scholz [Generation Y 2000], Seite 63 sowie Scholz [Stammplatzgarantie 2003], Seite 78.
[203] Vgl. Scholz [Generation Y 2000], Seite 63.
[204] Vgl. Fragiacomo [Y generation 2005], o.S.
[205] Vgl. Tulgan/Martin [Generation Y 2001], Seite 13.
[206] Vgl. Scholz [Generation Y 2000], Seite 63.
[207] Tulgan/Martin [Generation Y 2001], Seite 13.
[208] Scholz [Generation Y 2000], Seite 63.

mehr Unternehmen den leistungsbezogenen Anteil des Entgelts zu erhöhen. Für Y-Opportunisten ist Geld ein wichtiges Statussymbol – ohne Böses damit zu verbinden, sehen sie im Entlohnungssystem den entscheidenden Anreiz.[209]

---

[209] Vgl. Scholz [Generation Y 2000], Seite 63 sowie Scholz [Stammplatzgarantie 2003], Seite 76 und Tulgan/Martin [Generation Y 2001], Seite 15.

4 Ist Motivation käuflich?

Obwohl die oben beschriebenen Darstellungen darauf hinweisen, dass für die MitarbeiterInnen von heute Geld einen entscheidenden Anreiz darstellt, gibt es sehr unterschiedliche Meinungen zu dieser Thematik. Ob leistungsbezogene Bezahlung motiviert, überflüssig ist oder sogar eine negative Wirkung hat, wird in der Literatur aus den unterschiedlichsten Blickwinkeln analysiert, diskutiert und durch praktische Beispiele belegt.[210] Die Aussagen bieten ein weites Spektrum von einem klaren „Nein" auf die Frage wie bei Reinhard Sprenger, bis zu einem „Absolut!" von Matthias Dressler. An dieser Stelle sollen nun die unterschiedlichen Stellungnahmen skizziert werden, um die verschiedenartigen Argumentationsweisen gegenüber zu stellen.

4.1 Extrinsische zerstört intrinsische Motivation

Ein Extrem der Aussagen über die Motivierbarkeit von Menschen stützt sich auf die These, dass jegliche Motivation von außen die intrinsische Motivation zerstört. Vertreter dieser Meinung sind der amerikanische Psychologe und Verhaltensforscher Alfie Kohn, dessen Arbeiten hauptsächlich im Bereich des menschlichen Verhaltens, der Ausbildung und der Kindererziehung angesiedelt sind[211] sowie der deutsche Unternehmensberater und Managementtrainer Reinhard Sprenger, der dafür bekannt ist, mit seinen provokanten Thesen zur Diskussion anzuregen.[212]

Kohn zeigt anhand zahlreicher empirischer Belege auf, dass materielle Anreize, Prämien und Belohnungen bestenfalls kurzfristig wirksam, langfristig jedoch immer nutzlos sind oder sogar nachhaltigen Schaden anrichten. Er macht zusätzlich darauf aufmerksam, dass Menschen durch häufiges motivieren durch künstliche Anreize immer mehr ihr Interesse an dem, wozu man sie verleiten wollte, verlieren.[213]

Auch Sprenger zeigt mit seinem Werk „Mythos Motivation" auf, dass die in Unternehmen üblichen Motivationspraktiken viele kontraproduktive Nebenwirkungen und Spätfolgen mit sich bringen, welche den angestrebten leistungssteigernden Erfolg aufheben. *„Alles Motivieren ist Demotivieren"*[214] – Einfluss von außen ist somit immer nur mit einer negativen

---

[210] Vgl. Knebel [Leistungslohn 2006], Seite 18.
[211] Vgl. Kohn [Alfie Kohn o.J.], o.S.
[212] Vgl. Sprenger [Person, o.J.], o.S.
[213] Vgl. Kohn [Rewards 1993].
[214] Sprenger [Motivation 1992], Seite 9.

Wirkung möglich. Im Gegensatz zu Kohn hat Sprenger seine Ergebnisse selbst nie empirisch überprüft, sondern stützt sie auf Gespräche mit Führungskräften und Betriebsbeobachtungen. Er vertritt die These, dass Motivation „von außen" nicht möglich ist. Sie ist somit eine rein intrinsische Größe, welche durch externe Einflüsse fehlgeleitet und gehemmt wird. Er bezieht sich dabei auf die empirischen Untersuchungen von Kohn und legt diese Ergebnisse auf Situationen im Unternehmen um. Die Folgen materieller Anreize sind laut Sprenger hierbei: „Immer höhere Ansprüche. Immer weniger Eigeninitiative. Warten auf Belohnung statt Selbstverantwortung"[215] und somit Demotivation.[216]

Beide Autoren machen darauf aufmerksam, dass die gängige Motivationspraxis eher einer Manipulation durch das Management gleicht. Um tatsächlich nachhaltige Motivation zu erlangen müssen materielle Anreizsysteme aus der betrieblichen Praxis entfernt werden und den MitarbeiterInnen Beteiligungsmöglichkeiten am Entscheidungsprozess, ein positives Arbeitsklima und ein Arbeitsinhalt mit dem sie sich identifizieren können geboten werden. Nur so kann sich die intrinsische Motivation, die in jedem Menschen vorhanden ist, voll entfalten.

4.2 Extrinsische verdrängt intrinsische Motivation

Frey und Osterloh, beides Lehrbeauftragte an der Universität Zürich, zeigen auf, dass die Aussagen von Kohn und Sprenger durchaus berechtigt sind. Sie machen allerdings darauf aufmerksam, dass die Auswirkungen von Belohnungen nicht automatisch schädlich sein müssen, sondern unter bestimmten Bedingungen sogar positive Folgen haben können.[217]

Durch die disziplinäre Arbeitsteilung der Psychologie und der Ökonomik haben bisherige Ansätze die Phänomene der intrinsischen und der extrinsischen Motivation oft zu stark getrennt betrachtet. Während mikroökonomisch fundierte Überlegungen vor allem die Motivation von außen fokussierten, konzentrierten sich Konzepte aus der Organisationspsychologie überwiegend auf die intrinsischen Faktoren. Die bisher überwiegend additive Betrachtung der beiden Ansätze muss allerdings hinterfragt werden, da empirische Arbeiten aufzeigen, dass der Einsatz von extrinsischen Motivationsmaßnahmen einen negativen Einfluss auf die bereits vorhandene (intrinsische) Motivation ausüben kann.[218] Frey und Osterloh sprechen hier vom sogenannten „Verdrängungseffekt", welcher unter bestimmten

---

[215] Sprenger [Motivation 1992], Seite 70.
[216] Vgl. Sprenger [Motivation 1992].
[217] Vgl. Frey/Osterloh [Sanktion 1997], Seite 308.
[218] Vgl. Frey/Osterloh [Sanktion 1997], Seite 309f.

Bedingungen beim Einsatz extrinsischer Motivationsmaßnahmen auftreten kann. So spielt z.B. die Beziehung zwischen den MitarbeiterInnen und dem Unternehmen eine entscheidende Rolle und die Frage, ob das Entgelt als einschränkende Kontrolle oder faire Belohnung empfunden wird. Auch das Interesse an der Tätigkeit sowie die Klarheit der vermittelten Botschaft können einen Einfluss haben. Das Ausmaß des Verdrängungseffekts hängt von der Art der Eingriffe (einheitlich oder individuell) sowie dem Typ der Intervention (Befehl oder Belohnung) ab. Auch die Koppelung der Entlohnung an die Leistung und das Empfinden über die Fairness der Belohnung können auf den Verdrängungseffekt einwirken.[219]

Die Autoren stützen ihre Ergebnisse unter anderem auf eine Meta-Analyse von Deci, Koestner und Ryan aus dem Jahr 1999.[220] Diese ermöglicht die Kombination und den Vergleich von einer großen Anzahl von unterschiedlichen Studien zur selben Fragestellung. Die Meta-Analyse von Deci et al. umfasste 128 Studien über die Auswirkung extrinsischer Belohnungen auf die intrinsische Motivation. Sie kamen zu dem Schluss, dass materielle Belohnungen einen erheblichen negativen Effekt auf die intrinsische Motivation ausüben. Auch sie machen zwar darauf aufmerksam, dass dieser Effekt an bestimmte Bedingungen geknüpft ist, allerdings lassen die Ergebnisse der Studien darauf schließen, dass die Gefahr der Verdrängung größer ist als die Möglichkeit der Motivationsförderung. Aus diesem Grund empfehlen die Autoren, mit der Verwendung von materiellen Belohnungen eher behutsam umzugehen.[221]

Frey und Osterloh gehen in eine ähnliche Richtung. Sie zeigen auf, dass leistungsabhängige Belohnung nur für MitarbeiterInnen geeignet ist, die ihrer Arbeit ausschließlich aus monetären Gründen nachgehen. Hierzu zählen sie vor allem einfache Tätigkeiten, die den Beschäftigten keine Möglichkeit zur inneren Befriedigung bieten. Da diese Personen keine verdrängbar intrinsische Motivation besitzen, kann es auch nicht zum beschriebenen Verdrängungseffekt kommen. Die Autoren gehen davon aus, dass diese Möglichkeit der Leistungssteigerung „der Firma nur dann zugute [kommt], wenn diese Mitarbeiter das Gemeingut der Firma nur unwesentlich ausnützen können, keine Übertragung impliziten Wissens erforderlich ist und keine kreative Leistung erwartet wird."[222]

Hierdurch lässt sich für Frey und Osterloh auch erklären, warum der Effekt z.B. bei der einfachen Fließbandarbeit nicht auftritt, da der Gelderwerb bei dieser Tätigkeit die Hauptmo-

---

[219] Vgl. Frey/Osterloh [Sanktion 1997], Seite 310ff. sowie Frey/Osterloh [Performance 2000], Seite 68.
[220] Vgl. Frey/Osterloh [Performance 2000], Seite 67.
[221] Vgl. Deci et al. [meta-analytic review 1999], Seite 627 und Seite 668.
[222] Frey/Osterloh [Performance 2000], Seite 69.

tivation darstellt. Da in modernen Unternehmen allerdings meist nur wenige untergeordnete und einfache Tätigkeiten ausgeübt werden, ist die Gefahr groß, die intrinsische Motivation der überwiegenden Anzahl an MitarbeiterInnen zu verdrängen. Auch Frey und Osterloh weisen darauf hin, dass durch den Einsatz von leistungsabhängiger Belohnung Motivation aus innerer Verbundenheit oder aus Gründen der Selbstbestimmung für Unternehmen verloren gehen kann.[223]

4.3 Extrinsische ergänzt und verstärkt intrinsische Motivation

Cameron, Banko und Pierce führten 2001 ebenfalls eine Metaanalyse von über 100 Studien durch. Ihr Ziel war es festzustellen, wann und unter welchen Bedingungen Belohnungen eine schädliche Wirkung auf die Leistungserbringung und das Interesse der MitarbeiterInnen haben. Durch die Analyse der Studien, die seit den 1970er Jahren durchgeführt wurden, sollte die Wirkung von variabler Entlohnung und die mögliche Verdrängung von intrinsischer Motivation durch extrinsische Anreize nachgewiesen werden. Sie gingen dabei explizit auch auf die Ergebnisse der erwähnten Analyse von Deci et al. ein, da diese sehr stark von ihren eigenen, älteren Studien abweichten. Cameron et al. wollten mit ihrer Arbeit vor allem diese Unterschiede beheben und Ergebnisse erreichen, die auch konkurrierenden Annahmen standhalten.[224]

Die Forscher kamen zu dem Schluss, dass Belohnungen im Generellen keine negative Wirkung auf die Ausführung einer Aufgabe haben. Negative Effekte konnten nur bei Aufgaben mit besonders hoher intrinsischer Motivation beobachtet werden, bei denen die Belohnung im Vorhinein angekündigt wurde und keinerlei Zusammenhang zur erbrachten Leistung bestand. „These findings are given more importance in light of the fact that the group-design experiments on rewards and intrinsic motivation were primarily designed to detect detrimental effects."[225]

Die Unterschiede in den Ergebnissen erklärten sich die Wissenschafter vor allem dadurch, dass Deci et al. relevante Studien bei ihrer Analyse ausschlossen und nur jene Studien berücksichtigten, bei denen ein Verhalten untersucht wurde, für das die Versuchspersonen von Anfang an ein sehr hohes Interesse zeigten. Sie betonen allerdings auch, dass die Literatur die beiden Metastudien diente, Mängel in der Vereinheitlichung von Begrifflichkeiten und

---

[223] Vgl. Frey/Osterloh [Performance 2000], Seite 69.
[224] Vgl. Cameron et al. [Effects of Rewards 2001], Seite 1ff. sowie Seite 10.
[225] Cameron et al. [Effects of Rewards 2001], Seite 27.

Abläufen aufwies, weshalb auch ihre eigenen Ergebnisse mit Vorsicht zu betrachten wären. Abschließend fordern Cameron et al. dazu auf, weitere Forschungen in diesem Bereich durchzuführen, um Bedingungen aufzeigen zu können, welche die Reaktion von MitarbeiterInnen auf materielle Belohnungen beeinflussen.[226]

Eine Studie, welche diesem Anspruch gerecht wird, ist jene von Dressler, der anhand einer schriftlichen Befragung von 175 Filialgeschäftsführern deutscher Warenhäuser die These von Reinhard Sprenger[227] empirisch überprüfen wollte. Die Auswertung der Befragungsergebnisse ergab eine deutliche Wirksamkeit von erfolgsorientierten, variablen Vergütungssystemen.[228]

Die Ergebnisse der Untersuchung zeigen, dass der Anteil der Arbeitsmotivation, der durch die variable Vergütung verursacht wird, etwa 27 Prozent des objektiven Erfolges ausmacht. Auch Dressler weist darauf hin, dass die Wirkung von variablen Anreizsystemen zwischen verschiedenen Personen variieren kann und von unterschiedlichen Faktoren abhängt. Die von Dressler unterschiedenen Sachverhalte, welche die Wirksamkeit von Leistungsvergütungssystemen beeinflussen können, werden in den nachfolgenden Kategorien zusammengefasst und beschrieben:[229]

- Das Ausmaß des individuellen Leistungs-Beitrags-Denkens drückt aus, ob eine Person der Meinung ist, dass es prinzipiell richtig ist mehr zu verdienen, wenn mehr geleistet wird. Je stärker diese Meinung bei einer Person ausgeprägt ist, desto eher wird ein Leistungsvergütungssystem wirken. Die Annahme wie MitarbeiterInnen diese Voraussetzung beurteilen hängt stark mit dem Bild über den Menschen zusammen, welches in Abschnitt 2.5 erläutert wurde. Gestützt auf das beschriebene Menschenbild von heute und die dahinter liegenden Vermutungen über die Generation Y wird man ein positives Leistungs-Beitrags-Denken annehmen können.
- Auch der Vergleich der eigenen Leistung und der eigenen Belohnung mit der Leistung und der Belohnung von anderen spielt eine große Rolle. Dieser Vergleich, der mit Kollegen aber auch mit externen Personen stattfindet, kann zu Frust und Demotivation führen, wenn er als unfair wahrgenommen wird.
- Das System der Leistungsvergütung selbst spielt ebenfalls eine Rolle bei der Frage nach der Motivation der MitarbeiterInnen. Nur wenn das System von den Betroffenen

---

[226] Vgl. Cameron et al. [Effects of Rewards 2001], Seite 25ff.
[227] „Alles Motivieren ist Demotivieren", vgl. Abschnitt 5.1.
[228] Vgl. Dressler [Arbeitsmotivation 1999], Seite 294.
[229] Vgl. Dressler [Anreizsysteme 2000], Seite 43.

akzeptiert und getragen wird, kann es positiv auf die Motivation wirken. In diesem Zusammenhang spielt auch die mögliche Einflussnahme der MitarbeiterInnen auf das System eine Rolle.

- Je enger der Zusammenhang zwischen Arbeitseinsatz und Arbeitsergebnis einerseits, und Arbeitsergebnis und erhaltener Leistungsvergütung andererseits ist, desto mehr motiviert das Leistungsvergütungssystem. Für die MitarbeiterInnen muss die Beziehung zwischen dem eigenen Bemühen und der daraus resultierten Belohnung spürbar sein.

Dressler weist darauf hin, dass es – in Bezug auf die beschriebenen Faktoren – viele Möglichkeiten gibt bestehende Systeme zu verbessern oder neue Systeme sinnbringend einzuführen. Um eine Reduzierung der durch die MitarbeiterInnen wahrgenommenen Ungleichgewichte und Störfaktoren zu erreichen schlägt er vor, eine höhere Transparenz zu schaffen, gewollte Unterschiede sachlich und nachvollziehbar zu präsentieren und unhaltbare Ungleichheiten zu reduzieren. Dresslers Ergebnisse zeigen aber deutlich auf, dass der Einsatz von Leistungsvergütungssystemen einen wertvollen Beitrag zur Motivation von MitarbeiterInnen leisten kann.[230]

Einen anderen Ansatz bei der Frage nach monetären Anreizen beschreibt Sonnenmoser. Die Diplompsychologin macht darauf aufmerksam, dass intrinsische Motivation bei manchen Personen überhaupt erst eintritt, wenn die extrinsische Motivation, also die Vergütung, stimmt. Sie zeigt auf, dass in manchen Fällen das Geld sogar nicht mehr als Mittel zum Zweck betrachtet werden kann, sondern selbst zu einem eigenständigen, intrinsischen Motiv „mutiert".[231] Geld hat im Zusammenhang mit Arbeit auch eine Informationsfunktion, es wird also als Signal für die eigene Leistung wahrgenommen.

Auch Kaschube und Rosenstiel machen darauf aufmerksam, dass „Geld über die Hygienefunktion hinaus auch als ein Motivator wirken [kann], der neben anderen Faktoren eine Rückmeldung über das Ausmaß an Anerkennung für die erbrachte Leistung gibt."[232] Dies gelingt allerdings nur, wenn die Entlohnung auch tatsächlich von der Leistung abhängig ist und nicht ohnehin erwartet werden kann. Eine enge zeitliche und inhaltliche Verknüpfung scheint daher wichtig, um die Anerkennung durch die Belohnung zu unterstreichen. Auszah-

---

[230] Vgl. Dressler [Anreizsysteme 2000], Seite 44ff.
[231] Vgl. Sonnenmoser [Geld 2006], Seite 46.
[232] Kaschube/Rosenstiel [leistungsorientierte Bezahlung 2000], Seite 71.

lungen, die lange nach der Leistung erfolgen, werden mit hoher Wahrscheinlichkeit als Teil des normalen Entgelts wahrgenommen und verlieren so ihre Wirkung.[233]

4.4 Folgerungen aus diesem Kapitel

Abschließend muss darauf hingewiesen werden, dass bei der Frage nach den Auswirkungen von variablen Entgeltsystemen wohl zu jeder Aussage eine Studie existiert, die das Gesagte untermauert und empirisch belegt. Dennoch sollte man bedenken, dass es bei einer kritischen Betrachtung keinen eindeutigen Nachweis des Verdrängungseffektes gibt. Zusätzlich beinhaltet ein Großteil der Forschung thematische und methodische Mängel. Untersuchungen, die eigentlich einen Verdrängungseffekt aufzeigen wollten, haben genau gegenteilige Ergebnisse erzielt, während viele Studien darauf hinweisen, dass durch den Einsatz externer Anreize ein Verhalten durchaus verstärkt werden kann. Auch die möglichen negativen Nebenwirkungen, die ein unbedachter Einsatz von Belohnungen mit sich bringen kann, werden in diesen Studien thematisiert und durch das Aufzeigen von beeinflussenden Faktoren und Rahmenbedingungen abgegrenzt.

In der Praxis lässt sich ebenfalls ein Trend in Richtung variable Entlohnung erkennen. Eine Studie von Towers Perrin zeigt auf, dass mehr als die Hälfte der Befragten davon überzeugt ist, dass Performance Management einen Beitrag zur Verbesserung des Engagements und der Motivation der MitarbeiterInnen leistet. Nur 9 Prozent der Praktiker gingen hingegen von einem negativen Effekt aus.[234] Und auch die eingangs erwähnte Studie von Heissmann zeigt, dass variable Vergütung künftig noch weiter steigen wird.[235]

Flexible Entgeltsysteme finden in immer mehr Unternehmen Einzug und beziehen sich nicht mehr nur auf die traditionellen Bereiche der Chefetage oder die MitarbeiterInnen vom Außendienst. Diese Entwicklungen werden auch von politischer Seite unterstützt. Die Einrichtungen der Europäischen Union interessieren sich seit etwa zehn Jahren für das Thema der variablen Entlohnung, vor allem um Gewinn-, Leistungs- und Kapitalbeteiligungen zu fördern, aber auch um die Wettbewerbsfähigkeit zu steigern.[236]

Für die Unternehmen hängt die Umstellung auf variable Entlohnungsformen sehr eng mit der Unternehmensstrategie sowie der aktuellen und der geplanten Positionierung am Markt

---

[233] Vgl. Kaschube/Rosenstiel [leistungsorientierte Bezahlung 2000], Seite 72.
[234] Vgl. Towers Perrin [Herausforderung 2003], Seite 13.
[235] Vgl. Heissmann [Variable Vergütung 2007], Seite 5.
[236] Vgl. Kaar/Grünell [Variable Entlohnung 2001], o.S.

zusammen. Die Studie von Towers Perrin zeigte deutlich, dass bereits im Jahr 2003 mehr als 65 Prozent der Unternehmen erkannten, dass vor allem die Honorierung und Bindung von Potential- und Leistungsträgern eine wichtige Herausforderung an das Vergütungssystem darstellt. Hewitt zeigte mit einer Studie 2006 auf, dass gerade für diese Gruppe von Personen eine angemessene Vergütung durchaus motiviert. Die befragten High-Potentials fühlen sich zwar nicht chronisch unterbezahlt, verstehen aber die Entlohnung als eine Form der Wertschätzung.[237] Darüber hinaus wird auch das fehlende Zusammenspiel von Vergütung und erbrachter Leistung bemängelt.[238]

Variable Vergütungsanteile bieten somit viele Vorteile. Es empfiehlt sich allerdings vor der Einführung genau zu definieren, welchem Zweck das System dienen soll und welche Anforderungen fixiert werden können.[239] Erst durch die Abstimmung mit strategischen Überlegungen und die richtige Gestaltung kann es gelingen Systeme zu schaffen, welche „die Linienmanager nicht als bürokratische Belastung empfinden, sondern als hilfreiche Unterstützung in der täglichen Arbeit mit ihren Mitarbeitern."[240]

---

[237] Vgl. Hewitt [High-Potentials 2006], o.S.; Die Studie zeigt auf, dass für High-Potentials die angemessene Entlohnung bereits an zweiter Stelle nach den guten Karrierechancen kommt.
[238] Vgl. Towers Perrin [Herausforderung 2003], Seite 5.
[239] Vgl. Becker [Anreizsysteme 1990], Seite 18 sowie Heissmann [variable Vergütung 2007], Seite 11.
[240] Towers Perrin [Herausforderung 2003], Seite 15.

5 Anforderungen an die Gestaltung von Entgeltsystemen

Dass variable Entlohnungssysteme einen Beitrag zur Motivation von MitarbeiterInnen und somit zum Unternehmenserfolg leisten, wurde in Kapitel 3 dargelegt. Dennoch lassen sich in der Praxis immer wieder Fälle beobachten, bei denen der Einsatz eines Anreizsystems zu unerwünschten Konsequenzen führt.

So sollte z.B. die Einführung einer finanziellen Prämie in Abhängigkeit eines Rangplatzes für Filialleiter zur Erhöhung der Leistung führen. Die Unternehmensleitung bedachte allerdings nicht, dass der Rangplatz nicht nur durch die Erhöhung der eigenen Leistung, sondern auch durch die Verminderung der Leistungen der anderen Filialleiter beeinflusst werden konnte. In der Folge erschwerten sich die Filialleiter gegenseitig das Geschäft, um möglichst hoch platziert zu werden. Das gewünschte Ergebnis konnte durch unerwünschtes Verhalten erreicht werden, was dazu führte, dass das individuelle Ziel der Bonuszahlung nicht gleichzeitig mit den Unternehmenszielen angestrebt wurde. Auch die verschiedenartige Behandlung von MitarbeiterInnen kann zu Dysfunktionalitäten führen. So können MitarbeiterInnen im Bereich Back-Office demotiviert werden, wenn die Kollegen vom Außendienst Zusatzprämien bekommen, die sie selbst nie erhalten können.[241]

Um mit der Einführung eines variablen Entgeltsystems auch wirklich erfolgreich sein und derartige Dysfunktionalitäten vermeiden zu können, müssen bestimmte Anforderungen erfüllt werden. Hierbei handelt es sich um Kriterien wie:[242]

- Individualisierung und Flexibilisierung
- Transparenz
- Leistungsorientierung
- (Lohn-)Gerechtigkeit und
- Wirtschaftlichkeit

Die Festlegung der Anforderungen ist immer von den Prioritäten des jeweiligen Unternehmens abhängig, da nicht alle Forderungen im gleichen Ausmaß berücksichtigt werden können.[243] Im Folgenden wird auf die einzelnen Anforderungen näher eingegangen und ihre Funktionalität durch Beispiele erläutert.

---

[241] Vgl. Rosenstiel [Anreizsysteme 1999], Seite 72f.
[242] Vgl. Becker [Anreizsysteme 1990], Seite 18ff., Grewe [Implementierung 2003], Seite 13ff., Boenigk [integrierte Kommunikation 2001], Seite 142ff. sowie Leptien [Anreizsysteme 1996], Seite 42ff.
[243] Vgl. Becker [Anreizsysteme 1990], Seite 18.

5.1 Individualisierung und Flexibilisierung

Um dem Wunsch der steigenden Individualisierung Rechnung tragen zu können, bietet sich auch im Bereich der Anreizgestaltung eine Flexibilisierung der Bedingungen an. Dies ist vor allem notwendig, um die Elemente des Anreizsystems laufend an die Vielfältigkeit und Veränderlichkeit der betrieblichen Situation (intern wie extern) sowie die wandelbaren individuellen Präferenzen der MitarbeiterInnen anpassen zu können.[244] Die meist situationsspezifischen und zweckmäßigen Anreizpläne werden speziell in dynamischen und turbulenten Umwelten schnell überholt. Über einen längeren Zeitraum verwendbar sollte allerdings das dahinterliegende Anreizsystem der Unternehmung sein, was durch eine Vielfalt an flexibel einsetzbaren Elementen erreicht werden kann.[245]

Hierfür würde sich beispielsweise die Einführung eines sogenannten „Cafeteria-Systems" anbieten. Die aus den USA stammende Vergütungsform ist seit den 1980er Jahren auch bei uns bekannt und ermöglicht den MitarbeiterInnen aus einem Menü variabler Zusatzleistungen jene auszuwählen, die ihren Präferenzen entsprechen. Dies kann in Form von Barauszahlungen erfolgen, aber auch durch andere bzw. zusätzliche Vergütungselemente.[246] „Kernpunkt ... ist dabei, daß [sic!] der einzelne Mitarbeiter die freie Auswahl zwischen verschiedenen Entgeltbestandteilen bzw. Firmenleistungen innerhalb eines bestimmten Budgets hat."[247]

Zusätzlich zur *Individualisierung der Entgeltbestandteile* lässt sich dieses System vor allem durch eine *periodisch wiederkehrende Wahlmöglichkeit* für die Beteiligten und ein *Wahlangebot* an materiellen sowie immateriellen Alternativen charakterisieren.[248] Der große Vorteil von Cafeteria-Systemen liegt vor allem darin, dass Leistungen, welche über einen längeren Zeitraum bezogen werden, häufig als selbstverständlich hingenommen werden und so ihre Motivationswirkung verlieren. Da hier die MitarbeiterInnen die Leistungen periodisch wiederkehrend und bewusst auswählen, entsteht eine zusätzliche positive Anreizwirkung.[249] Auf diese Weise ergibt sich außerdem eine optimale Allokation der Ressourcen, da nur jene Leistungen ausgewählt werden, in jenen die NachfragerInnen einen Nutzen erkennen.[250]

---

[244] Vgl. Boenigk [integrierte Kommunikation 2001], Seite 142f. sowie Leptien [Anreizsysteme 1996], Seite 42.
[245] Vgl. Becker [Anreizsysteme 1990], Seite 24
[246] Vgl. Leptien [Anreizsysteme 1996], Seite 209 sowie Oechsler [Vergütungsgestalter 1996], Seite 128 und Wagner [Cafeteria-Ansatz 1986], Seite 16.
[247] Wolf [Cafeteria-Plan 1993], Seite 204.
[248] Vgl. Wagner [Anreizpotentiale 1991], Seite 93.
[249] Vgl. Oechsler [Vergütungsgestalter 1996], Seite 128.
[250] Vgl. Wagner [Anreizpotentiale 1991], Seite 97.

In der Praxis scheint es sicherlich sinnvoll, zunächst mit wenigen und leicht umsetzbaren Wahlmöglichkeiten zu beginnen. Eine Einführung eines so flexiblen Instruments setzt voraus, dass die Kommunikation zwischen Unternehmen und MitarbeiterInnen gut funktioniert, um die Präferenzen einschätzen zu können. Aufbauend auf die Bedürfnisse und Wünsche der MitarbeiterInnen, die auch nach der Einführung des Systems regelmäßig erfragt werden müssen, sollte ein Cafeteria-System entwickelt werden, dessen Bestandteile allen bekannt und nachvollziehbar sind.[251]

5.2 Transparenz

„Die wirksame Gestaltung eines Anreizsystems kann nur durch eine transparente Beziehung zwischen Anreiz und Leistung erreicht werden."[252] Um die Akzeptanz der MitarbeiterInnen zu erlangen, ist es notwendig, die Vergleichbarkeit individueller Anreizpläne sowie deren Durchschaubarkeit und Nachvollziehbarkeit zu ermöglichen. Dies erfordert, dass die MitarbeiterInnen die Richtigkeit der ihnen gewährten Anreize ohne großen Aufwand kontrollieren können. Wenn die MitarbeiterInnen das Zustandekommen und den Nutzen des Systems nicht kennen und verstehen, läuft man Gefahr, dass sie dieses von vorne herein ablehnen.[253]

Die Bedeutung der Transparenz lässt sich auch anhand der Erwartungs-Mal-Wert-Theorien[254] erklären, welche ganz allgemein besagen, dass ein Arbeiter eher dazu bereit ist einen Weg zu begehen, wenn dieser ihm dabei hilft seine Ziele zu erreichen.[255] Dieser Ansatz geht davon aus, dass sich ein Individuum vor einer Handlung implizit fragt, welche Wertigkeit das Ergebnis für ihn hat (Wert) und wie hoch die Wahrscheinlichkeit ist, dieses zu erlangen (Erwartung). Dieser Ansatz macht deutlich, dass nicht alleine der Wert des gewählten Anreizes die Motivation der MitarbeiterInnen beeinflusst, auch die Erwartung muss positiv ausfallen, um den gewünschten Erfolg zu erzielen.[256] Die Transparenz des Entgeltsystems soll es den MitarbeiterInnen also ermöglichen, das Ausmaß der variablen Entlohnung und die Wahrscheinlichkeit diese zu erlangen einschätzen zu können.

Mit diesen Theorien lässt sich auch der Nutzen von flexiblen Anreizsystemen, wie z.B. dem bereits beschriebenen Cafeteria-Modell, erkennen. Der Wert eines Anreizes wird sich für die

---

[251] Vgl. Wagner [Personalmanagement 1991], Seite 295 sowie Leptien [Anreizsysteme 1996], Seite 210.
[252] Leptien [Anreizsysteme 1996], Seite 43.
[253] Vgl. Wienkamp [Anreizförderung 1996], Seite 269 sowie Boenigk [integrierte Kommunikation 2001], Seite 144 und Drumm [Personalwirtschaft 2000], Seite 419.
[254] Diese Theorien sind in den Bereich der Prozesstheorien der Motivation einzuordnen, vgl. Abschnitt 2.2.4.
[255] Vgl. Rosenstiel et al. [Organisationspsychologie 1995], Seite 251.
[256] Vgl. Holling/Kanning [Organisationspsychologie 2004], Seite 72.

Mitarbeiterin/den Mitarbeiter sicher erhöhen, wenn sie/er selbst aus mehreren Alternativen wählen kann.

5.3 Leistungsorientierung

Unter Leistungsorientierung eines Anreizsystems soll die Möglichkeit verstanden werden, Leistungsunterschiede zu erkennen und durch Entlohnungsunterschiede darauf reagieren zu können.[257] Um eine Orientierung des variablen Anreizsystems an der Leistung der MitarbeiterInnen zu ermöglichen, können die drei Teilaspekte Leistungsergebnis, Leistungsverhalten und Leistungsbedingungen betrachtet werden. Das Leistungsergebnis wird meist in quantitativen Größen ausgedrückt und kann mit Hilfe eines Soll-Ist-Vergleichs ermittelt werden. Eine Bewertung des Ergebnisses ist ohne den Bezug zu Leistungsverhalten und -bedingungen nur bedingt möglich. Das Leistungsverhalten meint dabei die Art und Weise wie das Leistungsergebnis zu Stande kommt. Gut bewertetes Leistungsverhalten muss allerdings nicht automatisch zu einem guten Ergebnis führen. Zusätzlich zum Leistungsverhalten müssen daher auch die Leistungsbedingungen betrachtet werden, wozu neben den Qualifikationen der MitarbeiterInnen auch Aspekte zählen, die außerhalb des Einflussbereiches der Person liegen.[258]

Wie bereits in Abschnitt 2.1.3.1 beschrieben, ist in der Praxis die Beurteilung der Leistung nicht immer so ohne weiteres möglich, weshalb sich die Koppelung der Leistungsermittlung an Zielvorgaben anbietet. Dies ist zwar nicht zwingend erforderlich[259], hat aber durchaus seine Vorteile[260], da „die meisten berichteten Anwendungen des Goal settings erfolgreich ausfallen und die Erfolgsquoten höher als die der meisten anderen Motivationstechniken sind."[261] Auch eine Studie von Towers Perrin zeigt auf, dass 75 Prozent der befragten Unternehmen die Leistung ihrer MitarbeiterInnen auf Basis vereinbarter Ziele ermitteln, wenn es um die Frage nach einer Gehaltserhöhung geht. Andere Möglichkeiten der Leistungsermittlung finden sich im Vergleich mit der Anforderungen der Stelle und durch das Ermessen des Vorgesetzten (vgl. Abbildung 11).

---

[257] Vgl. Winter [Managementanreizsysteme 1996], Seite 76.
[258] Vgl. Becker [Anreizsysteme 1990], Seite 22f.
[259] Vgl. Eyer/Haussmann [Zielvereinbarung 2001], Seite 75.
[260] Vgl. Evers/Hören [Bonussysteme 1996], Seite 457.
[261] Guest [Zielsetzungsmethoden 1995], Seite 467.

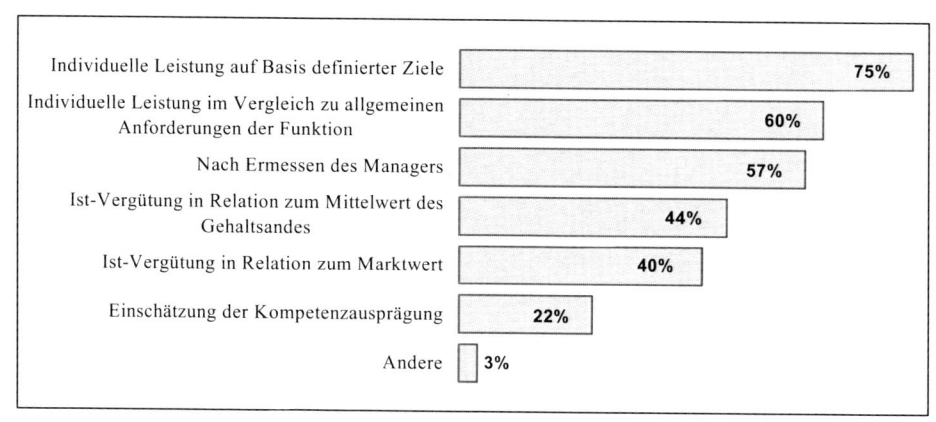

Individuelle Leistung auf Basis definierter Ziele	75%
Individuelle Leistung im Vergleich zu allgemeinen Anforderungen der Funktion	60%
Nach Ermessen des Managers	57%
Ist-Vergütung in Relation zum Mittelwert des Gehaltsandes	44%
Ist-Vergütung in Relation zum Marktwert	40%
Einschätzung der Kompetenzausprägung	22%
Andere	3%

Abbildung 11: Faktoren zur Bestimmung einer Gehaltserhöhung[262]

Durch die Koppelung der materiellen Belohnung an vereinbarte Zielerreichungen bietet sich der Vorteil, dass die individuellen Ziele an die der Unternehmung gebunden werden können. Im Gegensatz zu dem eingangs erwähnten Beispiel der Filialleiter ermöglicht der Einsatz der richtigen Bezugsgröße hierbei, dass MitarbeiterInnen automatisch die Unternehmensziele verfolgen, wenn sie ihren eigenen Nutzen maximieren möchten.

Den Einfluss von Zielsetzungen auf die Motivation demonstriert die Theorie der Zielsetzung von Locke und Latham[263]. Diese Theorie, die in mehr als 100 empirischen Untersuchungen überprüft werden konnte, beruht auf zwei Aussagen: [264]

- Schwierige, herausfordernde Ziele führen zu besseren Leistungen, als mittlere oder leicht zu erreichende Ziele.
- Spezifische und präzise Ziele führen zu besseren Leistungen als sehr allgemein gehaltene („Tue dein Bestes") oder keine Ziele.

Zusätzlich zeigt die Theorie auf, dass Ziele vor allem in Kombination mit Rückmeldungen einen positiven Einfluss auf die Leistung haben. Auch Zielbindung wirkt sich auf die Leistungsbereitschaft der MitarbeiterInnen aus. Eine verstärkte Zielbindung, welche unter anderem durch eine leistungsbezogene Entlohnung erreicht werden kann, erhöht die Leistung zusätzlich. Für das Gelingen der Zielvereinbarung spielt auch das Commitment der

---

[262] Quelle: Towers Perrin [Herausforderungen 2003], Seite 9.
[263] Auch diese Theorie ist in den Bereich der Prozesstheorien der Motivation einzuordnen, vgl. Abschnitt 2.2.4.
[264] Vgl. Bauer [Zielvereinbarungen 2005], Seite 40.

MitarbeiterInnen eine große Rolle, welches vor allem durch Partizipation am Zielfindungsprozess und durch Transparenz der Spielregeln erreicht werden kann.[265]

Die Forderung nach schwierigen und herausfordernden Zielen scheint sich auf den ersten Blick mit den Erwartungs-Mal-Wert-Theorien zu widersprechen, da vor allem bei leichten Zielen die MitarbeiterInnen davon ausgehen könnten, dass sie die Vorgaben erreichen. Der Prozess der Zielsetzung und -akzeptanz erhöht allerdings das Selbstvertrauen, wodurch die Erfolgserwartung der MitarbeiterInnen steigt. Dies hat zur Folge, dass sie bereit sind auch vergleichsweise schwierige Aufgaben zu übernehmen.[266] Insgesamt trägt die Orientierung an der individuellen Leistung dazu bei, dass die MitarbeiterInnen einen Einfluss auf den variablen Anteil der Entlohnung ausüben können. Dadurch wird erreicht, dass die MitarbeiterInnen auch den Zusammenhang zwischen Arbeitseinsatz und Entlohnung deutlich spüren, wie Dressler dies fordert.[267]

5.4 (Lohn-) Gerechtigkeit

Ein Entgeltsystem muss darauf ausgerichtet sein, eine möglichst gerechte Verteilung der Auszahlung zu gewährleisten. Gelingt dies nicht, kann es zu einem Abfall der Arbeitsleistung, der Arbeitsqualität und der Motivation kommen und sogar zur (inneren) Kündigung führen.[268] Innerhalb der Organisationspsychologie finden sich Ansätze, welche das Prinzip der Gerechtigkeit näher beschreiben. Der Grundgedanke dieser Gleichgewichtstheorien basiert auf der Dissonanztheorie von Festinger, welche besagt, dass diskrepante Kognitionen bei einer Person zu psychischen Spannungen führen, welche als unangenehm empfunden werden. Diese Spannungen werden den Menschen dazu motivieren so zu handeln, dass Dissonanz reduziert und Konsonanz hergestellt wird.[269]

Die in der Arbeitspsychologie bekannteste Gleichgewichtstheorie ist die Equity-Theorie von Adams[270]. Sie besagt, dass MitarbeiterInnen eines Unternehmens ihre Leistung und ihre Entlohnung mit der Leistung und Entlohnung von anderen Individuen vergleichen. Auch hier kann es also zu Spannungen kommen, wenn dieser Vergleich nicht als gerecht wahrgenommen wird. Diese Gegenüberstellung kann unternehmensintern stattfinden, oder aber auch mit

---

[265] Vgl. Webers [Zielvereinbarungen 2006], Seite 154.
[266] Vgl. Guest [Zielsetzungsmethoden 1995], Seite 369.
[267] Vgl. Abschnitt 4.3.
[268] Vgl. Scholz [Personalmanagement 2000], Seite 765.
[269] Vgl. Festinger [kognitive Dissonanz 1978], Seite16f.
[270] Hierbei handelt es sich wiederum um eine sogenannte Prozesstheorie der Motivation, vgl. Abschnitt 2.2.4.

MitarbeiterInnen von anderen Unternehmen, die sich in einer ähnlichen Situation befinden.[271] Eine große Anzahl empirischer Arbeiten zur Überprüfung der Equity-Theorie wurde im Bereich der Bezahlung durchgeführt. Durch Labor- und Feldexperimente wurden Personen verschiedenen Entlohnungssituationen ausgesetzt und ihr daraus resultierendes Verhalten analysiert. Diese Untersuchungen zeigen deutlich, dass eine wahrgenommene Unterbezahlung im Bereich des Stundenlohns zur Reduktion der Arbeitsqualität und/oder -quantität führt. Als problematisch ist allerdings zu erwähnen, dass die Annahmen von Adams im Bereich der Überbezahlung nicht nachgewiesen werden konnten.[272]

Dies lässt sich durch die Theorie der selektiven Wahrnehmung erklären. Menschen neigen dazu, Dinge, die sie bestätigen, zuzulassen und Dinge, die ihnen entgegenstehen, abzuwehren. Im Zusammenhang mit der Gleichgewichtstheorie bedeutet dies, dass man eine Unterbezahlung – welche die eigene Leistung „schmälert" – sehr schnell wahrnimmt. Eine Überbezahlung hingegen wird kaum als solche erkannt.

Da objektive Maßstäbe zur Beurteilung der Lohngerechtigkeit fehlen, versucht man eine *relative* Lohngerechtigkeit zu erlangen, welche sich aus unterschiedlichen „Teilgerechtigkeiten" ergibt:[273]

- Die Leistungsgerechtigkeit bezieht sich auf die quantitative und qualitative Leistung der MitarbeiterInnen und kann durch die Leistungsbewertung gefördert werden. Wie bereits beschrieben, kann sich diese Bewertung auf das Leistungsergebnis oder das Leistungsverhalten beziehen.

- Die Marktgerechtigkeit orientiert sich an den Gegebenheiten des Arbeitsmarktes, wodurch sich konjunkturelle und regionale Unterschiede ergeben können. Die Überbezahlung der kollektivvertraglich festgelegten Mindestlöhne und die oft hohe Bezahlung von Potentialträgern spiegelt die Rolle der Marktgerechtigkeit wider.

- Bei der Sozialgerechtigkeit werden soziale Faktoren der MitarbeiterInnen berücksichtigt. Hierzu zählen z.B. das Lebensalter, der Familienstand und die Anzahl der Kinder.

- Bei der Qualifikationsgerechtigkeit werden die Qualifikationen der MitarbeiterInnen betrachtet. Hierzu zählen Ausbildung, Erfahrung, aber auch die Vielseitigkeit der Mitarbeiterin/des Mitarbeiters. Da die nachgefragten Qualifikationserfordernisse des Ar-

---

[271] Vgl. Semmer/Udris [Arbeit 2004], Seite 166.
[272] Vgl. Weinert [Lehrbuch 1987], Seite 280.
[273] Vgl. Olfert/Steinbuch [Personalwirtschaft 2001], Seite 328 sowie Elšik/Nachbargauer [Entlohnung 2002], Seite 530f.

beitsplatzes selbst in der Regel keine Rolle für die Höhe des Entgelts spielen, kann der Qualifikationsgerechtigkeit durch eine leistungsabhängige Ermittlung des Grundentgelts oder auch durch variable Entgeltbestandteile entsprochen werden.

- Bei der Anforderungsgerechtigkeit wird der Schwierigkeitsgrad der Arbeitsaufgabe betrachtet. Auch dieser muss bei der Entgeltfindung berücksichtigt werden.

Die Frage der Lohngerechtigkeit hängt im Unternehmen immer von den gängigen Werthaltungen der Gesellschaft ab. Die starke Betonung der sozialen Merkmale, wie Alter, Familienstand und Dauer der Betriebszugehörigkeit wird heute eher von leistungsbezogenen Faktoren abgelöst, wodurch sich auch der Trend hin zu variablen Entgeltsystemen erklärt.

Im Bereich der leistungsbezogenen Entlohnung muss vor allem auch auf die Verteilungs- und Verfahrensgerechtigkeit geachtet werden. Während bei der ersten die Wahrnehmung ob Einsatz und Ertrag in einem befriedigenden Verhältnis zu einander stehen eine Rolle spielt, betrifft die zweite Form die Frage nach der Durchschaubarkeit und Nachvollziehbarkeit der Messung.[274] Auch hier spiegelt sich also die Forderung nach Transparenz wider.

5.5 Wirtschaftlichkeit

Neben den bisher diskutierten Anforderungen an ein Anreizsystem, die sich eher auf die Ansprüche der MitarbeiterInnen beziehen, ist als weiteres Kriterium die Wirtschaftlichkeit des Anreizsystems zu nennen. Es ist sicherzustellen, dass die durch das Anreizsystem erreichbaren Erfolge die Kosten der Einführung und der laufenden Anpassung rechtfertigen können.[275]

Eine Gegenüberstellung der Kosten und Nutzen eines Entgeltsystems ist meist nicht so einfach möglich, da die oft qualitativen Ergebnisse nicht immer eindeutig zurechenbar sind. Darüber hinaus sollte bedacht werden, dass auch die administrativen Kosten für den Aufbau, den Einsatz und die Pflege des Systems betrachtet werden müssen. Durch die Vereinfachung der Prozesse der Datenerfassung, der Lohnermittlung und der Lohnabrechnung kann die gesamte Durchführung möglichst wirtschaftlich gehalten werden.

Diese Aufzählung, welche in der Literatur nicht immer ganz einheitlich ist, lässt erkennen, dass bei der Einführung eines variablen Entgeltsystems einige „Stolpersteine" bedacht werden müssen, um den Erfolg nicht zu gefährden. Denn auch wenn eine positive Auswirkung von variablen Entgeltbestandteilen auf die Mitarbeitermotivation in dieser Abhandlung bereits

---

[274] Vgl. Kaschube/Rosenstiel [leistungsorientierte Bezahlung 2000], Seite 71.
[275] Vgl. Boenigk [Integrierte Kommunikation 2001], Seite 144.

belegt wurde, kann diese durch die fehlerhafte Umsetzung gehemmt oder sogar ins Negative verkehrt werden. „Viele leidvolle Erfahrungen zeigen aber, daß [sic!] die Qualität eines Entlohnungssystems keineswegs ausschließlich eine Frage seiner Inhalte ist, sondern daß [sic!] der Prozeß [sic!] der Entwicklung und Einführung letztlich darüber entscheidet, ob ein wie auch immer inhaltlich geartetes Entlohnungssystem erfolgreich angewendet werden kann. … Ob ein Entlohnungssystem in der betrieblichen Praxis letztlich funktioniert, hängt weitgehend von dem Verlauf dieses Prozesses ab."[276] Um eine erfolgreiche Anwendung eines Entgeltsystems zu erreichen, ist es bereits bei der Implementierung notwendig, die Anforderungen zu beachten und die MitarbeiterInnen von Anfang an in das Geschehen einzubinden.

---

[276] Eckardstein [Modernisierung 1995], Seite 37.

6 Die Implementierung eines variablen Entgeltsystems

Erfahrungen mit Fehlschlägen von Reorganisationsprozessen machen deutlich, dass die Integration eines gedanklichen Gestaltungskonzepts in den laufenden Prozess schwierig sein kann.[277] Die Einführung eines neuen Entgeltsystems ist dabei von zwei Dimensionen geprägt:

- Bei der inhaltlichen Dimension geht es darum, zentrale Fragen zu formulieren, Ziele abzuklären und Lösungsszenarien zu erarbeiten.
- Bei der sozialen Dimension geht es um den Prozess der Erarbeitung und Einführung des Systems. Da durch das neue Entgeltsystem bisherige Größen wie Unternehmensziele, Einkommenshöhen, sozialer Status der MitarbeiterInnen und ähnliches in Frage gestellt und gegebenenfalls verändert werden, kommt diesem Prozess eine entscheidende Bedeutung zu.[278]

Ein hoher Prozentsatz von Entgeltprojekten in Unternehmen wird bereits vor den ersten Implementierungsschritten aufgegeben oder scheitert unmittelbar nach Beginn der Einführung.[279] „Erfahrungsgemäß liegen Erfolg oder Mißerfolg [sic!] beim Einführungsprozeß [sic!] nur zu einem kleinen Teil in der Systematik des neuen Systems, sondern vielmehr in der Gestaltung des Einführungsprozesses selbst."[280] Obwohl die Bedeutung des Einführungsprozesses durchaus erkannt wurde, werden Hinweise für die Implementierung in der Literatur meist nur angesprochen oder aspektorientiert ausgewiesen. Werke, welche umfangreiche Empfehlungen oder Verhaltensregeln beinhalten, bilden noch eher die Ausnahme.[281] Zusätzlich kann bemängelt werden, dass auch in der Praxis die „unbestrittene Relevanz der Implementierungsarbeit als Erfolgsfaktor ... bislang nicht in nennenswerten Bestrebungen zur Verbesserung einer Implementierungskompetenz niedergeschlagen"[282] hat.

6.1 Der Begriff Implementierung

Mit dem Begriff der Implementierung ist „der Prozeß [sic!] der Verwirklichung eines gestaltendend organisatorischen Konzepts gemeint. Er bezeichnet damit eine Phase eines Reorganisationsprozesses ..., in dessen Folge etwas ,eingeführt', ,durchgeführt' bzw. ,durchgesetzt'

---

[277] Vgl. Marr/Kötting [Implementierung 1992], Spalte 827.
[278] Vgl. Polzer [Entgeltsysteme 1995], Seite 157f.
[279] Vgl. Wagner et al. [Entgeltbestandteile 2005], Seite 172.
[280] Polzer [Entgeltsysteme 1995], Seite 158.
[281] Vgl. Winter [Gestaltung 1997], Seite 626f sowie Grewe [Implementierung 2003], Seite 3.
[282] Reiß [Führungsaufgabe 1993], Seite 551.

oder ‚zur Anwendung' gebracht wird."[283] Der Prozess der Implementierung kann sich über einen längeren Zeitraum erstrecken, ist aber grundsätzlich als abgrenzbares Projekt mit einem zeitlich begrenzten Rahmen zu betrachten.[284] Die große Bedeutung des Implementierungsprozesses zeigt sich auch bei Reiß, der aufzeigt, dass „jeder Wechsel in Strategie, jeder modifizierte Arbeitsablauf, jede Akquisition, jede Sozialinnovation, jeder neue Standort und jede Umstrukturierung ... Implementierungsbedarfe nach sich [ziehen]."[285] Innerhalb des Prozesses der organisatorischen Gestaltung folgt die Implementierung auf die Innovation oder Invention, um diese in die Unternehmensstrukturen und -prozesse einzuführen.

In einem weiteren Sinn des Terms meint Implementierung den gesamten Änderungsprozess, welcher bereits mit der Formulierung des Projektauftrages und der Zusammensetzung des Projektteams beginnt. In diesem Verständnis beinhaltet Implementierung alle Aufgaben, Methoden und Techniken, welche zur Realisierung der Projektziele beitragen.[286] Durch diese extensive Abgrenzung beinhaltet die Implementierung auch jene Aktivitäten, die zur Gestaltung oder Veränderung des Systems (= des Kontexts) beitragen, wodurch auch personale Sachverhalte (wie Erwartungen, Motive oder Einstellungen) und die möglicherweise notwendige Anpassung des Implementierungsobjektes an die Systemumwelt (= des Konzepts) miteinbezogen werden.[287] Das Identifizieren, Analysieren und die Bewältigung von Ereignissen oder Bedingungen, welche den Erfolg des Vorhabens beeinträchtigen können, zählen hierbei zu den zentralen Aufgaben des Implementierungsprozesses.[288]

Jede Implementierungsarbeit zieht diesbezüglich auch Konfliktsituationen mit sich, da Personen oder Gruppierungen meist unterschiedliche Vorstellungen über die Konzepte und den Kontext vertreten. Vor allem bei Implementierungen, bei welchen man Akzeptanz und Commitment der Betroffenen herbeiführen möchte – wie es bei der Einführung eines neuen Entgeltsystems zweifellos der Fall ist – empfiehlt sich die Einbeziehung der Wünsche und Vorstellungen der Betroffenen bei der Gestaltung des Kontextes. Wie in Abbildung 12 dargestellt, kann Implementierung somit als Koordinationsprozess verstanden werden.[289]

---

[283] Marr/Kötting [Implementierung 1992], Spalte 827.
[284] Vgl. Grewe [Implementierung 2003], Seite 29.
[285] Reiß [Implementierung 1995], Seite 292.
[286] Vgl. Krüger [Implementierungsproblem 1994], Seite 198.
[287] Vgl. Grewe [Implementierung 2003], Seite 28 sowie Oppeland [Implementierungstechniken 1989], Spalte 666.
[288] Vgl. Oppeland [Implementierungstechniken 1989], Spalte 666.
[289] Vgl. Reiß [Herausforderung 1997], Seite 25 sowie Reiß [Instrumente 1997], Seite 93f.

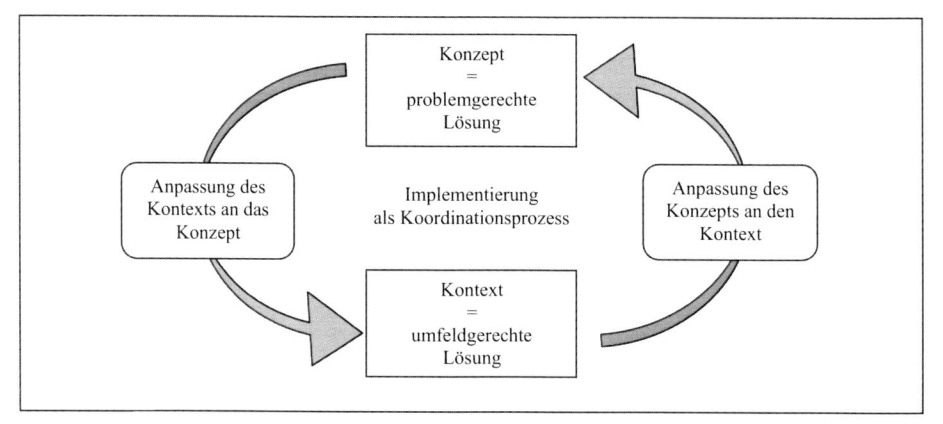

Abbildung 12: Implementierung als wechselseitige Abstimmung von Konzept und Kontext[290]

Eine Konzeptanpassung könnte z.B. die Korrektur von Prämienzahlungen nach Abschluss eines Pilotprojekts, die Änderung von Bemessungsgrundlagen oder die durch eine Befragung der MitarbeiterInnen induzierte Umgestaltung von Wahlmöglichkeiten bei einem Cafeteria-Plan sein. Im Gegensatz hierzu fände eine Anpassung des Kontexts statt, wenn das Controllingsystem geändert werden muss oder Workshops für die MitarbeiterInnen abgehalten werden, um über die Veränderung zu informieren.[291] Üblicherweise wird es innerhalb des Implementierungsprozesses sowohl zu Kontext-, als auch zu Konzeptanpassungen kommen. Wie der Kompromiss im Rahmen der Umsetzung letzten Endes aussieht, hängt unter anderem von den Machtverhältnissen im Unternehmen und dem Verhandlungsgeschick der Beteiligten ab.[292]

Als Implementierung eines neuen Anreizsystems soll somit im Folgenden ein interaktiver Koordinationsprozess verstanden werden, welcher alle Schritte von der ersten Idee bis zur Erfolgskontrolle umfasst. Durch die Abstimmung von Konzept und Kontext trägt sie zur Akzeptanz der Betroffenen und so zum Erfolg des Systems bei.

6.2 Implementierungs-Management im Spektrum des Change-Managements

Alle Change-Prozesse folgen mehr oder weniger einem gewissen Phasenverlauf: Initiierung, Konzipierung, Mobilisierung, Implementierung und Stabilisierung führen schließlich zum Neubeginn. In diesem traditionellen Verständnis stellt die Implementierung einen Teilbereich

---

[290] Quelle: Reiß [Herausforderung 1997], Seite 25, (leicht modifiziert).
[291] Vgl. Grewe [Implementierung 2003], Seite 34.
[292] Vgl. Reiß [Herausforderung 1997], Seite 26.

des Change-Managements dar. Es handelt sich hierbei um die Phase der Umsetzung, der Einführung, der Durchsetzung oder des zur Anwendung bringen. Im einfachsten Fall reduziert sich Implementierung hier auf eine Anweisung oder Anordnung und konzentriert sich vor allem auf Information und Schulungen.[293]

Im Gegensatz zu dieser phasenorientierten Differenzierung nimmt Reiß seine Unterscheidung anhand des Veränderungsumfanges (global oder lokal) und der zeitlichen Dimension (Transformation oder Evolution) vor. Während Change-Management in diesem Verständnis vor allem tiefgreifende Prozesse der globalen Veränderung meint, bezieht sich die Implementierung auf die Einführung oder Umsetzung eines neuen, spezifischen Konzepts und der daraus resultierenden Kontextanpassungen. Als Beispiele für das Implementierungsmanagement nennt er unter anderem die Umstellung von Einzelplatzarbeit auf Gruppenarbeit, die Einführung (neuer) Führungsgrundsätze und die Implementierung von Target Costing.[294]

Der Übergang zwischen den Konzepten ist allerdings fließend. „So manches lokale Implementierungsprojekt entwickelt sich zu einem Programm des geplanten Wandels, umgekehrt setzt Wandel oft die Implementierung konkreter Teilkonzepte voraus."[295] Die Implementierungsarbeit kann also als handwerklicher Teil des Change Managements verstanden werden. Durch den Einsatz unterschiedlicher Methoden und Werkzeuge verfolgt sie das Ziel, ein neues Konzept mit dem vorhandenen Kontext in Einklang zu bringen.[296] Bei der Einführung eines neuen Entgeltsystems handelt es sich nach diesem Verständnis also nicht um ein Change-Projekt, sondern eher um ein reines Implementierungsvorhaben, welches die Strukturen und Prozesse im Unternehmen verändert. Es kann aber natürlich sein, dass das neue Entgeltsystem ein Teil eines übergeordneten Gesamtkonzepts ausmacht, womit die Implementierung als Teil des Change verstanden werden kann. Das Vorgehen dieser Abhandlung bezieht sich allerdings auf die reine Implementierung eines neuen Entgeltsystems und klammert mögliche Veränderungsmaßnahmen in einem größeren Zusammenhang aus.

6.3 Das Projektmanagement als Implementierungsansatz

Das Projektmanagement hat sich zum Standard-Tool für Implementierungsaktivitäten entwickelt. Dies liegt unter anderem daran, dass „Projektmanagement ... immer dann Bedeutung [erlangt], wenn es darum geht, Probleme zu lösen, die aufgrund ihrer hohen Komplexität

---

[293] Vgl. Krüger [Implementierungsproblem 1994], Seite 198.
[294] Vgl. Reiß [Herausforderung 1997], Seite 9ff.
[295] Reiß [Implementierung 1995], Seite 293.
[296] Vgl. Reiß [Instrumente 1997], Seite 93f.

... von Einzelpersonen oder im Rahmen einer hierarchischen Struktur nicht zufriedenstellend gelöst werden können. Neue Entgeltsysteme sind ein klassisches Beispiel für eine solche Konstellation."[297] Durch die explizit außerhalb der Aufbauorganisation angesiedelte Projektorganisation wird es möglich, alternative Lösungen anzudenken und völlig neue Wege zu finden.[298]

Da die Einführung neuer Entgeltsysteme eine sehr komplexe Aufgabe ist, hat es sich als sinnvoll erwiesen, eine bestimmte Abfolge von Arbeitsschritten zu berücksichtigen. „Der Vorteil eines in Phasen strukturierten Projektablaufs liegt u.a. in der Verringerung es zu Projektbeginn bestehenden hohen Realisierungsrisikos, der größeren Transparenz, der verbesserten Zuordnungsmöglichkeit von Ressourcen sowie der Schaffung einer gemeinsamen Kommunikationsgrundlage für die Projektbeteiligten."[299] Die einzelnen Phasen können zusätzlich in Teilaufgaben gegliedert und diese wiederum in Arbeitspakete unterteilt werden. Die Beschreibung eines Arbeitspaketes sollte Angaben darüber enthalten, wer es bearbeitet (Projektmitarbeiter, Gruppe oder Abteilung), wann es fertiggestellt sein soll, welche Kapazitäten benötigt werden (Personen und Sachmittel) und welche Kosten dafür anfallen werden.[300] Durch eine genaue Ablauf- und Zeitplanung können die jeweiligen Start- und Endtermine definiert und sogenannte Meilensteine festgelegt werden.[301] Für die Laufzeit von Entgeltprojekten hat sich noch keine herrschende Meinung herauskristallisiert. Es empfiehlt sich allerdings, zwischen zwei Meilensteinen nicht mehr als ein halbes Jahr vergehen zu lassen, um rechtzeitig eine Rückmeldung für die Projektplanung und mögliche Lernprozesse zu erhalten.[302]

In der Literatur finden sich unterschiedliche Gestaltungsbreiten und -tiefen von Projekten, dennoch lassen sich zentrale Phasen erkennen. Es wird deutlich, dass viele Autoren zu Beginn eine Phase zur Vorbereitung und Analyse vorsehen, welche durch eine konzeptionelle Phase, die eigentliche Phase der Umsetzung und eine Phase zur Systemüberprüfung ergänzt wird.[303] Generell verlaufen diese Phasen sukzessive und überlappend, eine strenge Trennung ist daher

---

[297] Polzer [Entgeltsysteme 1995], Seite 158.
[298] Vgl. Janes/Prammer [Gestaltung 1995], Seite 56.
[299] Grewe [Implementierung 2003], Seite 47 sowie Rösler/Hinrichsen [Entgeltsysteme 2003], Seite 22.
[300] Vgl. Keßler/Winkelhofer [Projektmanagement 1997], Seite 189.
[301] Vgl. Grewe [Implementierung 2003], Seite 58f.
[302] Vgl. Reiß [Optimierung 1997], Seite 127.
[303] Vgl. Grewe [Implementierung 2003], Seite 48f.

nicht sinnvoll.[304] Zur näheren Erläuterung werden diese vier Phasen und mögliche integrierte Arbeitspakete in der Folge dargestellt.

6.3.1 Phase der Vorbereitung und Analyse

Diese Phase dient dazu, Klarheit über das Projekt zu erlangen und eine genaue Festlegung der Zielgruppen, des Projektziels und des Projektauftrags abzuleiten. Da jene MitarbeiterInnen, welche an der Lösung arbeiten, in der Regel selbst von den Ergebnissen betroffen sind, nehmen die Zusammensetzung der Projektgruppe und deren Arbeitsweise eine zentrale Bedeutung ein.[305] Bei der Frage nach dem „wer" sollten alle zentralen Interessensträger berücksichtigt werden. Durch eine möglichst realitätsnahe Abbildung der Betriebsorganisation wird zwar die Systementwicklung sicherlich erschwert und verlangsamt, allerdings wird dadurch auch die Erfolgswahrscheinlichkeit erhöht. Je nach betroffenen Unternehmensbereichen wäre es denkbar, eine/n VertreterIn aus dem Personalbereich, eine/n VorarbeiterIn, eine/n VertreterIn aus dem mittleren Management, ein oder mehrere ArbeitnehmerInnen und Mitglieder aus dem Betriebsrat in die Projektgruppe aufzunehmen.[306] Nach der Einrichtung eines funktionierenden Projektteams und der Frage, ob ein externer Berater hinzugezogen werden soll, werden die betrieblichen Rahmenbedingungen (Arbeitspaket 1.1), das bestehende Entgeltsystem (Arbeitspaket 1.2) und die betroffenen Arbeitssysteme (Arbeitspaket 1.3) analysiert und bewertet.[307]

Arbeitspaket 1.1: Zur Analyse der betrieblichen Rahmenbedingungen zählen beispielsweise die Merkmalstrukturen des Betriebes (wie Produkte, Kunden- und Personalstruktur) und die Unternehmenskultur. Aber auch konjunkturelle und inflatorische Tendenzen sowie die rechtlichen Rahmenbedingungen und Einflussgrößen (vgl. Abbildung 13) sollten in die Betrachtung einbezogen werden.[308]

---

[304] Vgl. Nagel/Schlegtendal [Entgeltsysteme 1998], Seite 177f.
[305] Vgl. Polzer [Entgeltsysteme 1995], Seite 158.
[306] Vgl. Polzer [Entgeltsysteme 1995], Seite 159.
[307] Vgl. Rösler/Hinrichsen [Entgeltsysteme 2003], Seite 22.
[308] Vgl. Polzer [Entgeltsysteme 1995], Seite 161f. sowie Grewe [Implementierung 2003], Seite 50 bzw. Seite 76ff.

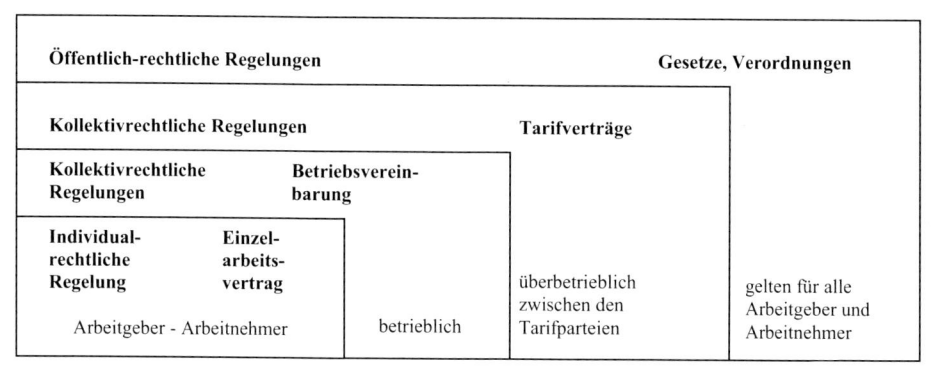

Öffentlich-rechtliche Regelungen					Gesetze, Verordnungen
Kollektivrechtliche Regelungen				Tarifverträge	
Kollektivrechtliche Regelungen		Betriebsvereinbarung			
Individualrechtliche Regelung	Einzelarbeitsvertrag			überbetrieblich zwischen den Tarifparteien	gelten für alle Arbeitgeber und Arbeitnehmer
Arbeitgeber - Arbeitnehmer			betrieblich		

Abbildung 13: Überblick über rechtliche Bestimmungen für die Entgeltfindung[309]

Für die Überprüfung der gesetzlichen und tariflichen Rahmenbedingungen ist zusätzlich die Unterscheidung, ob es sich um tarifliche oder außertarifliche MitarbeiterInnen handelt, wesentlich. Sogenannte außertarifliche MitarbeiterInnen sind meist Mitglieder des mittleren bis oberen Managements, weshalb der Gestaltungsspielraum für neue Anreizsysteme hier meist deutlich größer ist, als bei den tariflich gebundenen MitarbeiterInnen.[310]

Arbeitspaket 1.2: Bei der Einführung eines neuen Entgeltsystems sollte vor allem auch das bereits bestehende Anreizsystem analysiert werden. Dies ist notwendig, um Schwächen des vorhandenen Systems zu identifizieren, so dass sie bei der Gestaltung des neuen Systems vermieden werden können. Darüber hinaus empfiehlt es sich auch die Stärken des Systems zu ermitteln, um diese bei der Konzeptionierung des neuen Systems berücksichtigen zu können.[311] Um eine lückenlose Evaluierung des Anreizsystems zu erreichen, muss eine Analyse hinsichtlich Anreizquellen, Anreizobjekten, Zahl der Anreizempfänger, Belohnungs- und Zuteilungsverfahren durchgeführt werden. Zusätzlich sollte aber auch die Zufriedenheit der Anreizempfänger mit dem bestehenden Anreizsystem hinterfragt werden. Als Beurteilungskriterium können die generellen Anforderungen Individualisierung und Flexibilisierung, Transparenz, Leistungsorientierung, Gerechtigkeit und Wirtschaftlichkeit – welche in Kapitel 5 näher beschrieben wurden – herangezogen werden.[312]

Arbeitspaket 1.3: Um die Struktur des Entgeltsystems festlegen und die geeigneten Mess- und Beurteilungsgrößen auswählen zu können, müssen die betroffenen Arbeitssysteme näher

---

[309] Quelle: Wildemann [Leitfaden 1993], Seite 55 zitiert nach Grewe [Implementierung 2003], Seite 84.
[310] Vgl. Grewe [Implementierung 2003], Seite 86.
[311] Vgl. Rösler/Hinrichs [Entgeltsysteme 2003], Seite 22.
[312] Vgl. Grewe [Implementierung 2003], Seite 82.

betrachtet werden. Hierzu ist es hilfreich, die wahrgenommenen Anforderungen und Aufgaben der jeweiligen Bereiche zu beschreiben und grundsätzlich in Frage kommende Bemessungsgrundlagen abzuleiten. Mit Hilfe einer Arbeitssystemanalyse werden einzelne homogene Subsysteme (z.B. Werkzeugbau, Montage, Vertrieb) im Hinblick auf Arbeitsablauf, Betriebs- bzw. Arbeitsmittel, Input, Output und Umwelteinflüsse untersucht. Zu den so gewonnenen Anforderungen können in einem nächsten Schritt mögliche Mess- und Beurteilungsgrößen gesammelt werden.[313]

Auf Basis der in den Arbeitspaketen 1.1 bis 1.3 ermittelten Daten können die Anforderungen an die Gestaltung des variablen Entgeltsystems abgeleitet und die Ziele für das System formuliert werden (= Arbeitspaket 1.4). Durch diese umfassende Situationsanalyse kann ein Überblick und damit erste Orientierungspunkte über wesentliche Untersuchungsfelder erlangt werden.

6.3.2 Phase der Konzipierung

Der Vorbereitungsphase schließt sich meist eine Konzeptionsphase an, in welcher die wesentlichen inhaltlichen Entscheidungen über die „Eckpfeiler" des neuen Systems getroffen werden. Hierbei geht es um die eigentliche Gestaltung des Anreizsystems. Fragen nach geeigneten Anreizinstrumenten, Leistungsmerkmalen, der Flexibilität des Anreizsystems und dem Umgang mit dem bereits bestehenden System ermöglichen erst den Blick auf den gesamten Handlungsspielraum und somit die Möglichkeit, Alternativen zu bewerten und zu bearbeiten.[314]

Arbeitspaket 2.1: In einem ersten Schritt wird ein Grobkonzept erstellt, in welchem die Anforderungen bestimmt und gewichtet sowie die Eignung und Ausprägungen unterschiedlicher Bemessungsgrundlagen bewertet werden. Hilfreich erscheint hierbei die Beschreibung und Analyse der Arbeitsplätze von den betroffenen Mitarbeitergruppen oder Unternehmensbereichen, um anschließend die geeignete Entlohnungsform ermitteln zu können.[315] Um den Vergleich messbar machen zu können, bietet es sich an, die Zweckmäßigkeit der betrachteten Ausprägungen anhand eines Bewertungsrasters (z.B. Schulnotensystem) zu quantifizieren. Multipliziert man diese Bewertung mit der Gewichtung des Ziels, erhält man eine Gesamtsumme, welche die Eignung der Ausprägung widerspiegelt. Durch den Vergleich der dadurch

---

[313] Vgl. Rösler/Hinrichsen [Entgeltsysteme 2003], Seite 22.
[314] Eine genauere Auflistung möglicher Parameter findet sich bei Polzer [Entgeltsysteme 1995], Seite 162, vgl. auch Grewe [Implementierung 2003], Seite 95ff.
[315] Vgl. Grewe [Implementierung 2003], Seite 99.

erreichten Bewertungen lässt sich eine Aussage darüber machen, mit welchen Gestaltungsparametern sich die vordefinierten Ziele am ehesten erreichen lassen.[316]

Arbeitspaket 2.2: Nachdem die Struktur des variablen Entgeltsystems durch das Grobkonzept fixiert wurde, kann dieses durch die Auswahl konkreter Mess- und Beurteilungsgrößen konkretisiert werden. Hierbei helfen die Ergebnisse der Arbeitssystemanalyse aus dem Arbeitspaket 1.3. Bei dieser Auswahl sind unterschiedliche Kriterien, wie z.B. die Beeinflussbarkeit durch die MitarbeiterInnen und die entstehenden Aufwände bei der Datenerfassung und -bearbeitung, zu bedenken. Zur Ausgestaltung der gewählten Instrumente kann ein Leitfaden dienen, in dem die Mess- und Beurteilungsgrößen detailliert beschrieben werden. Dieser erleichtert sowohl die Einführung des neuen Entgeltsystems, als auch die korrekte Anwendung der Instrumente von Seiten der MitarbeiterInnen und Vorgesetzten. Die Phase der Detailkonzipierung wird mit der Bestimmung der Berechnungsvorschriften zur Ermittlung der Auszahlungshöhe und der Festlegung der Auszahlungsmodi abgeschlossen.[317]

Eine Bewertung der unterschiedlichen Anreizelemente ist allerdings nur dann sinnvoll, wenn eine vollständige Beschreibung der einzelnen Charakteristika vorliegt. Dazu gehören unter anderem auch die in Abschnitt 2.1.3 beschriebenen Gestaltungsdimensionen, welche die Zusammensetzung der Anreizinhalte, die Bemessungsgrundlage, die Fristigkeit der Anreize und die betroffenen Organisationsebenen miteinbeziehen. Nach einer systematischen Aufarbeitung der Alternativen kommt es zur Entscheidung hinsichtlich der günstigsten Entlohnungsform.[318]

6.3.3 Phase der Umsetzung

Im Rahmen dieser Phase findet die Umsetzung des erarbeiteten Detailkonzepts in die betriebliche Praxis statt. Die Phase der Einführung meint hierbei die Phase der Implementierung im engeren Sinn, bei welcher es um das „zur Anwendung" bringen der Erneuerung geht.[319]

Arbeitspaket 3.1: In der Umsetzungsplanung wird die Implementierungsstrategie festgelegt. Vor der Einführung des Konzeptes ist es allerdings notwendig, das Vorgehen durch die Unterzeichnung der Betriebsvereinbarung von Seiten der Geschäftsführung und auch durch den Betriebsrat rechtlich abzusichern.[320] Je nachdem, wie stark der Betriebsrat bereits in den

---

[316] Vgl. Rösler/Hinrichsen [Entgeltsysteme 2003], Seite 23.
[317] Vgl. Rösler/Hinrichsen [Entgeltsysteme 2003], Seite 23f.
[318] Vgl. Polzer [Entgeltsysteme 1995], Seite 162 sowie Grewe [Implementierung 2003], Seite 95ff.
[319] Vgl. Abschnitt 6.1.
[320] Vgl. Janes/Prammer [Gestaltung 1995], Seite 55.

laufenden Prozess eingebunden wurde, kann der Abschluss dieser Vereinbarung mehr oder weniger Zeit und Mühen in Anspruch nehmen.[321]

Da als Ziel des Implementierungsprozesses die Veränderung des bestehenden Systems durch die Umsetzung des Gestaltungskonzeptes bezeichnet werden kann[322], zählen alle Bemühungen zur Ausrichtung von Strategie, Struktur, Prozessen, Technologien und Menschen an den Erfordernissen dieses neuen Konzepts zur „klassischen" Sparte der Implementierung. Vor allem im Bereich der MitarbeiterInnen ist es von großer Bedeutung, dass die Betroffenen das neue Konzept kennen, damit umgehen können und eine bestimmte Rolle im Wechsel von Alt auf Neu übernehmen. Reiß empfiehlt in diesem Zusammenhang die bewusste Zusammenarbeit mit Macht-, Fach- und Prozesspromotoren, die Anwendung des Partizipationsprinzips (Betroffene zu Beteiligten machen!) und den Einsatz von Vorbildern durch Manager oder Pilotbereiche. Um sicher zu stellen, dass die MitarbeiterInnen das neue System ausreichend kennen, spielt vor allem auch die rechtzeitige Information eine große Rolle, welche durch strukturelle Instrumente (Workshops, Meetings, Informationsplattformen, etc.) und unterschiedliche Medien (Broschüren, Mitarbeiterzeitschrift, Videos, etc.) stattfinden sollte.[323]

Geht man davon aus, dass ein Implementierungsobjekt nur durch spätere Modifikationen erfolgreich eingeführt werden kann, ist es auch notwendig, das Konzept selbst zu verändern. „Mit Hilfe einer *Konzeptanpassung* modifiziert man das einzuführende Konzept so stark, bis es keinen Fremdköper im vorhandenen Kontext mehr darstellt."[324] Der Modifikation des Konzepts geht häufig ein sogenanntes Pilotprojekt voraus, bei dem das neue System vorerst nur bei einem begrenzten Betriebsbereich oder einem ausgewählten Personenkreis eingesetzt wird. Auf diese Weise können noch praktische Erfahrungen mit dem konzipierten System gesammelt werden, die bei der definitiven Umsetzung berücksichtigt werden können.[325] Das Pilotprojekt kann auch ein partizipatives Vorgehen unterstützen, indem die MitarbeiterInnen bei der Beurteilung des Systems ausdrücklich einbezogen werden.[326] Die Analyse des Entgeltsystems in der Pilotphase kann zu einer Modifizierung oder im Extremfall zu einer

---

[321] Vgl. Polzer [Entgeltsysteme 1995], Seite 164.
[322] Vgl. Marr/Kötting [Implementierung 1992], Spalte 827f.
[323] Vgl. Reiß [Implementierung 1995], Seite 296.
[324] Reiß [Implementierung 1995], Seite 295.
[325] Vgl. Eckardstein [Modernisierung 1995], Seite 38 sowie Polzer [Entgeltsysteme 1995], Seite 164.
[326] Vgl. Krüger [Anwendungssysteme 1990], Seite 283.

Neukonzipierung führen. Erst nach der erfolgreichen Testung des Systems kann es zu einer Gesamteinführung in weiteren Bereichen kommen.[327]

Arbeitspaket 3.2: Als Zentrale Aufgabenstellung für den „Echtbetrieb" kann die Vorbereitung und Schulung der MitarbeiterInnen für das neue Entgeltsystem betrachtet werden. Detaillierte Regelungen der Handhabung sollten z.B. in Form von Broschüren schriftlich festgehalten werden. Durch zielgruppenspezifische Informations- und Schulungsveranstaltungen sind die MitarbeiterInnen zu informieren und Unklarheiten auszuräumen. Vor allem in Bereichen, in denen Vorgesetzte durch (teilweise subjektive) Beurteilungen einen Einfluss auf die Entgelthöhe nehmen, ist es unumgänglich diese für die Aufgabe zu schulen. Unqualifizierte Vorgesetzte, Unklarheiten bei den Beurteilungsverfahren sowie Intransparenz können zur Ablehnung des Entgeltanteils und somit zur Infragestellung des gesamten Systems führen.[328]

6.3.4 Systemüberprüfung

Durch die endgültige Einführung des Entgeltsystems ist der Implementierungsprozess noch nicht beendet. Erst durch die bewusste Beobachtung der Entwicklung und die notwendige Veränderung und Weiterentwicklung kann das System vollständig in den Systembetrieb integriert werden.

Arbeitspaket 4.1: In die Phase der Systemüberprüfung fällt zunächst die Abschlusskontrolle des Entgeltprojekts, welche die Erstellung eines Projektabschlussberichtes beinhaltet. Vor allem die systematische Erfassung von Erfahrungen mit dem Projekt liefert wichtige Informationen über Erfolgs- und Misserfolgsfaktoren und somit Anhaltspunkte für die Planung, Steuerung und Kontrolle zukünftiger Vorhaben. Zusätzlich ist es notwendig, das System selbst regelmäßigen Kontrollen zu unterziehen. Auch in dieser „abschließenden Phase" empfiehlt es sich sogenannte Meilensteine festzulegen, um das geplante Vorhaben zu fixierten Terminen zu überprüfen und bei Bedarf neu zu diskutieren. In der Literatur gibt es keine einheitliche Empfehlung bezüglich dieser Kontrollen, zumal diese stark von der Spezifität des Anreizsystems und dem Ausmaß der Evaluierung abhängen.[329] Diese Aufgaben können von dem weiterhin bestehenden Projektteam, aber auch – nach dessen Auflösung – von der Personalabteilung oder einem speziell gebildeten Gremium übernommen werden.[330]

---

[327] Vgl. Münch [Bonussysteme 1997], Seite 26f.
[328] Vgl. Polzer [Entgeltsysteme 1995], Seite 164.
[329] Vgl. Grewe [Implementierung 2003], Seite 116.
[330] Vgl. Polzer [Entgeltsysteme 1995], Seite 164.

Arbeitspaket 4.2: Relativ zeitnah zur Einführung des neuen Entgeltsystems sollten auch die in Kapitel 5 beschriebenen Anforderungen evaluiert werden, um Aufschluss über den Erfolg des Systems zu erhalten. Hierzu empfiehlt sich einerseits eine Befragung der MitarbeiterInnen zu Themen wie der allgemeinen Zufriedenheit, der empfundenen Lohngerechtigkeit und der Zufriedenheit mit den Bemessungsgrundlagen und Beurteilungsverfahren. Zusätzlich sollte durch eine Kosten-Nutzen-Betrachtung auch der Anforderung der Wirtschaftlichkeit Rechnung getragen werden.[331]

Die hier beschriebenen Phasen zur Implementierung eines neuen Entgeltsystems geben einen Überblick über die notwendigen Schritte zur Umsetzung dieses Vorhabens. Zur erfolgreichen Implementierung einer Veränderungsinitiative gehört in der Praxis allerdings mehr als die reine mechanistische Implementierung von glatten Konzepten und entworfenen Maßnahmen. Wie bereits thematisiert, spielt vor allem die Akzeptanz der MitarbeiterInnen eine entscheidende Rolle und kann selbst in einem späten Stadium des Implementierungsprozesses noch zum Scheitern des Projekts führen. Aus diesem Grund wird auf diesen Bereich im nächsten Kapitel noch ausführlicher eingegangen.

6.4 Die Akzeptanz der MitarbeiterInnen als Erfolgsfaktor

Die Fähigkeit eines Unternehmens sich auf neue Anforderungen einzustellen und Umstrukturierungen erfolgreich durchzuführen wird im globalen Wettbewerb immer entscheidender. In der klassischen Organisationstheorie wurden Veränderungsprozesse nicht als großes Problem betrachtet. Die neue Struktur wurde eingeführt und die MitarbeiterInnen hatten sich daran anzupassen. Man erkannte allerdings, dass dies immer öfter zu Unruhen und Widerständen führte.[332] Eine Studie über Reorganisationsprozesse, die bereits von 1964 bis 1973 durchgeführt wurde, zeigte auf, dass mehr als ein Viertel der befragten Unternehmen bei mindestens einem Veränderungsprozess gescheitert sind.[333] Und auch spätere Untersuchungen machen deutlich, dass Veränderungsmaßnahmen in der Praxis oft zu negativen Resultaten führen, dass die Motivation der MitarbeiterInnen und die Effektivität des Unternehmens sogar gesunken sind.[334] Aktuelle Zahlen weisen darauf hin, dass mindesten die Hälfte der Change-Vorhaben scheitern, oder zumindest weit hinter den Erwartungen zurückbleiben.[335]

---

[331] Vgl. Rösler/Hinrichsen [Entgeltsysteme 2003], Seite 22.
[332] Vgl. Osterloh/Frost [Prozeßmanagement 2000], Seite 232.
[333] Vgl. Kirsch et al. [geplanter Wandel 1979], Seite 15.
[334] Vgl. Rieker/Risch [trauriges Abschnitt 1994], Seite 172.
[335] Vgl. Peterke [Changeprojekte 2006], Seite 64.

Aus einer Vielzahl von unterschiedlichen Gründen extrahierten Kirsch et al. drei Faktoren, die zum Scheitern der Veränderungsinitiativen beitrugen. Neben Mängel und methodischen Problemen zeigte sich vor allem, dass Durchsetzungsprobleme und Widerstand die Hauptursachen darstellten.[336] „Das, was nicht greifbar ist, was der einzelne nicht versteht, wird meist aus Angst vor dem Ungewissen instinktiv zurückgewiesen. Demnach entsteht Widerstand dadurch, daß [sic!] die betroffen Mitarbeiter die Notwendigkeit der Veränderung, die Motive und Beweggründe nicht verstehen."[337] Als Widerstand kann hier ein bestimmtes Verhalten von einer oder mehrerer Personen verstanden werden, welches – je nach Grad der Ausprägung – den Veränderungsprozess prinzipiell hemmt. Man sollte allerdings bedenken, dass Widerstand nicht ausschließlich etwas Negatives darstellt. „When resistance does appear, it should not be thought of something to be overcome. Instead, it can best be thought of as a useful red flag – a signal that something is going wrong."[338]

Selbst bei gut durchdachten und ausgefeilten Konzepten kann es zu offenem oder verdecktem Widerstand der Betroffenen kommen, da „menschliches Verhalten ... meist durch das Bestreben gekennzeichnet [ist], den Status quo aufrecht zu erhalten, wenn nicht positiv bewertete Veränderungsergebnisse eindeutig prognostizierbar sind."[339] Roethlisberger zeigt auf, dass Individuen diese Bewertung der Veränderung vor dem Hintergrund der eigenen Person interpretieren. Die Einstellungen, Gefühle und Meinungen werden durch die persönliche Geschichte sowie die soziale Situation geprägt und bestimmen so die Reaktion auf die jeweilige Veränderung.[340] Diese Überlegungen können wiederum anhand der Anreiz-Beitrags-Theorie erklärt werden. Wie in Abschnitt 2.3 beschrieben, zeigt dieser Forschungsansatz, dass eine veränderte Erwartung gegenüber der MitarbeiterInnen (welche sich durch die Einführung eines neuen Entgeltsystems ergibt) automatisch zu einem Eingriff in die Anreiz-Beitrags-Situation führt. Sobald die MitarbeiterInnen sich über diesen Eingriff bewusst werden, werden sie versuchen die Folgen zu prognostizieren.

Böhnisch weist darauf hin, dass diese Meinungsbildung auf Basis der vorhandenen – vermeintlich richtigen oder falschen – Informationen geschieht. „Entscheidend ist, daß [sic!] das Individuum glaubt, der vorliegende Informationsgrad gestatte eine Prognose."[341] Diese

---

[336] Vgl. Kirsch et al. [geplanter Wandel 1979], Seite 17.
[337] Mohr [Kommunikation 1997], Seite 119.
[338] Lawrence [Resistence 1973], Seite 397, zitiert nach Mohr [Kommunikation 1997], Seite 133f.
[339] Marr/Köting [Implementierung 1992], Spalte 831.
[340] Vgl. Roethlisberger [Morale 1976], Seite 18ff.
[341] Böhnisch [Widerstände 1979], Seite 87.

Informationen über das Vorhaben führen – vereinfacht dargestellt – zu drei verschiedenen Vorgängen im Organismus, aus denen sich die innere Reaktion des Empfängers aufbaut. Erst durch die (1) individuelle Wahrnehmung der unterschiedlichen Anreize, (2) der individuellen Interpretation derselben und (3) dem Gefühl, welches sich durch diese Vorgänge einstellt, wird ein individueller Verhaltensentwurf im Veränderungsgeschehen entstehen.[342] Wahrnehmung kann also nicht als Abbildung der „objektiven Welt" verstanden werden. Interpretations- und Konstruktionsvorgänge im Individuum beeinflussen die Informationsaufnahme und -verarbeitung und somit das Bild, welches von der „Wirklichkeit" entsteht.[343] Nach Bewertung und Prognose des Implementierungskonzepts werden MitarbeiterInnen – je nach subjektiver Einschätzung der Vorteilhaftigkeit – auf die veränderte Situation reagieren. Für den Veränderungsprozess im Unternehmen bedeutet dies, dass MitarbeiterInnen zuerst – aktiv oder passiv – Informationen über die Veränderung aufnehmen und erst auf Basis dieser Informationen das Vorhaben bewerten. Bei jedem Betroffenen entsteht so eine Vorstellung über die neue Situation, welche sich in der Ablehnung oder der Akzeptanz des Prozesses auswirkt.[344]

Die Bedeutung der Akzeptanz zeigt sich hierbei nicht bloß in psychologischen oder sozialen Größen, auch wirtschaftlich lässt sich eindeutig ein Vorteil erkennen. In einer Untersuchung von Beblo et al. zeigt sich, dass eine erfolgsabhängige Vergütung einen positiven Motivationseffekt hat, wenn die Betroffenen dem Vergütungssystem grundsätzlich zustimmen. Einen alternativen Weg zur Motivierung der MitarbeiterInnen sehen die Autoren in der Möglichkeit, den Anteil der variablen Entlohnung im Vergleich zum Vorjahr oder zur Gesamtentlohnung jeweils zu erhöhen. Dies zeigt auf, dass man MitarbeiterInnen „nicht nur dann mit einer erfolgsabhängigen Vergütung motivieren kann, wenn ... sie von dem Anreizsystem überzeugt [sind], sondern auch wenn ... ihnen jedes Jahr steigende Bonusauszahlungen zukommen."[345] Akzeptieren die MitarbeiterInnen das System hingegen, wird eine „echte Variabilisierung" möglich, bei welcher sich die Zahlung in „schlechten" Jahren durchaus auch verringern kann, ohne die Motivation der MitarbeiterInnen zu gefährden. Die Autoren weisen zwar darauf hin, dass sich ihre Untersuchungen nur auf eine kleine Stichprobe von Geschäftsführern in der

---

[342] Vgl. Schulz von Thun [Miteinander reden 1993], Seite 72.
[343] Vgl. Würzberg [Beeinflussungskommunikation 1998], Seite 350.
[344] Vgl. Böhnisch [Widerstände 1979], Seite 86f.
[345] Beblo et al. [Vergütung 2002], Seite 16f.

Chemiebranche beziehen, dennoch gehen sie davon aus, dass ihre Ergebnisse auch in anderen Kontexten Gültigkeit finden.[346]

Die erreichbare Akzeptanz bei den MitarbeiterInnen wird maßgeblich von der gewählten Implementierungsstrategie bestimmt. Eine Vielzahl von Autoren und auch viele Praktiker präferieren hierbei das sogenannte Top-Down-Vorgehen, bei welchem das Vorhaben an oberster Stelle im Unternehmen beginnt und nach und nach die Organisation nach unten durchdringt. Es wurde allerdings erkannt, dass organisatorische Effizienz gemeinsam mit Arbeitszufriedenheit nur erreicht wird, wenn die Bedürfnisse der Untergebenen beachtet werden. Somit rückt auch die Bedeutung der Bottom-Up-Strategien ins Interesse, wonach die Maßnahmen auf einer niedrigen Hierarchiestufe beginnen und sich nach oben ausbreiten.[347] Zwischen diesen beiden Varianten liegen weitere Ausformungen, wie die From-Middle-Both-Directions- oder Keilstrategie (die Veränderungsmaßnahme beginnt im mittleren Management und wird sowohl nach oben wie auch nach unten verbreitet), die Bi-Polare-Strategie (die Veränderung setzt von oben und unten gleichermaßen ein und breitet sich zur Mitte hin aus) und die Multiple-Nucleus-Strategie (Veränderungen werden an verschiedenen Stellen im Unternehmen initiiert und gegebenenfalls verknüpft).[348]

Darüber hinaus lassen sich Strategien auch nach dem Ausmaß der Partizipation unterscheiden. Bei den sogenannten Revolutionsstrategien werden die Pläne vor den betroffenen MitarbeiterInnen bis zum Schluss geheim gehalten. Hierzu zählt z.B. die Bombenwurfstrategie, bei welcher ein vorformuliertes Grobkonzept schlagartig und unwiderruflich in Kraft gesetzt, bzw. wie eine „Bombe" in die laufenden Prozesse geworfen wird. Dieses Konzept wird von Expertinnen und Experten erarbeitet und am „Tag X" von der Geschäftsleitung eingesetzt. Für die Organisationsmitglieder stellt sich nur mehr die Herausforderung die Neuerungen in den Alltag einzuführen, Veränderungen des Konzepts stehen nicht zur Diskussion.[349]

Im Gegensatz hierzu werden bei den Evolutionsstrategien die MitarbeiterInnen von Anfang an in den Veränderungsprozess eingebunden. Auf diese Weise können sie ihr Wissen in die neuen Prozesse einbringen und an der Entstehung der Erneuerung mitarbeiten. Die Veränderung geschieht in vielen kleinen Schritten und wird so von den Betroffenen eher getragen und akzeptiert.[350] Wie in Abbildung 14 dargestellt, finden sich entlang der Achse des Partizipati-

---

[346] Vgl. Beblo et al. [Vergütung 2002], Seite 16f.
[347] Vgl. Porter et al. [Organizations 1975], Seite 473ff. sowie Mohr [Kommunikation 1997], Seite 88.
[348] Vgl. Porter et al. [Organizations 1975], Seite 473ff. sowie Glasl [situatives Anpassen 1975], Seite 156ff.
[349] Vgl. Kirsch et al. [geplanter Wandel 1979], Seite 180ff.
[350] Vgl. Krüger [Kernaufgabe 1999], Seite 869.

onsgrades weitere Ausprägungen und Strategien, welche zur Umsetzung der Veränderung Verwendung finden. Hierzu kann die Scheinpartizipation, bei welcher die Entscheidung letztendlich ohne die tatsächliche Einbeziehung der Betroffenen gefällt wird, ebenso wie das Social Marketing, welches die MitarbeiterInnen als Kunden zum „Kauf" animieren möchte, und das Test-Markt-Konzept, mit Pilotprojekten welche bei Erfolg auf andere Bereiche übertragen werden können, zählen.[351]

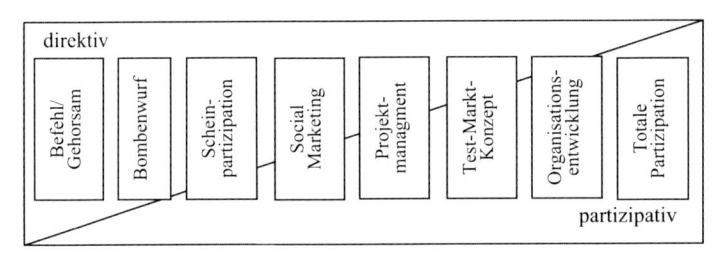

Abbildung 14: Unterschiedliche Veränderungsstrategien[352]

Eine eindeutige Vorteilhaftigkeit einer Strategie gegenüber den anderen lässt sich nicht herausstellen. In der Literatur herrscht kein Einvernehmen darüber, welche Strategie in welcher Situation zum größten Erfolg führt.[353] Je nach Sensibilität des Themas und Notwendigkeit der Akzeptanz der MitarbeiterInnen kann die Wahl der Strategie beeinflusst werden. Man sollte aber bedenken, dass der (zumindest scheinbaren) kurzen Einführungszeit der Revolutionsstrategien als entscheidender Nachteil das hohe Akzeptanzrisiko gegenüber steht.[354] Für die Fragestellung dieser Abhandlung würde dies bedeuten, dass eine partizipative Vorgehensweise bei der Implementierung eines variablen Entgeltsystems empfehlenswert ist. „Top-down design may be the fastest way to *develop* a pay system, but it may not be the fastest way to get a pay system operating *effectively*. With top-down design, the communicating, selling, and understanding process has just begun when the design is completed."[355]

In der Literatur finden sich eine Fülle von Formen zur Überwindung von Widerstand[356], wobei die meisten Publikationen Partizipation als entscheidendes „Allheilmittel" ansehen. Dennoch machen einige Autoren darauf aufmerksam, dass die Beteiligung der Betroffenen

---

[351] Vgl. Rieckmann [Managen 2005], Seite 128f.
[352] Quelle: in Anlehnung an Steiger [Gestaltung 2003], Seite 276 sowie Rieckmann [Managen 2005], Seite 129.
[353] Vgl. Mohr [Kommunikation 1997], Seite 88.
[354] Vgl. Krüger [Kernaufgabe 1999], Seite 870.
[355] Lawler [pay 1990], Seite 224.
[356] Vgl. Staehle [Management 1999], Seite 981, der einen Überblick über unterschiedliche Ansätze zur Überwindung von Widerstand gibt.

alleine noch nicht ausreicht. So zeigen Coch und French bei einer Studie auf, dass Widerstand gegenüber Änderungen in der Arbeitswelt zwar durch Partizipation, aber vor allem auch durch effektive Kommunikation fast vollständig beseitigt werden kann.[357] Und auch viele andere Publikationen greifen dieses Thema auf. Zwar beschränken sie sich meist auf knappe Anmerkungen und Aufzählungen, welche die Wichtigkeit der Kommunikation und der rechtzeitigen Vermittlung von Informationen aufzeigen.[358] Dennoch wurde in einigen Werken die Bedeutung von Kommunikation nicht nur erkannt, sondern auch in den Inhalt der Arbeit aufgenommen. So wird Kommunikation „als Katalysator im Wandel"[359] oder als „siamesischer Zwilling jeder Veränderungsstrategie"[360] bezeichnet und ihre Bedeutung im Prozess des organisatorischen Wandels explizit hervorgehoben.

In den folgenden Kapiteln wird daher Kommunikation und Information als verhaltensbestimmende Anreize (im Sinne der Anreiz-Beitrags-Theorie) besondere Beachtung geschenkt. Zuerst wird in Kapitel 7 das notwendige Grundverständnis für die Thematik geschaffen, danach wird in Kapitel 8 speziell die Notwendigkeit von Kommunikation im Unternehmen und im Kontext der variablen Entlohnung aufgegriffen.

---

[357] Vgl. Coch/French [Resistence 1948], Seite 531.
[358] Vgl. Mohr [Kommunikation 1997], Seite 135.
[359] Vgl. Brehm [Kommunikation 2002], Seite 263.
[360] Vgl. Doppler/Lauterburg [Change Management 1996], Seite 329.

7 Die Rolle von Information und Kommunikation

Mangelnde Kommunikationsbereitschaft und fehlende Kommunikationsfähigkeit sind als zentrale Problemfelder in Unternehmen anzusehen.[361] Bis in die späten 1990er Jahre wurde interne Kommunikation, meist in der Presse- oder Öffentlichkeitsarbeit oder im Personalwesen angesiedelt, von der Geschäftsleitung eher als „Sozialleistung" geduldet.[362] Dabei ist die Qualität der Aufgabenerfüllung maßgeblich von der Qualität und Aktualität der verarbeiteten Informationen abhängig.[363] Alleine das Tagesgeschäft verlangt nach einer effizienten Koordination und Steuerung der Kommunikationsprozesse.

Wird dieses noch um Veränderungsprozesse ergänzt, steigt der Kommunikationsbedarf enorm an.[364] Doch gerade im Prozess des Wandels muss festgestellt werden, dass Kommunikation noch sehr selten effektiv und effizient eingesetzt wird. „Dies ist nicht zuletzt darauf zurückzuführen, daß [sic!] vielfach die Grundlagen im Kommunikationsverhalten sowie die Ursachen von Kommunikationsproblemen nicht bekannt sind. Entsprechende Verbesserungsmöglichkeiten werden daher nicht entdeckt oder falsch eingesetzt."[365] Aus diesem Grund werden in diesem Teil zuerst die allgemeinen theoretischen Grundlagen von Kommunikation erläutert.

7.1 Der Begriff der Kommunikation

Das Wort „Kommunikation" ist längst zum alltäglichen Bestandteil unserer Sprache geworden. Es geht dabei „um die Mitteilung zwischen Menschen – um die Tatsache, daß [sic!] wir einander mit Hilfe von Mimik, Gestik, Sprache, Schrift, Bild oder Ton, von Angesicht zu Angesicht bzw. über papierene oder elektronische Übertragungs- und Speichertechniken irgendwelche Botschaften übermitteln."[366] Doch der uns so selbstverständlich erscheinende Vorgang entpuppt sich bei näherer Betrachtung als komplexer, interaktiver Prozess, der mit Denkkategorien einfacher Kausalität nicht zu erfassen ist. Bei Kommunikation bzw. kommunikativem Handeln wird durch die beteiligten Kommunikationspartner Sinn konstruiert,

---

[361] Vgl. Mohr [Kommunikation 1997], Seite 143.
[362] Vgl. Schick [Unternehmenskommunikation 2002], Seite 3.
[363] Vgl. Staehle [Management 1999], Seite 577.
[364] Vgl. Doppler/Lauterburg [Change Management 1996], Seite 305f.
[365] Mohr [Kommunikation 1997], Seite 143.
[366] Burkart [Kommunikationswissenschaft 2002], Seite 15.

Informationen werden generiert und ausgetauscht und subjektive Auswahl- und Selektionsprozesse durchgeführt.[367]

Etymologisch betrachtet geht „Kommunikation" auf die latinisierte Form der griechischen Wörter „ανακοινωοηο" und „κοινωνια" zurück, die so viel wie „Verkehr", „Verbindung" oder „Mitteilung"[368], im spezielleren Sinn auch „Verständigung" bedeuten. Da Kommunikation sowohl in der Fach- als auch in der Alltagssprache verwendet wird, handelt es sich um einen Begriff mit zahlreichen Bedeutungsgehalten. Doch selbst in der wissenschaftlichen Verwendung findet sich – unter anderem auf Grund seines interdisziplinären Gebrauchs – keine eindeutige Definition.[369] Dies zeigt sich eindrucksvoll in der 1977 von Merten durchgeführten begriffskritischen Metastudie, in welcher er insgesamt 160 unterschiedliche Definitionen oder definitorische Ansätze von Kommunikation aufzeigt.[370] Aus diesem Grund wird es auch in dieser Abhandlung nicht möglich sein, den Begriff erschöpfend darzustellen. Trotzdem soll – der Anforderung Maletzkes folgend[371] – eine Definition elaboriert werden, welche das Begriffsverständnis von Kommunikation im Rahmen dieser Abhandlung darstellt.

Nach Maletzke versteht man unter Kommunikation im engeren Sinn den Prozess der Verständigung und der Bedeutungsvermittlung zwischen Lebewesen.[372] Für die hier bearbeitete Fragestellung wird dieses Verständnis auf den Bereich der Humankommunikation beschränkt, welcher ausschließlich Kommunikation unter Menschen meint. Damit lassen sich bereits all jene kommunikativen Vorgänge ausklammern, welche zwischen technischen oder naturwissenschaftlichen Erscheinungen stattfinden sowie die animalische Kommunikation[373] oder Prozesse der sogenannten Mensch-Maschinen-Kommunikation[374].

Die sehr unterschiedlichen Auffassungen von Kommunikation können prinzipiell in zwei Gruppen unterteilt werden, je nachdem, ob sie als einseitiger oder zweiseitiger Prozess verstanden wird. Kommunikation als unidirektionaler Prozess wird hierbei als Informationsübermittlung, als Interpretation von Zeichen oder als sozialer Einflussprozess gesehen. Die zweite Gruppe kritisiert an diesen definitorischen Ansätzen, dass die Informationsübertragung

---

[367] Vgl. Bentele/Beck [Grundbegriffe 1994], Seite 32.
[368] Vgl. Merten [Einführung 1999], Seite 76.
[369] Vgl. Bentele/Beck [Grundbegriffe 1994], Seite 19.
[370] Vgl. Merten [Kommunikation 1977], Seite 168.
[371] „Wer also über Kommunikation schreibt, sollte klar sagen, was er damit meint." Maletzke [Überblick 1998], Seite 37.
[372] Vgl. Maletzke [Psychologie 1963], Seite 18.
[373] Vgl. Merten [Kommunikation 1977], Seite 91ff.
[374] Vgl. Maletzke [Überblick 1998], Seite 37.

zu stark betont wird, da Kommunikation über diesen „technischen" Akt hinausgeht. Sie stellen hingegen den Austausch, die Verständigung oder die Teilhabe zwischen Gesprächspartnern in den Vordergrund.[375] In diesem Sinne kann Kommunikation also als soziales Verhalten verstanden werden, wobei der Begriff „sozial" darauf hinweist, dass sich Menschen im Hinblick aufeinander verhalten.[376]

Dieses erweiterte Verständnis führt dazu, dass Watzlawick et al. die beiden Begriffe Kommunikation und Verhalten praktisch gleichbedeutend verwenden und darüber hinaus darauf aufmerksam machen, dass es unmöglich sei, sich nicht zu verhalten.[377] „Wenn man also akzeptiert, daß [sic!] alles Verhalten in einer zwischenpersönlichen Situation Mitteilungscharakter hat, d. h. Kommunikation ist, so folgt daraus, daß [sic!] man ... nicht *nicht* kommunizieren kann."[378] Obwohl dieses weite Verständnis von Kommunikation in der Literatur durchaus auch kritisiert wird[379], scheint es für die hier zu bearbeitende Fragestellung hilfreich zu sein. Im Bereich des zielgerichteten Einsatzes von Kommunikation im Rahmen der Einführung eines neuen Entgeltsystems haben auch (oder gerade) jene Maßnahmen eine Wirkung, welche unbedacht und unbeabsichtigt zur Meinungsbildung der MitarbeiterInnen beitragen. Der Zusammenhang zwischen Kommunikation und Verhalten (z.B. der Unternehmensleitung) wird in diesem Bereich sicher schnell deutlich. Allerdings muss ein stärkerer Bezug zur Fragestellung hergestellt werden, da nicht jedes Verhalten einen Einfluss auf die Einführung eines neuen Entgeltsystems hat. So muss vor allem die spezifische Situation, in welcher die Kommunikation stattfinden, Beachtung finden, da sie ihrerseits einen Einfluss auf den Kommunikationsprozess ausübt.[380] Dieser Kontext wird im Bereich der Unternehmenskommunikation – um die es sich bei dieser Fragestellung eindeutig handelt – vor allem durch den strukturellen Aufbau und die organisatorischen Vorgaben und Regeln geprägt. „Die Kommunikation in Unternehmen kann sich somit nicht so frei entfalten wie die Kommunikation im privaten Bereich: sie wird geprägt durch den *organisatorischen Kontext*."[381]

---

[375] Vgl. Bonfadelli [Grundbegriffe 2005], Seite 77f.

[376] Vgl. Burkart [Kommunikationswissenschaft 2002], Seite 20f.

[377] Vgl. Watzlawick et al. [Kommunikation 1974], Seite 51.

[378] Watzlawick et al. [Kommunikation 1974], Seite 51.

[379] So macht Burkart darauf aufmerksam, dass Menschen sehr wohl in der Lage sind Kommunikation willentlich aufzunehmen oder abzubrechen. „wenn alles Verhalten Kommunikation ist, dann wäre ja z.B. auch das Betragen eines schlafenden Individuums bereits als „Kommunikation" zu bezeichnen." Burkart [Kommunikationswissenschaft 2002], Seite 22.

[380] Vgl. Bonfadelli [Grundbegriffe 2005], Seite 80.

[381] Wahren [Kommunikation 1987], Seite 146.

Unter Kommunikation wird daher im Folgenden *jegliches soziale Verhalten im Zusammenhang mit der Mitteilung von Informationen über die Einführung eines neuen Entgeltsystems verstanden, welches im Rahmen einer Organisation darauf abzielt, bei den Betroffenen Akzeptanz zu erlangen und darüber hinaus eine Verhaltensänderung herbeizuführen.*[382]

Durch diese Definition wird deutlich, dass Kommunikation im Kontext dieser Abhandlung über die bloße Vermittlung von Information hinausgeht. Auch der angesprochenen spezifischen Situation wird durch die Einschränkung auf den organisationalen Rahmen Rechnung getragen. Zusätzlich weist die Zielformulierung der Akzeptanz und der Verhaltensänderung darauf hin, dass Kommunikation immer einen intentionalen Charakter besitzt, worauf später noch näher einzugehen sein wird. Um das hier begonnene Verständnis von Kommunikation zu vertiefen und um der Tatsache Rechnung zu tragen, dass nicht nur die streng kontextbezogene Kommunikation eine Rolle für die zu bearbeitende Fragestellung spielt[383], werden im Anschluss nahestehende Begriffe abgegrenzt und allgemeine Grundlagen zwischenmenschlicher Kommunikation diskutiert.

7.2 Kommunikation und Information

Der Begriff „Information" geht auf das lateinische „informare" zurück, der mit „formen", „bilden" oder „mitteilen" übersetzt werden kann.[384] Wie der Begriff der Kommunikation ist auch die Information längst Bestandteil der Alltagssprache. Im Zeitalter der „Informationsgesellschaft" findet eine regelrechte „Informationsflut" statt. Dennoch bleibt auch hier meist offen, was mit dem Begriff genau gemeint ist. Information wird häufig als Synonym für Nachricht oder Neuigkeit verwendet, etwas ist „informativ" wenn man etwas Neues oder Aufschlussreiches erfahren hat. In der Alltagssprache wird Information beinahe wie ein materieller Gegenstand verwendet, so kann z.B. ein Zeitungsartikel viele Informationen enthalten.[385]

Wittmann versteht unter Information „zweckorientiertes Wissen, also solches Wissen, das zur Erreichung eines Zweckes, nämlich einer möglichst vollkommenen Disposition eingesetzt wird."[386] In diesem Verständnis wird eine Nachricht also erst dann zur Information, wenn sie

---

[382] In Anlehnung an Mohr, der in seiner Arbeit Kommunikation ganz allgemein im Zusammenhang mit organisatorischem Wandel betrachtet. Vgl. Mohr [Kommunikation 1997], Seite 146.
[383] Vgl. Mohr [Kommunikation 1997], Seite 146.
[384] Vgl. Bonfadelli [Grundbegriffe 2005], Seite 80.
[385] Vgl. Bentele/Beck [Grundbegriffe 1994], Seite 18.
[386] Wittmann [unvollkommene Information 1959], Seite 14, zitiert nach Staehle [Management 1999], Seite 301.

zu einem Entscheidungsprozess beiträgt.[387] Information kann somit als „Inhalt" der Kommunikation betrachtet werden. Diese Auffassung wird vor allem beim unidirektionalen Verständnis von Kommunikation deutlich. Obwohl bereits aufgezeigt wurde, dass das Verständnis von Kommunikation in dieser Abhandlung über die bloße „Informationsübertragung" hinausgeht, „kann doch daraus abgeleitet werden, daß [sic!] Information ein Bestandteil von Kommunikation ist. Information ist die Ware in diesem Prozeß [sic!] und kann somit als Kommunikationsinhalt bzw. inhaltliches Element der Kommunikation im weitesten Sinne interpretiert werden."[388]

Viele Unternehmen haben die Bedeutung von Kommunikation und Information erkannt und versuchen entsprechende Maßnahmen umzusetzen. Dennoch zeigen unterschiedliche Studien, dass die praktische Umsetzung unzureichend ist. So zeigen Wolff und Göschel, dass 90 Prozent der Führungskräfte glauben, ihre Informationspflicht gegenüber den MitarbeiterInnen ausreichend zu erfüllen. Demgegenüber haben mehr als 30 Prozent der MitarbeiterInnen das Gefühl schlecht oder gar nicht informiert zu werden.[389] Zu einem ähnlichen Ergebnis kam auch Noelle-Neumann, die aufzeigt, dass sich MitarbeiterInnen generell mehr Informationen zu organisationsrelevanten Themen wünschen.[390] Doppler und Lauterburg machen darauf aufmerksam, dass das hier bemängelte Informationsdefizit eigentlich ein Kommunikationsdefizit darstellt, da die Informationen grundsätzlich vorhanden sind, aber nicht an die MitarbeiterInnen weitergegeben werden.[391]

Wie wichtig der Informationsfluss im Zusammenhang mit der Einführung eines neuen Entgeltsystems wird, zeigt sich – wie bereits thematisiert wurde – anhand der Anreiz-Beitrags-Theorie. Durch die Vermittlung adäquater Information zur richtigen Zeit und durch entsprechende Kommunikationskanäle kann die Einstellung der MitarbeiterInnen positiv beeinflusst werden.

7.3 Kommunikation und Interaktion

Der Prozesscharakter von Kommunikation wurde im Verlauf dieses Buches bereits angesprochen. Damit wird implizit darauf hingewiesen, dass es sich dabei nicht um etwas Statisches, sondern um einen dynamischen Prozess handelt, der sich im Hinblick auf mindestens ein

---

[387] Vgl. Staehle [Management 1999], Seite 301.
[388] Mohr [Kommunikation 1997], Seite 148.
[389] Vgl. Wolff/Göschel [Führung 1990], Seite 27 bzw. Seite 205.
[390] Vgl. Noelle-Neumann/Strümpel [Arbeit 1985], Seite 81 sowie Seiten 90.
[391] Vgl. Doppler/Lauterburg [Change Management 1996], Seite 306.

anderes Lebewesen ereignet.[392] Diese Dynamik wurde in der oben erarbeiteten Definition von Kommunikation durch den Begriff des „sozialen Verhaltens" aufgegriffen. Burkart weist allerdings darauf hin, dass menschliches Verhalten meist willentlich gestaltet ist und es bewusst und Zielgerichtet ablaufen kann. Um diese bewusste Gestaltung zu betonen greift er auf den Term „Handeln" zurück: „der Mensch kann sich also nicht bloß verhalten, er kann auch ‚handeln'."[393] In diesem Sinn kann menschliche Kommunikation als „soziales Handeln" verstanden werden.

Die unmittelbare Verschränkung von Kommunikation und Interaktion wird deutlich, wenn man dieses Verständnis mit Aussagen aus der Soziologie vergleicht. So beschäftigt sich diese Disziplin unter dem Begriff der sozialen Interaktion mit allen „Formen sozialen Handelns, bei denen das Verhalten von direkt miteinander kommunizierenden Personen sich jeweils an dem Verhalten, den unterstellten Motiven und Erwartungen, den Wünschen oder Reaktionen des anderen ausrichtet."[394] Dies führt dazu, dass einige Autoren beide Termini synonym verwenden[395], während andere versuchen eine begriffliche Differenzierung vorzunehmen. Watzlawick et al. beispielsweise bezeichnen die einzelne Mitteilung als Kommunikation, während „ein wechselseitiger Ablauf von Mitteilungen zwischen zwei oder mehreren Personen … als Interaktion bezeichnet"[396] wird. Auch Schulz von Thun schließt sich dieser Differenzierung an. „… Kommunikation ist ja nicht damit beendet, daß [sic!] der eine etwas von sich gibt und beim anderen etwas ankommt. Im Gegenteil, nun geht es erst richtig los! Der Empfänger reagiert, wird dadurch zum Sender und umgekehrt, und beide nehmen aufeinander Einfluß. Wir sprechen von *Interaktion*."[397]

Wahren sieht den Vorteil in dieser Trennung darin, dass man dem Umstand gerecht wird, dass Interaktion mehr als die Summe einzelner Kommunikationsvorgänge darstellt. Zusätzlich betont er, dass auf diese Weise die Gesamtproblematik in zwei Analysefelder getrennt werden kann, indem man der Kommunikation vorrangig die materiellen Aspekte des Sendens und Empfangens von Informationen zuschreibt und Interaktion eher die dynamischen und wechselseitigen behandelt.[398] „Die beiden Begriffe bezeichnen darum nicht unterschiedliche Dinge, sondern sind wie die beiden Seiten einer Münze: Es sind je andere Sichtweisen oder Perspek-

---

[392] Vgl. Burkart [Kommunikationswissenschaft 2002], Seite 30
[393] Burkart [Kommunikationswissenschaft 2002], Seite 22f.
[394] Türk [Personalführung 1984], Seite 64.
[395] Vgl. Kunczik/Zipfel [Publizistik 2005], Seite 28.
[396] Watzlawick et al. [Kommunikation 1974], Seite 50f.
[397] Schulz von Thun [Miteinander Reden 1993], Seite 82.
[398] Vgl. Wahren [Kommunikation 1987], Seite 32.

tiven desselben Phänomens [...] : Mit Interaktion bezieht man sich mehr auf die Beziehungsebene [...], mit Kommunikation meint man die Inhaltsebene."[399]

Dennoch ist die Beziehung, in welcher die beiden Begriffe stehen, nicht einheitlich geklärt. „Aus biologischer Sicht wird argumentiert, daß [sic!] Interaktion der grundlegende Begriff sei und Kommunikation als evolutionär entwickelter anspruchsvoller Sonderfall von Interaktion zu gelten habe."[400] Noch deutlicher formuliert Lundberg diese Differenzierung: „Kommunikation ist eine Unterkategorie von Interaktion, nämlich Interaktion durch Symbole."[401] In der praktischen Anwendung scheint die Differenzierung von „Kommunikation" und „Interaktion" jedoch problematisch. Auch jene Autoren, welche die Begriffe definitorisch differenzieren, verlassen in ihren Werken diese Linie und verwenden sie dennoch synonym.[402] In Anlehnung an umgangssprachliche Gepflogenheiten und da sich in der Literatur keine einheitliche und „reine" Trennung der Begriffe findet, wird in dieser Abhandlung vornehmlich mit dem Term der „Kommunikation" gearbeitet. Zumal die eher breit angelegte Definition und die prozessorientierte Herangehensweise auch die Integration von mehreren Kommunikationssequenzen ermöglichen.

7.4 Das Funktionieren des Kommunikationsprozesses

Die bisher beschriebenen Ansätze von Kommunikation implizieren unterschiedliche Annahmen und Vorstellungen über den Kommunikationsprozess. Die bereits thematisierte Vielfalt von unterschiedlichen Definitionen weist darauf hin, dass sich auch eine große Anzahl von Erklärungsansätzen zur Thematik entwickelt hat, die jeweils verschiedenartige Aspekte des Kommunikationsprozesses betonen. Hierbei finden sich Konzepte, welche überwiegend den Aspekt der Informationsübertragung betonen, aber auch solche, welche Erklärungsansätze aus den Verhaltenswissenschaften zur Betrachtung heranziehen.

7.4.1 Informationstheoretische Erklärungsansätze

Eine statistisch-mathematische Theorie der Kommunikation als Prozess der Informationsvermittlung formulierten Shannon und Weaver 1949. Bei ihrem Modell nimmt vor allem die Encodierung der Information in materielle Signale eine zentrale Bedeutung ein, welche über ein Medium vom Sender zum Empfänger transportiert werden. Als Telefontechniker bei der

---

[399] Bonfadelli [Grundbegriffe 2005], Seite 76.
[400] Merten [Kommunikation 1977], Seite 64.
[401] Lundberg [Sociology 1939], Seite 253, zitiert nach Merten [Kommunikation 1977], Seite 64.
[402] Vgl. Wahren [Kommunikation 1987], Seite 32.

amerikanischen Telefongesellschaft „Bell Telephone Laboratories" war es ihre Aufgabe, Probleme bei der Übertragung von elektrischen Signalen zu lösen. Den Prozess der Signalübertragung stellten sie mit dem in Abbildung 15 dargestellten schematischen Modell dar.

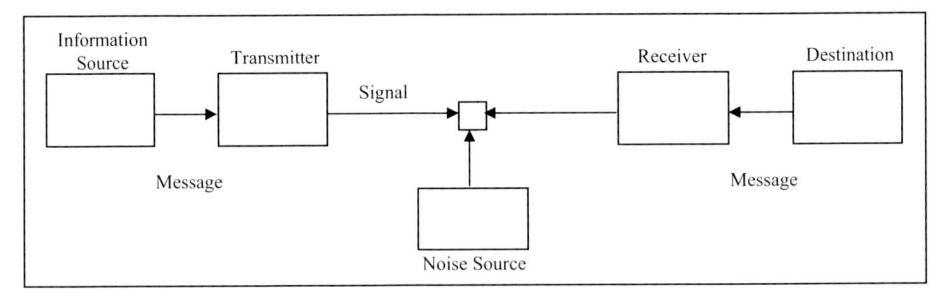

Abbildung 15: Schematische Kommunikationsdarstellung[403]

Die Informationsquelle (information source) wählt eine Botschaft (message), die von einem Sender (Transmitter) in ein Signal umformuliert (= encodiert) wird. Der Empfänger (Receiver) nimmt das Signal auf, verwandelt dieses wieder in die ursprüngliche Botschaft (= decodieren) und bringt sie an ihr Ziel (Destination). Ein zentrales Element des Modells findet sich in der „noise-source", der Störquelle, welche darauf hinweist, dass es bei der Übertragung zu Störungen kommen kann, weil Zeichen verloren oder hinzugefügt werden.[404]

Die mathematische Theorie beschäftigt sich in erster Linie mit den technischen Problemen der Nachrichtenübermittlung und der Frage, wie genau Symbole bei Kommunikationsprozessen übertragen werden können.[405] Der Informationsbegriff, wie er in diesem Modell verstanden wird, ist für die Analyse sozialer Kommunikationsprozesse allerdings nur eingeschränkt brauchbar, da der Bedeutung der übertragenen Nachricht keine Aufmerksamkeit zukommt. Dennoch zeigt dieses Modell welche Rolle die „Encodierung" und die „Decodierung" als zentrale Merkmale aller Kommunikationsprozesse spielen und dass der Prozess immer auch gewisse Störungen beinhalten kann.[406]

Darüber hinaus berücksichtigt das Modell nicht, dass Menschen gleichzeitig Ausgangs- und Endpunkt eines Kommunikationsprozesses darstellen. Sie können damit gleichzeitig Quelle,

---

[403] Quelle: Shannon/Weaver [mathematical theory 1971], Seite 34.
[404] Vgl. Shannon/Weaver [mathematical theory 1971], Seite 7f.
[405] Vgl. Badura [Sprachbarrieren 1973], Seite 28.
[406] Vgl. Burkart [Kommunikationswissenschaft 2002], Seite 428f.

Sender, Empfänger und Ziel sein.[407] Die Wechselseitigkeit und der soziale Charakter von Kommunikation werden also genauso wenig berücksichtigt, wie Erfahrungen, Meinungen und Vorwissen von den beteiligten Personen. Aus diesem Grund kam es zu unterschiedlichen Weiterentwicklungen des Modells, die versuchten diese Schwächen zu beheben und die fehlenden Größen zu integrieren.[408]

Eine sozialwissenschaftliche Betrachtung dieser Kommunikationsdarstellung findet sich bei Badura, der explizit die Bedeutung der semantischen und pragmatischen Ebene, welche bei Shannon und Weaver eine untergeordnete Rolle spielen, hervorhebt. Die Erweiterung des Modells wird in Abbildung 16 grafisch dargestellt.

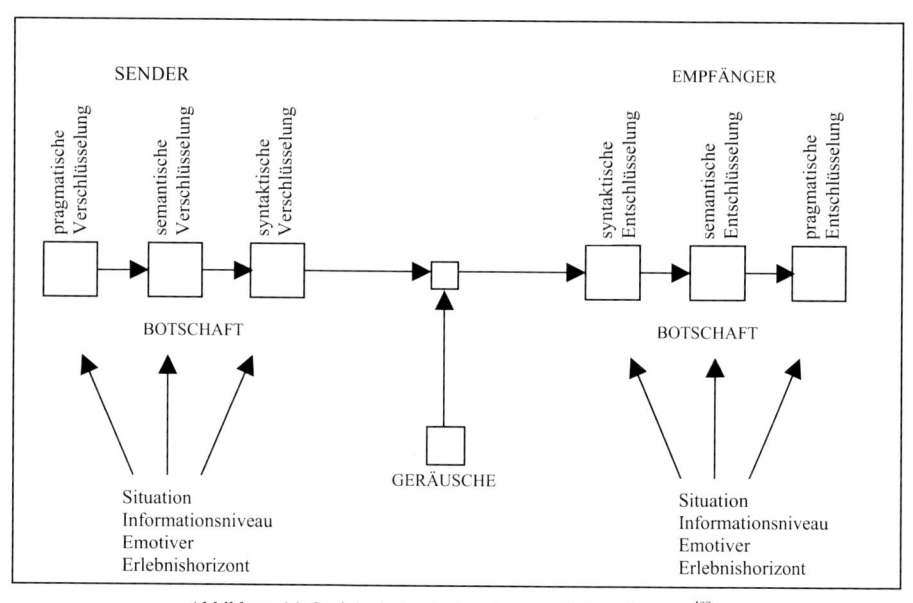

Abbildung 16: Soziologische Analyse kommunikativer Prozesse[409]

Die Semantik bezieht sich hierbei auf die Bedeutung der Information. „Während es durchaus möglich ist, Symbolserien mit syntaktischer Genauigkeit zu übermitteln, so würden sie doch sinnlos bleiben, wenn Sender und Empfänger sich nicht im Voraus über ihre Bedeutung geeinigt hätten."[410] Semantische Information hängt immer vom Wissensstand des Empfängers

---

[407] Vgl. Crott [Interaktion 1979], Seite 17.
[408] Vgl. Mohr [Kommunikation 1997], Seite 155.
[409] Quelle: Badura [Sprachbarrieren 1973], Seite 32, (leicht modifiziert).
[410] Watzlawick et al. [Kommunikation 1974], Seite 22.

ab und ist somit relativ zum vorhandenen Wissen zu betrachten.[411] Der pragmatische Aspekt bezieht sich auf die Tatsache, dass Kommunikation immer das Verhalten und somit das System (Person, Gruppe, Organisation) beeinflusst. Information wirkt somit immer auf den Empfänger und verändert diesen.

Zusätzlich macht Badura darauf aufmerksam, dass auch individuelle Ausprägungen und der Kontext Beachtung finden müssen, weshalb er insbesondere die Kommunikationssituation, das Informationsniveau, den emotiven Erlebnishorizont (also Gefühle und Einstellungen, welche durch den Prozess wachgerufen werden) und die Interessen der Dialogpartner mit einbezieht.[412] Obwohl auch bei diesem Ansatz noch die Signalübertragung im Mittelpunkt steht, ergänzt Badura das rein technische Modell von Shannon und Weaver um das Umfeld, in welchem die Kommunikation stattfindet.

7.4.2 Verhaltenswissenschaftliche Erklärungsansätze

Um den komplexen Prozess der Kommunikation im Detail zu verstehen, reicht es nicht aus, nur die technische Ebene der Informationsübermittlung zu betrachten. Nach der starken Betonung dieses Aspekts der Kommunikation in früheren Jahren stehen heute immer öfter verhaltenswissenschaftliche Überlegungen im Vordergrund. Der semantische Bereich und vor allem die pragmatische Ebene spielen eine entscheidende Rolle beim „encodieren" und „decodieren" einer Nachricht und sollen deshalb in den nachfolgenden Ansätzen eine starke Betonung finden.[413]

7.4.2.1 Die Axiome zwischenmenschlicher Kommunikation

Grundlage vieler Arbeiten im Bereich der Kommunikation stellen die Untersuchungen von Watzlawick et al. dar. Mit ihrer Analyse wollten die Autoren, ähnlich wie es im Bereich der Mathematik durch das mathematische Kalkül bereits vorhanden ist[414], eine Systematik, ein mehr oder weniger festes Regelwerk hinter den oft undurchschaubaren kommunikativen

---

[411] Vgl. Theis-Berglmair [Organisationskommunikation 2003], Seite 32.
[412] Vgl. Badura [Sprachbarrieren 1973], Seite 31.
[413] Vgl. Mohr [Kommunikation 1997], Seite 156.
[414] Watzlawick et al. beschreiben ihr Vorhaben analog zu Arbeiten im Bereich der Metamathematik. Als Beispiel beziehen sie sich auf die Analogie zwischen einem Spiel wie Schach und dem formalen mathematischen Kalkül: Während die Stellung der Schachfiguren als solche bedeutungslos scheint, haben Aussagen *über* diese Stellung sehr wohl einen Sinn. Watzlawick et al. merken an, dass durch den Einbezug der Spieler in diese Analogie man es nicht mehr mit dem bloßen Spiel zu tun hat, „sondern mit den Abläufen einer menschlichen Wechselbeziehung, die einer strengen, komplexen Gesetzmäßigkeit folgen." Watzlawick et al. [Kommunikation 1974], Seite 43.

Handlungen der Menschen aufzeigen. „Damit postulieren wir..., daß [sic!] hinter den myriadenfachen Erscheinungen der menschlichen Kommunikation ein noch nicht interpretierter pragmatischer Kalkül steht, dessen Axiome in erfolgreicher Kommunikation berücksichtigt ... werden".[415] Um diese pragmatischen Axiome zu erreichen, begannen Watzlawick et al. mit der Analyse der einfachsten Eigenschaften von Kommunikation und stellten 5 Grundeigenschaften heraus, die diesem Anspruch genügen sollten.[416]

Das erste und höchstwahrscheinlich am häufigsten zitierte Axiom wurde im Verlauf dieses Buches bereits behandelt. Es handelt von der Unmöglichkeit, nicht zu kommunizieren. Diese Aussage stützt sich auf die Annahme, „daß [sic!] das ‚Material' jeglicher Kommunikation keineswegs nur Worte sind, sondern auch alle paralinguistischen Phänomene (wie z.B. Tonfall, Schnelligkeit oder Langsamkeit der Sprache, Pausen, Lachen und Seufzen), Körperhaltung, Ausdrucksbewegung (Körpersprache) usw. innerhalb eines bestimmten Kontextes umfaßt [sic!] – kurz, Verhalten jeder Art."[417] Da Verhalten kein Gegenteil hat, oder anders ausgedrückt man sich nicht nicht verhalten kann, ergibt sich somit das erste Axiom: *„Man kann nicht nicht kommunizieren"*[418]

Des Weiteren zeigen die Autoren auf, dass jede Mitteilung neben der Information noch einen weiteren Aspekt beinhaltet. Sie gibt einen Hinweis darauf, wie der Sender die Beziehung zwischen sich und dem Empfänger sieht. Während der Inhaltsaspekt die „Daten" vermittelt, weist der Beziehungsaspekt an, wie diese Daten zu verwenden sind. Der Beziehungsaspekt kann somit als Kommunikation über die Kommunikation verstanden werden um gehört somit bereits zum Bereich der Metakommunikation. Aus diesen Überlegungen ergibt sich das zweite Axiom: *„Jede Kommunikation hat einen Inhalts- und einen Beziehungsaspekt, derart, daß [sic!] letzterer den ersteren bestimmt und daher eine Metakommunikation ist."*[419]

Betrachtet man einen Kommunikationsprozess zwischen Gesprächspartnern, so erscheint dieser einem Außenstehenden als ununterbrochener Austausch von Mitteilungen. Bei einem näheren Blick kann man aber erkennen, dass der Kommunikation unvermeidlich eine Struktur – eine „Interpunktion von Ereignisfolgen" – zu Grunde liegt, welche aus wechselseitigen Äußerungen, Wahrnehmungen und Interpretationen besteht. Diese Interpunktion organisiert

---

[415] Watzlawick et al. [Kommunikation 1974], Seite 43f.
[416] Vgl. Watzlawick et al. [Kommunikation 1974], Seite 50, die folgenden Beschreibungen der Axiome beziehen sich allesamt auf das hier zitierte Werk Seite 50ff., aus Gründen der Übersichtlichkeit werden bei den Ausführungen nur mehr die direkt übernommenen Zitate extra ausgewiesen.
[417] Watzlawick et al. [Kommunikation 1974], Seite 51.
[418] Watzlawick et al. [Kommunikation 1974], Seite 53.
[419] Watzlawick et al. [Kommunikation 1974], Seite 53.

das Verhalten und dient der Regulierung dessen, was als „richtiges Verhalten" angesehen wird. Aus diesen Überlegungen kommen Watzlawick et al. zur Formulierung des dritten Axioms: *„Die Natur einer Beziehung ist durch die Interpunktion der Kommunikationsabläufe seitens der Partner bedingt."*[420]

In der menschlichen Kommunikation gibt es grundsätzlich zwei Möglichkeiten Objekte darzustellen und sie damit zum Gegenstand von Kommunikation zu machen. Sie können entweder durch eine Analogie ausgedrückt werden (z.B. Zeichensprache) oder durch einen Namen. Namen sind hierbei Worte, deren Beziehung zum jeweiligen Gegenstand eine zufällige und meist willkürliche ist. So ergibt sich diese Verbindung zwischen dem Namen und dem Objekt meist durch eine semantische Übereinkunft, welche schon in einer anderen Sprache keine Bedeutung mehr haben muss. In Anlehnung an Rechenmaschinen, die ebenfalls eine künstliche Beziehung zwischen Objekten und Zahlen (in Englisch: digits) herstellen, sprechen Watzlawick et al. hier von digitaler Kommunikation. Die Analogie hingegen bestimmt bereits durch ihr Wesen, dass eine Ähnlichkeitsbeziehung zum Objekt besteht, wodurch sie eine weitaus allgemeinere Gültigkeit erreicht. Zusammenfassend ergibt sich aus diesen Überlegungen das vierte Axiom: *„Menschliche Kommunikation bedient sich digitaler und analoger Modalitäten. Digitale Kommunikationen haben eine komplexe und vielseitige logische Syntax, aber eine auf dem Gebiet der Beziehungen unzulängliche Semantik. Analoge Kommunikationen dagegen besitzen dieses semantische Potential, ermangeln aber die für eindeutige Kommunikation erforderliche logische Syntax."*[421]

Darüber hinaus zeigen Watzlawick et al. auf, dass Beziehungen zwischen Menschen symmetrisch oder komplementär sein können. Im Fall der symmetrischen Interaktion ist das Verhalten der Partner sozusagen spiegelbildlich und beruht auf dem Streben nach Gleichheit oder der Verminderung von Unterschieden. Bei komplementären Beziehungen vervollständigt das Verhalten des einen Partners jenes des anderen und die Beziehung basiert auf sich ergänzenden Unterschieden. So kann komplementäres Verhalten z.B. in der Beziehung zwischen Mutter und Kind oder in einem Arzt-Patient-Verhältnis beobachtet werden. Umgelegt auf den Kommunikationsprozess lässt sich das fünfte Axiom formulieren: *„Zwischenmenschliche Kommunikationsabläufe sind entweder symmetrisch oder komplementär, je nachdem, ob die Beziehung zwischen den Partnern auf Gleichheit oder Unterschiedlichkeit beruht."*[422]

---

[420] Watzlawick et al. [Kommunikation 1974], Seite 61.
[421] Watzlawick et al. [Kommunikation 1974], Seite 65.
[422] Watzlawick et al. [Kommunikation 1974], Seite 70.

Die hier dargelegten Axiome von Watzlawick et al. wurden in den letzten Jahren durchaus kritisiert und an bestimmte Bedingungen geknüpft. Doch die Autoren machten in ihrem Werk selbst darauf aufmerksam, dass es sich um provisorische Formulierungen handelt, welche keinen Anspruch auf Vollständigkeit oder Endgültigkeit erheben sollten. Dennoch haben die Ausführungen viele Anstöße zur Weiterentwicklung und neue Sichtweisen eröffnet, wie sich auch im nächsten Punkt zeigen wird.

7.4.2.2 Die vier Seiten einer Nachricht

Schulz von Thun geht bei seiner Arbeit von einem ähnlichen Kommunikationsverständnis aus wie die Vertreter der informationstheoretischen Ansätze. Ein Sender verschlüsselt eine Nachricht und übermittelt sie einem Empfänger, der sie wiederum entschlüsselt. Im Idealfall stimmen die empfangene und die gesendete Nachricht überein und es findet eine Verständigung statt. Durch die Möglichkeit des Feedbacks kann der Sender überprüfen, ob seine Absicht mit dem Resultat übereinstimmt.[423] Der große Unterschied zu den technisch-orientierten Theorien findet sich darin, dass Schulz von Thun vor allem der Nachricht große Bedeutung beimisst. „Für mich selbst war es eine faszinierende <Entdeckung>, die ich in ihrer Tragweite erst nach und nach erkannt habe, *daß* [sic!] *ein und dieselbe Nachricht stets viele Botschaften gleichzeitig enthält.*"[424] Aufbauend auf den Erkenntnissen von Watzlawick et al. über den Inhalts- und Beziehungsaspekt einer Nachricht, ordnet er die Vielzahl an Botschaften in vier Kategorien ein und entwickelte daraus sein Modell der vier Seiten einer Nachricht (Vgl. Abbildung 17).

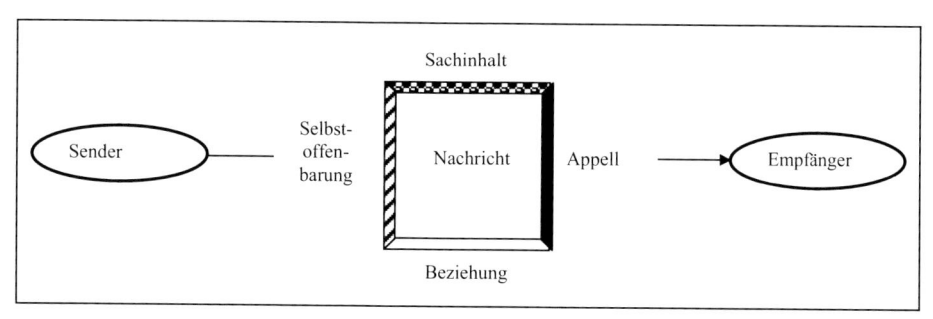

Abbildung 17: Die vier Seiten einer Nachricht[425]

---

[423] Vgl. Schulz von Thun [Miteinander reden 1993], Seite 25.
[424] Schulz von Thun [Miteinander reden 1993], Seite 26.
[425] Quelle: Schulz von Thun [Miteinander reden 1993], Seite 30.

In diesem Verständnis enthält jede Nachricht einen Sachaspekt, einen Selbstoffenbarungsaspekt, einen Beziehungsaspekt und einen Appellaspekt, welche an dieser Stelle kurz beschrieben werden:[426]

- Sachaspekt: dieser Aspekt beschreibt, worüber in der Nachricht informiert wird, es handelt sich also um die enthaltenen Sachinformationen.
- Selbstoffenbarungsaspekt: hierbei handelt es sich um jenen Teil der Nachricht, welcher Informationen über die Person des Senders enthält. Dieser Aspekt enthält sowohl die gewollte Selbstdarstellung, aber auch die unfreiwillige Selbstenthüllung.
- Beziehungsaspekt: der Beziehungsaspekt bezeichnet jenen Teil der Nachricht, der aussagt, was der Sender vom Empfänger hält. Dies lässt sich vor allem in der gewählten Formulierung oder im Tonfall, oft aber auch durch andere nichtsprachliche Begleitsignale erkennen.
- Appellaspekt: im Appellaspekt spiegelt sich wider, dass kaum etwas „nur so" gesagt wird. Die Nachricht dient in der Regel auch dazu, den Empfänger zu veranlassen, bestimmte Dinge zu tun oder zu unterlassen.

Aus dem Aspekt des Appells lässt sich ableiten, dass es keine zweckfremde Kommunikation geben kann. „Kommunikation ist kein Wert an sich. Jede Kommunikation will etwas erreichen – offen oder manipulativ."[427] Auch Burkart weist darauf hin, dass Kommunikation immer zielgerichtet ist und insofern nie einen Selbstzweck besitzt, sondern immer Mittel zum Zweck ist.[428]

Das Modell von Schulz von Thun baut unter anderem auf das zweite Axiom von Watzlawick et al. auf. Somit kann der Sachinhalt mit dem Inhaltsaspekt gleichgesetzt werden. Der Beziehungsaspekt des Axioms kann dabei als Ummantelung von Selbstoffenbarung, Beziehung und Appell betrachtet werden. Obwohl dieses Modell vor allem die Seite des Senders betrachtet, finden die vier Aspekte auch beim Empfänger Anwendung. Je nachdem welcher Aspekt beim „Empfang" stärker ausgeprägt ist, kann das Gespräch einen sehr unterschiedlichen Verlauf nehmen.[429] Den Vorteil seines Modells sieht Schulz von Thun darin, dass

---

[426] Vgl. Schulz von Thun [Miteinander reden 1993], Seite 26ff.
[427] Doppler/Lauterburg [Change Management 1996], Seite 330.
[428] Vgl. Burkart [Kommunikationswissenschaft 2002], Seite 23. Vgl. auch Abschnitt 8.2 „Ziele von Kommunikation".
[429] Vgl. Schulz von Thun [Miteinander reden 1993], Seite 44.

mögliche Störungen und Probleme genauer einem Bereich zugeordnet und so besser verstanden werden können.[430]

7.4.2.3 Der Symbolische Interaktionismus

Beim theoretischen Ansatz des Symbolischen Interaktionismus – als dessen geistiger Vater der amerikanische Soziologe George Herbert Mead gilt – handelt es sich um ein Konzept menschlichen Handelns, welches vor allem das „In-Beziehung-Treten" des Menschen mit seiner Umwelt betrachtet. Das Konzept geht davon aus, dass der Mensch neben seiner natürlichen vor allem auch in einer symbolischen Umwelt lebt.[431] Bezogen auf die Gedanken von Mead formuliert Blumer drei einfache Prämissen, auf welchen der Symbolische Interaktionismus letztlich beruht:[432]

- Menschen handeln Dingen gegenüber auf der Grundlage der Bedeutung die diese Dinge für sie besitzen.
- Die Bedeutung dieser Dinge ergibt sich aus der sozialen Interaktion, die man mit seinen Mitmenschen eingeht.
- Bei jedem interpretativen Prozess, den eine Person mit diesen Dingen eingeht, wird die Bedeutung gehandhabt und abgeändert.

Unter Dingen versteht Blumer in diesem Zusammenhang alles, „was der Mensch in seiner Welt wahrzunehmen vermag, physische Gegenstände wie Bäume oder Stühle; andere Menschen wie eine Mutter oder einen Verkäufer; Kategorien von Menschen wie Freunde oder Feinde; Institutionen wie eine Schule oder eine Regierung; Leitideale wie individuelle Unabhängigkeit oder Ehrlichkeit; Handlungen anderer Personen wie ihre Befehle oder Wünsche; und solche Situationen, wie sie dem Individuum in seinem täglichen Leben begegnen."[433]

Kommunikation kann im Horizont des Symbolischen Interaktionismus als ein Prozess gesehen werden, in dem Menschen sich mit Hilfe von Symbolen gegenseitig Bedeutungen vermitteln. Verständigung – als konstantes Ziel jeder Kommunikation – kann hierbei allerdings nur dann erlangt werden, wenn im Bewusstsein der Beteiligten dieselben Bedeutungen aktualisiert werden. Dies bedeutet, dass menschliche Kommunikation nur zustande kommt,

---

[430] Vgl. Schulz von Thun [Miteinander reden 1993], Seite 30.
[431] Vgl. Burkart [Kommunikationswissenschaft 2002], Seite 54.
[432] Vgl. Blumer [Interaktionismus 2004], Seite 25.
[433] Blumer [Interaktionismus 2004], Seite 25.

wenn die Beteiligten über einen Vorrat an Zeichen verfügen, der für die jeweiligen Kommunikationspartner dieselben „Dinge" symbolisiert.[434] Der Zusammenhang zwischen der Interpretation von Symbolen und den subjektiven Erfahrungen, welche die jeweilige Bedeutung dieser Symbole beeinflussen, lässt mögliche Ursachen etwaiger Verständigungsbarrieren erkennen und ermöglicht es, Missverständnisse zu erklären und zu reduzieren.[435]

7.4.2.4 Die Theorie des kommunikativen Handelns

Auch bei der Kommunikationstheorie von Jürgen Habermas steht die Verständigung zwischen den Beteiligten im Mittelpunkt der Überlegungen. Ziel dieser Verständigung ist bei diesem Ansatz „die Herbeiführung eines *Einverständnisses*, welches in der intersubjektiven Gemeinsamkeit des wechselseitigen Verstehens, des geteilten Wissens, des gegenseitigen Vertrauens und des miteinander Übereinstimmens terminiert."[436] Habermas geht davon aus, dass jede/r kommunikativ Handelnde implizit weiß, dass sie/er immer vier Geltungsansprüche erheben muss, um Verständigung zu erlangen: Verständlichkeit, Wahrheit, Wahrhaftigkeit und Richtigkeit.

Verständlichkeit ist als Basis der Verständigung zu betrachten. Die Beteiligten müssen zumindest den gewählten Ausdruck identisch verwenden, damit sie einander verstehen können.[437] Dieser Anspruch findet sich bereits in der Frage nach der Sprachfähigkeit, welche auf die grammatikalisch richtige Ausformulierung von Sätzen abstimmt.

Um tatsächlich Kommunikationsfähigkeit zu erlangen genügt dieser Anspruch allerdings nicht. Hier muss auch die pragmatische Ebene des Kommunikationsprozesses miteinbezogen werden. Die Aussage muss somit *wahr* sein, damit der Hörer das Wissen des Sprechers teilen kann. Darüber hinaus muss sie *wahrhaftig* sein, um das Vertrauen des Hörers zu erlangen. Hierbei ist es entscheidend, dass das Gesagte auch tatsächlich das Gemeinte wiedergibt. Um auch die Akzeptanz des Gegenübers zu erlangen, muss das Gesagte in Bezug auf bestehende Normen und Werte *richtig* sein, so dass der Hörer mit diesen Werten übereinstimmen kann.[438]

Vor allem die drei letztgenannten Ansprüche spiegeln drei unterschiedliche Wirklichkeitsdimensionen wider. Habermas spricht in diesem Zusammenhang in Anlehnung an Poppers

---

[434] Vgl. Burkart [Kommunikationswissenschaft 2002], Seite 56.
[435] Vgl. Burkart [Kommunikationswissenschaft 2002], Seite 434f.
[436] Habermas [Universalpragmatik 1982], Seite 176.
[437] Vgl. Habermas [Universalpragmatik 1982], Seite 177.
[438] Vgl. Habermas [Universalpragmatik 1982], Seite 176f. sowie Seite 208f.

Dreiweltentheorie[439] von der objektiven, der sozialen und der subjektiven Welt. Die objektive Welt steht somit für die Gesamtheit aller Objekte, über die eine wahre Aussage möglich ist (*Wahrheit*). Die soziale Welt repräsentiert die Gesamtheit aller interpersonalen Beziehungen sowie deren Normen (*Richtigkeit*), die subjektive Welt steht für die Erlebnisse und Erfahrungen des Sprechers (*Wahrhaftigkeit*).[440] Die Sprecher und Hörer selbst „sind es, die den Konsens suchen und an Wahrheit, Richtigkeit und Wahrhaftigkeit bemessen, also an fit und misfit zwischen der Sprechhandlung einerseits und den drei Welten, zu denen der Aktor mit seiner Äußerung Beziehungen aufnimmt, andererseits."[441] Der Verständigungsprozess verläuft hierbei dann ungestört, wenn die Wahrheit der thematisierten Objekte (objektive Welt), die Wahrhaftigkeit und somit Glaubwürdigkeit des Senders (subjektive Welt) und die (normative) Richtigkeit des Vorhabens (soziale Welt) nicht angezweifelt werden.[442]

7.4.3 Relevanz der beschriebenen Theorien

Obwohl die Erkenntnisse der hier beschriebenen Theorien nicht den höchsten Grad an Aktualität aufweisen und sich die Theorien zum Teil widersprechen wurden sie bewusst ausgewählt und aufgezeigt. Dies liegt einerseits daran, dass die hier beschriebenen Vorstellungen über den Kommunikationsprozess gängige Theorien und Modelle beinhalten, welche in der Literatur oft zitiert werden. Andererseits beinhaltet jeder beschriebene Ansatz Elemente, welche auf wichtige Aspekte der Kommunikation hinweisen (was höchstwahrscheinlich mit ein Grund ist, weshalb gerade diese Ansätze in vielen Werken beschrieben werden).

So greifen die informationstheoretischen Ansätze für das hier angewendete Verständnis von Kommunikation zu kurz, dennoch zeigen sie auf, wie hoch die Gefahr ist, dass die Verständigung im Kommunikationsprozess misslingt. Im Bereich dieser Fragestellung kann dies auf tatsächlich technische Störungen im Bereich der verwendeten Medien zurückzuführen sein, es kann aber auch auf Missinterpretationen der „gesendeten" Informationen hinweisen.

Bei den verhaltensorientierten Erklärungsansätzen geht das Verständnis über den einfachen Prozess der Informationsübermittlung hinaus. So machen Watzlawick et al. mit ihrem breit gefassten Verständnis von Kommunikation („Man kann nicht *nicht* kommunizieren") auf

---

[439] Popper unterscheidet in diesem Zusammenhang (1) die Welt der physikalischen Gegenstände, (2) die Welt der Bewusstseinszustände und (3) die Welt der „objektiven Gedankeninhalte", welche vor allem Wissenschaft und Kunst beinhaltet. Vgl. Popper [Erkenntnis 1973], Seite 123.
[440] Vgl. Habermas [kommunikatives Handeln 1981], Seite 149.
[441] Habermas [kommunikatives Handeln 1981], Seite 149.
[442] Vgl. Burkart [Kommunikationswissenschaft 2002], Seite 447.

einen sehr wichtigen Aspekt aufmerksam: auch nicht *bewusst* kommunizierte Inhalte, wie das Verhalten von Führungskräften, wird als Kommunikation und diesbezüglich als Information wahrgenommen. In der Praxis wird diese Art der Informationsübermittlung wahrscheinlich sogar ein höheres Gewicht bei der Meinungsbildung von MitarbeiterInnen einnehmen, als die offizielle formulierten und wohl bedacht verbreiteten Informationen. Auch das zweite Axiom („Jede Kommunikation hat einen Inhalts- und einen Beziehungsaspekt") wird von der Unternehmensleitung zu wenig beachtet. In der Praxis wird Kommunikation oft mit dem technischen Verständnis der bloßen Informationsübermittlung gleichgesetzt, was auf der psycho-sozialen Ebene der MitarbeiterInnen fatale Folgen haben kann. Schulz von Thun, der diese Aspekte noch weiter unterteilt, zeigt deutlich auf, wie facettenreich gerade der Beziehungsaspekt der Kommunikation ist.

Eine durchaus komplexere Vorstellung von Kommunikation und Verständigung findet sich bei den beiden zuletzt beschriebenen Theorien: dem Symbolischen Interaktionismus und der Theorie des kommunikativen Handelns. Beim Symbolischen Interaktionismus steht vor allem die Bedeutungsvermittlung zwischen den Beteiligten im Zentrum der Überlegung. Das Konzept zeigt auf, dass eine Verständigung unmöglich ist, wenn die verwendeten Symbole für die Beteiligten nicht dieselbe Bedeutung haben. Dies ist in der Praxis vor allem dann relevant, wenn verschiedene Personen in den Kommunikationsprozess miteinbezogen werden, so z.B. sehr unterschiedliche Abteilungen oder Hierarchieebenen. Um sich am Gegenüber orientieren zu können, ist es notwendig, zu wissen, wen man mit der Kommunikation erreichen möchte, um die Botschaft dementsprechend zu gestalten. Auf diese Weise kann Missverstehen vermieden oder zumindest verringert werden.

Die Bedeutung der Theorie des kommunikativen Handelns wurde bereits thematisiert. In diesem Ansatz kann Verständigung nur stattfinden, wenn die Botschaft des Senders glaubhaft und vertrauenswürdig erscheint und auch der Sender selbst von den Rezipienten akzeptiert wird. Beim Prozess der Kommunikation müssen demnach alle drei Welten (objektive Welt, subjektive Welt und soziale Welt) bedacht werden, um Verständigung erreichen zu können.

Kommunikation im Unternehmen unterscheidet sich grundsätzlich nicht von jener im privaten Lebensbereich, weshalb eine Betrachtung auch die hier beschriebenen grundsätzlichen Überlegungen miteinbeziehen muss. Darüber hinaus beeinflussen aber auch die Rahmenbedingungen, welche im Unternehmen bestehen, den Kommunikationsprozess. Für Überlegungen in diesem Bereich wird man daher immer sowohl die allgemeinen Erkenntnisse dieser Thematik als auch jene innerhalb des betrieblichen Kontexts betrachten müssen.[443]

---

[443] Vgl. Wahren [Kommunikation 1987], Seite 45 sowie Seite 63.

8 Besonderheiten bei der Kommunikation im Unternehmen

Als Unternehmenskommunikation können hier jene Kommunikationsprozesse bezeichnet werden, „mit denen ein Beitrag zur Aufgabendefinition und -erfüllung in gewinnorientierten Wirtschaftseinheiten geleistet wird und die insbesondere zur internen und externen Handlungskoordination sowie Interessenklärungen zwischen Unternehmen in ihren Bezugsgruppen (Stakeholder) beitragen."[444] Die Kommunikationsaufgabe von Unternehmen erstreckt sich bei dieser Auffassung auf sehr unterschiedliche Gebiete. So können verschiedene Aufgabenfelder (interne Kommunikation, Marktkommunikation, Public Relations), verschiedene Handlungsfelder (Finanzkommunikation, Mitarbeiterkommunikation), unterschiedliche Zielgrößen (Vertrauen, Reputation, Markenbildung) und eine Vielzahl an Vorgehensweisen (Pressearbeit, Werbung, Lobbyismus) unterschieden werden.[445] Im Hinblick auf die hier zu erörternde Fragestellung richtet der Fokus dieses Buches den Blick bewusst *in* das Unternehmen, in den Bereich der internen Kommunikation bzw. der Kommunikation mit den MitarbeiterInnen.[446]

Wie bereits dargelegt, soll Kommunikation als soziales Verhalten verstanden werden. Der Begriff des Verhaltens impliziert dabei, dass der Kommunikationsprozess erst durch die Handlungen der Beteiligten entsteht, da erst der Umgang mit Worten und Dingen diesen eine Bedeutung gibt. Das Handeln der Menschen kann dabei nicht frei von jeglichem Kontext geschehen. Es ist durch die Person selbst – ihre Fähigkeiten und ihren Erfahrungshintergrund – aber auch durch Regeln, welche sie leiten und ihr Verhalten strukturieren, bestimmt. Die strukturierende Instanz findet sich dabei in unterschiedlichen Institutionen wieder, wie z.B. dem Staat oder einer Gemeinde. Auch jedes Unternehmen ist eine Institution, welche durch Regeln festlegt, was man innerhalb der Institution tun kann, soll oder muss.[447] In der Terminologie von Habermas gesprochen bildet die Unternehmung somit den Rahmen für die soziale Welt, wodurch den Beteiligten Rollen zugewiesen werden und ihr Handeln reguliert wird. Die Kommunikation im Unternehmen wird – im Vergleich zu jener im privaten Bereich – durch eine Vielzahl von Faktoren beeinflusst, welche im Wirkungsbereich des Unternehmens verankert sind.

---

[444] Zerfaß [Unternehmenskommunikation 2007], Seite 23.
[445] Vgl. Zerfaß [Unternehmenskommunikation 2007], Seite 21.
[446] Für eine intensivere Auseinandersetzung mit den facettenreichen Aufgaben der Unternehmenskommunikation vgl. Schmid/Lyczek (Hrsg.) [Unternehmenskommunikation 2006] sowie Piwinger/Zerfaß (Hrsg.) [Unternehmenskommunikation 2007].
[447] Vgl. Schmid/Lyczek [Rolle der Kommunikation 2006], Seite 7ff.

Hierzu zählen vor allem die in Abschnitt 3.4 dargestellten Veränderungen der Organisationsstrukturen. Durch die oft internationale, dezentrale und modularisierte Struktur von Unternehmen wird eine Umstellung hinsichtlich Koordination und Führung notwendig. Nur durch umfangreiche Kommunikation und ausreichende Koordination der beteiligten Subsysteme und MitarbeiterInnen können Unternehmen wettbewerbsfähig bleiben.[448] Um die regelmäßige Kommunikation zwischen den einzelnen Stellen sicher zu stellen, wird in vielen Unternehmen mit Hilfe von Kommunikationsdiagrammen festgehalten, welche Stellen miteinander in Verbindung treten müssen. Im Unterschied zur Kommunikation im privaten Bereich können MitarbeiterInnen im Unternehmen ihre Kommunikationspartner nicht immer freiwillig aussuchen. Dies kann Kommunikation im Unternehmen durchaus problematisch machen.[449]

Ein wesentliches Merkmal der Kommunikation im Unternehmen ist dabei die komplementäre Beziehung der Beteiligten, also eine auf Ungleichheit basierende Kommunikation.[450] Vor allem die meist hierarchischen Strukturen in Unternehmen üben hierbei einen großen Einfluss aus. Zwar neigen Unternehmen dazu, die starken Hierarchien eher abzuflachen, dennoch verfügen unterschiedliche Personen in Unternehmen über einen verschiedenen Status und unterschiedliche hierarchische Stellungen, welche sich z.B. auf die Kommunikation in Besprechungen auswirkt. Zusätzlich zur Stellung ist vor allem auch die Frage nach Macht von wesentlicher Bedeutung. Hierbei sollte vor allem bedacht werden, dass die Mitglieder einer Organisation immer wieder auf Informationen von anderen Stellen angewiesen sind. Diese Stellen erhalten allein durch ihre Position im Kommunikationsnetz Macht über jene MitarbeiterInnen, welche diese Informationen benötigen.[451]

Die hier beschriebenen Auswirkungen auf die Kommunikation ergeben sich ausschließlich aufgrund formaler Gegebenheiten. Die Kommunikation in Unternehmen wird vielfach aber auch von nicht formal vorgegebenen Regelungen beeinflusst. Auf die Differenzierung von formaler und informaler Kommunikation und deren Auswirkung auf die Einführung von variablen Entgeltsystemen wird im Verlauf des Buches noch genauer eingegangen.

---

[448] Vgl. Oelert [Kommunikationsmanagement 2003], Seite 3ff.
[449] Vgl. Wahren [Kommunikation 1987], Seite 45 sowie Seite 64.
[450] Vgl. Abschnitt 7.4.2.1 das fünfte Axiom von Watzlawick et al.: *„Zwischenmenschliche Kommunikationsabläufe sind entweder symmetrisch oder komplementär, je nachdem, ob die Beziehung zwischen den Partnern auf Gleichheit oder Unterschiedlichkeit beruht."*
[451] Vgl. Wahren [Kommunikation 1987], Seite 45 sowie Seite 64f.

8.1 Arten von Kommunikation

Ein Unternehmen hat – bewusst oder unbewusst – unterschiedliche Möglichkeiten mit seinen MitarbeiterInnen zu kommunizieren. Die Art und Weise dieser Informationsübermittlung kann einen großen Einfluss auf den Ablauf des Kommunikationsprozesses und letzten Endes auch auf die Erreichung der angestrebten Ziele haben. Im Folgenden werden unterschiedliche Differenzierungen von Kommunikation dargestellt.

8.1.1 Verbale und nonverbale Kommunikation

Eine grundsätzliche Unterscheidung von Kommunikationsarten findet sich in der Differenzierung von verbaler und nonverbaler Kommunikation. Im Unternehmensalltag wird in der Regel vor allem der verbalen Kommunikation eine große Rolle zugewiesen, während die nonverbale kaum Beachtung findet. Allerdings ist auch die nonverbale Kommunikation von entscheidender Wichtigkeit, was sich schon in der Tatsache zeigt, dass jede sprachliche Kommunikation an nichtsprachliche gebunden ist.[452]

Allgemein kann die Sprache – gesprochen oder geschrieben – als das bedeutendste Mittel zur Verständigung der Menschen angesehen werden.[453] Als einer der wichtigsten Aspekte der Produktion und Rezeption der menschlichen Sprache kann sicherlich der Zeichencharakter gesehen werden.[454] Menschen verwenden Begriffe, um damit auf Gegenstände hinzuweisen. Diese Tatsache wurde in dieser Abhandlung bereits unter der Thematik der Symbole diskutiert. Ein Grundproblem in der menschlichen Sprache findet sich hierbei in der Tatsache, dass Menschen je nach Erfahrungshintergrund (Alter, Ausbildung, Geschlecht, politische oder religiöse Einstellung, etc.) unterschiedliche Annahmen mit den verwendeten Begriffen/Symbolen verbinden. Sprache geht aber über den Aspekt der Informationsübertragung hinaus. So hat Staehle bemerkt, dass „wir ... nicht nur [reden] um zu informieren (so viel Informationen gibt es überhaupt nicht), sondern auch um Schweigen zu verhindern und menschlichen Kontakt herzustellen bzw. aufrechtzuerhalten."[455]

Der Prozess der interpersonalen Kommunikation erfolgt gleichzeitig über unterschiedliche Kanäle. Daher kann das „Material" jeglicher Kommunikation keineswegs nur in den Worten und ihren Bedeutungen gesehen werden. Auch alle nicht-verbalen Begleiterscheinungen

---

[452] Vgl. Merten [Kommunikation 1977], Seite 133.
[453] Vgl. Kunczik/Zipfel [Publizistik 2005], Seite 30 sowie Frech [Kommunikation 1993], Seite 56, Mohr [Kommunikation 1997], Seite 150 und Wahren [Kommunikation 1987], Seite 24.
[454] Vgl. Mohr [Kommunikation 1997], Seite 150.
[455] Staehle [Management 1999], Seite 303.

leisten einen nicht zu unterschätzenden Beitrag zum Kommunikationsprozess.[456] Je nach Situationskontext kann hierbei bestimmten Kanälen besondere Bedeutung zugebilligt werden. So misst man bei der Frage nach dem Befinden einer Person üblicherweise dem Gesichtsausdruck mehr Bedeutung bei als dem verbalen Ausdruck.[457] In Anlehnung an Scherer können diese Kommunikationskanäle anhand der Sinne oder Rezeptororgane, mit welchen der Empfänger die Information aufnimmt, unterschieden werden:[458]

- Der auditive oder vokale Kanal beschreibt paralinguistische Kommunikation wie Rhythmus, Lautstärke, Satzmelodie sowie die Zahl und Länge der Pausen. In diesem Bereich geht es weniger um die Frage *was* ein Mensch sagt, sondern darum *wie* er es sagt.[459]
- Der *visuelle* Kanal bezieht sich auf jene kommunikativen Handlungen die der Empfänger sehen kann. Hierzu zählen Kommunikationsphänomene wie Gestik, Mimik, Blickverhalten, Körperhaltung, aber auch das Verhalten im Raum und die interpersonale Distanz.
- Darüber hinaus unterscheidet er eine Reihe von Kanälen welche durch Tast-, Geruchs-, Wärme- und Geschmacksrezeptoren bestimmt sind.

Der nonverbalen Kommunikation können im Wesentlichen zwei Funktionen zugeschrieben werden. So kann sie die verbale, sprachliche Kommunikation ersetzen und als ausschließliches Kommunikationsmittel dienen. Darüber hinaus kann sie diese aber auch ergänzen indem sie bewusst oder unbewusst während des Sprechaktes eingesetzt wird. Dies kann dazu führen, dass der Inhalt der verbalen Kommunikation unterstützt wird, es kann allerdings auch zur Folge haben, dass die verbalen Inhalte und die nonverbalen Signale nicht übereinstimmen, was eine Irreführung des Rezipienten zur Folge haben kann.[460]

In der Praxis findet die nonverbale Kommunikation oft noch zu wenig Beachtung. Dies kann vor allem bei Veränderungsvorhaben wie der Einführung eines neuen Entgeltsystems zu erheblichen Problemen führen, da letzten Endes die nonverbale Kommunikation die Interaktion stärker beeinflusst als die verbale. „Managers should be aware that most employees feel

---

[456] Vgl. Watzlawick et al. [Kommunikation 1974], Seite 23.
[457] Vgl. Kunczik/Zipfel [Publizistik 2005], Seite 37.
[458] Vgl. Scherer [non-verbale Kommunikation 1970], Seite 3f.
[459] Vgl. Malezkte [Interkulturelle Kommunikation 1996], Seite 78.
[460] Vgl. Frech [Kommunikation 1993], Seite 59.

frustration and distrust when receiving conflicting signals from their supervisors, and should try to modify their behavior by being more honest when communicating their emotions."[461]

8.1.2 Formelle und informelle Kommunikation

Für die Bewältigung von Problemen in Organisationen ist der Informationsaustausch innerhalb von Gruppen und auch zwischen den Abteilungen und Hierarchien ein notwendiger Schritt. Um diesen Austausch zu erlangen, sind zwei Formen von Kommunikation von Bedeutung: die formelle und die informelle Kommunikation. Während ältere betriebswirtschaftliche Ansätze informelle Kommunikation eher als Bedrohung für die formelle betriebliche Kommunikation betrachteten, gehen neuer Ansätze immer öfter davon aus, dass informelle Kommunikation gerade durch ihren spontane und dialogischen Charakter einen Beitrag zur Erreichung der Unternehmensziele leisten kann.[462]

Unter formeller Kommunikation können hierbei alle Kanäle subsumiert werden, welche dauerhaft und absichtlich eingerichtet sind.[463] Im Rahmen der Gestaltung der formellen Kommunikation müssen Entscheidungen bezüglich Art, Ausmaß und Richtung des Kommunikationsflusses und dem Grad des Einbezugs der MitarbeiterInnen getroffen werden. Auch die jeweiligen Kommunikationsinhalte, die Kommunikationstechniken und die verwendeten Kanäle müssen im Vorfeld abgeklärt und definiert werden.[464] Eine formal festgesetzte Struktur zur Förderung, Erleichterung und Bewältigung der Kommunikationsanforderungen und zur Koordination zwischen den organisatorischen Einheiten ist unumgänglich. In diesen Strukturen sind Art, Richtung und Anspruchsgruppen des Kommunikationsflusses festgelegt, weshalb sie einfach z.B. in Form eines Organigramms grafisch dargestellt werden können (vgl. Abbildung 18).[465]

---

[461] Graham et al. [Survey of Perceptions 1991], Seite 45.
[462] Vgl. Herbst [Wissensmanagement 2000], Seite 47, Frech [Kommunikation 1993], Seite 79 sowie Wahren [Kommunikation 1987], Seite 69.
[463] Vgl. Herbst [Wissensmanagement 2000], Seite 47.
[464] Vgl. Wiswede [Kommunikation 1981], Seite 226.
[465] Vgl. Frech [Kommunikation 1993], Seite 86ff.

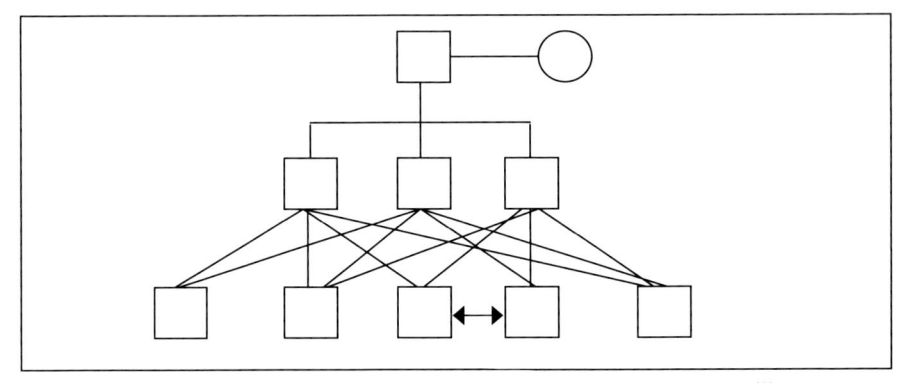

Abbildung 18: Beispiel grafischer Darstellung von Kommunikationsstrukturen[466]

Wie diese Abbildung verdeutlicht, wird die Organisation hierbei häufig in Form der klassischen Pyramide betrachtet. Kommunikationsprozesse zwischen MitarbeiterInnen von unterschiedlichen Hierarchiestufen werden in der betriebswirtschaftlichen Literatur als vertikale Kommunikation bezeichnet. Von oben nach unten (top-down) hilft sie dem Vorgesetzten Weisungen und Informationen an seine Untergebenen weiterzuleiten. Diese Art der Kommunikation gewährleistet die Kaskade im Unternehmen, welche eine durchgängige Kommunikation über alle Hierarchieebenen hinweg ermöglicht. Bei der Kommunikation von unten nach oben (bottom-up) wird der umgekehrte Weg gegangen. So sollen Wünsche und Erwartungen der MitarbeiterInnen, aber auch Ergebnisse aus den täglichen Aufgaben nach oben „transportiert" werden. In der Praxis fließen von unten nach oben meist nur jene Informationen, welche die Entscheidungsträger zur Entscheidungsfindung benötigen.[467]

Zusätzlich zur Kommunikation auf unterschiedlichen Hierarchieebenen spielt auch jene innerhalb von Abteilungen oder Gruppen, bzw. auf derselben Hierarchieebene eine große Rolle. Diese sogenannte horizontale Kommunikation ist meist schneller und unbürokratischer als die vertikale Kommunikation, da die Dienstwege nicht zwingend eingehalten werden müssen.[468]

Neben dieser formellen Kommunikationsstruktur entwickelt sich in Organisationen zwangsläufig auch immer eine Menge informeller Kommunikation, die zwar bestimmten sozialen Regeln unterliegt, aber nicht planbar, nicht kontrollierbar und meist auch nicht intendierbar ist. Häufig werden die Organisationen hierbei weniger als Pyramide, sondern eher als Netz-

---

[466] Quelle: Frech [Kommunikation 1993], Seite 87.
[467] Vgl. Frech [Kommunikation 1993], Seite 87.
[468] Vgl. Herbst [Wissensmanagement 2000], Seite 47f.

werk betrachtet. Normalerweise ergänzt die informelle Kommunikation die formelle und macht sie somit elastischer und flexibler. Ein scheinbarer Nachteil wird vom Top-Management vor allem darin gesehen, dass sich Stimmungen, Vorurteile und Vermutungen oft mit erstaunlicher Geschwindigkeit verbreiten. „Man spricht dann gerne von der >Buschtrommel< oder von der >Gerüchteküche<."[469] Gerüchte entstehen vor allem dann, wenn die offiziellen Kommunikationskanäle Fragen über das geplante Vorhaben offen lassen oder Ursachen über Entscheidungen, welche den MitarbeiterInnen als wichtig erscheinen, nicht ausreichend oder gar nicht dargelegt werden. Um der Gerüchteküche – und somit dem Aufkommen von Unsicherheiten und Ängsten – entgegenwirken zu können, empfiehlt es sich auf möglichst schnelle Kanäle (wie Internet oder Email) zurück zu greifen und eine dialogische, offene Kommunikationslinie zu verfolgen.[470] „Gerüchte, die ignoriert oder in ihrer Bedeutung verkannt werden, können eine gefährliche Eigendynamik entwickeln und das Management in die Defensive drängen. Das Gesetz des Handelns übernehmen dann andere Kräfte im Unternehmen."[471]

Um die interne Kommunikation im Unternehmen umfassend zu gestalten, empfehlen Doppler/Lauterburg drei wesentliche Grundsätze: (1) die informelle Kommunikation muss gezielt gefördert werden, (2) es ist dafür zu sorgen, dass die formelle und die informelle Kommunikation nicht im Widerspruch zueinander stehen und (3) die informelle Kommunikation sollte konsequent genutzt werden. Mit anderen Worten sollte man versuchen, die informelle Kommunikation im Sinne eines „formalizing the informal" in die Kommunikationskultur des Unternehmens einzubauen.[472] Um die funktionierende Kommunikation in verschiedene Richtungen zu unterstützen, finden sich in der Literatur unterschiedliche Instrumente, welche in Abschnitt 8.4.2 beschrieben werden.

Zusammenfassend kann darauf hingewiesen werden, dass auch die informelle Kommunikation eine entscheidende Determinante bei der Einführung eines variablen Entgeltsystems darstellt. Ihr zielgerichteter Einsatz kann einen großen Einfluss auf das Gelingen des Vorhabens ausüben und die Erreichung der Akzeptanz der MitarbeiterInnen unterstützen. Der Versuch gegen die informelle Kommunikation vorzugehen ist somit nicht empfehlenswert und darüber hinaus auch sinnlos. Durch die Schaffung von Begegnungsräumen einerseits und die Identifikation und das konsequente Einbeziehen von Personen, welche im informellen

---

[469] Doppler/Lauterburg [Change Management 1996], Seite 324.
[470] Vgl. Mast [Change Communication 2006], Seite 422f.
[471] Mast [Change Communication 2006], Seite 423.
[472] Vgl. Clarke [essence of change 1998], Seite 169f.

Unternehmensnetzwerk zentrale Rollen bekleiden andererseits, kann die informelle Kommunikation als hilfreiches Instrument zur Zielerreichung genutzt werden.[473]

8.1.3 Einweg- und Zweiwegkommunikation

Eine weitere Möglichkeit den Kommunikationsprozess zu systematisieren findet sich in der Frage nach der möglichen Interaktivität der Beteiligten. Das Spektrum reicht hierbei von der Einwegkommunikation, bei welcher der Rezipient keinerlei Möglichkeit hat auf die Inhalte zu reagieren, bis hin zum ausführlichen Dialog, bei welchem alle Beteiligten die gleichen Möglichkeiten haben ihre Meinung einzubringen.

Eine denkbare Gliederung findet sich bei den vier Modellen der Public Relations von Grunig und Hunt wieder. Die Autoren zeigen mit ihrer Übersicht unterschiedliche Arten, wie in Unternehmen kommuniziert werden kann. Public Relations wird in diesem Zusammenhang verstanden als „the management of communication between an organiszation and ist publics."[474] Da im Zuge dieses Buches die MitarbeiterInnen eines Unternehmens als Teilöffentlichkeit betrachtet werden, kann dieser Ansatz also auch zu einem besseren Verständnis im Bereich der internen Kommunikation beitragen.

Die in Abbildung 19 dargestellten vier Modelle – Publicity, Informationstätigkeit, asymmetrische Kommunikation und symmetrische Kommunikation – sind keine „Modelle" im streng wissenschaftlichen Sinn. Es handelt sich vielmehr um unterschiedliche Typen von Kommunikation. Dennoch entschieden sich die Autoren für den Term „Modelle", um zu unterstreichen, dass es sich hierbei um eine vereinfachte und abstrakte Darstellung handelt.[475]

---

[473] Vgl. Mohr [Kommunikation 1997], Seite 228f.
[474] Grunig/Hunt [Public Relations 1984], Seite 6.
[475] Vgl. Grunig/Hunt [Public Relations 1984], Seite 22,

	Model			
Characteristic	Press Agentry/ Publicity	Public Information	Two-Way Asymmetric	Two-Way Symmetric
Purpose	Propaganda	Disemination of information	Scientific persuasion	Mutual understanding
Nature of Communication	One-way, complete truth not essential	One-way, truth important	Tow-way, imbalanced effects	Two-way, balanced effects
Communication Model	Source → Recipient	Source → Recipient	Source → Recipient ←	Group → Group ←
Where Practiced today	Sports, theatre, product promotion	Government, nonprofit, associations, business	Competitive business; agencies	Reglutated business; agencies

Abbildung 19: Die vier Modelle der Public Relations[476]

Bei den Modellen der Publicity und der Informationstätigkeit handelt es sich um reine Einwegkommunikation, welche vom Unternehmen ausgeht. Sie dienen dazu, die Ideen des Unternehmens zu propagieren bzw. Mitteilungen zu verlautbaren. Während das Publicity-Modell auch oft durch unvollständige Informationen oder Halbwahrheiten ausschließlich der Propaganda dient, geht es beim Modell der Informationstätigkeit weniger um die Manipulation, als mehr um die Weitergabe von Informationen.[477] „Practitioners of these two models generally view communication as telling, not listening."[478]

Die beiden letzteren Modelle stehen für Zweiwegkommunikation. Dies bedeutet, dass Informationen in beide Richtungen fließen: zu den entsprechenden Teilöffentlichkeiten, aber auch wieder zurück. Obwohl beide Modelle auf eine Rückmeldung ausgerichtet sind, unterscheiden sie sich beträchtlich. Das asymmetrische Modell der Zweiwegkommunikation stellt die Interessen des Unternehmens in den Vordergrund. Unternehmen, die dieses Modell anwenden, sind nicht wirklich an der Meinung der Teilöffentlichkeit interessiert. Sie nutzen bloß die Kenntnisse aus der Soziologie und der Verhaltensforschung, um das Verhalten und die Einstellungen der (in diesem Fall) MitarbeiterInnen im Sinne der Organisation beeinflussen zu können. Im Gegensatz hierzu zielt die symmetrische Zweiwegkommunikation auf einen offenen Dialog ab. Ziel dieses Kommunikationsprozesses ist die wechselseitige Ver-

---

[476] Quelle: Grunig/Hunt [Public Relations 1984], Seite 22, (leicht modifiziert).
[477] Vgl. Grunig/Hunt [Public Relations 1984], Seite 21ff.
[478] Grunig/Hunt [Public Relations 1984], Seite 23.

ständigung der Beteiligten. Es geht nicht ausschließlich darum eine Verhaltensänderung bei den Teilöffentlichkeit zu erreichen, sondern man versucht mit Hilfe von Verhandlungs- und Konfliktlösungsstrategien ein gemeinsames Ergebnis zu finden.[479] „Ideally, both management and publics will change somewhat after a public relations effort."[480]

Ein derartig offenes Konfliktlösungsmodell findet sich im Modell der verständigungsorientierten Öffentlichkeitsarbeit von Burkart. Auch hier wird nicht die Durchsetzung der Unternehmensinteressen, sondern das erzielte Einverständnis der Betroffenen als Erfolg der Öffentlichkeitsarbeit gesehen. Aufbauend auf die Theorie des kommunikativen Handelns zeigt sich, dass auf unterschiedlichen Ebenen kommuniziert werden muss, um Verständigung zu erlangen. So müssen auf der Ebene der „objektiven Welt" (Wahrheit) die Sachverhalte klargestellt, auf der Ebene der „subjektiven Welt" (Wahrhaftigkeit) die Absichten und Ziele aufgezeigt und im Bereich der „sozialen Welt" (Richtigkeit) die geltenden Wert- und Normhaltungen dargelegt werden.[481] „Die Chance einer einvernehmlichen Konfliktlösung besteht nach diesem Konzept aber nur dann, wenn die Wahrheit der behaupteten Sachverhalte, die Wahrhaftigkeit der geäußerten Absichten und die Legitimität der gesamten Vorgehensweise offen zur Diskussion gestellt und von den Betroffenen nötigenfalls auch angezweifelt werden kann."[482]

Auch bei diesem Ansatz zeigt sich, dass es sinnvoll ist, ein Konzept in unterschiedliche Phasen zu unterteilen, welche sich in Inhalt und Maßnahmen unterscheiden. Bei der *Informationsphase* handelt es sich vor allem um die Bereitstellung zentraler Inhalten, welche die Beschaffenheit des geplanten Projekts und die Funktionen der Beteiligten sowie die Konsequenzen für die Betroffenen offen legt (objektive Welt). Darüber hinaus sollten Ansprechpartner benannt und Begegnungsräume geschaffen werden. Auch die Durchschaubarkeit der inneren Organisationsstruktur und die Erläuterung des Selbstverständnis spielen eine große Rolle (subjektive Welt). Zusätzlich müssen die Ziele und Interessen auf einen normativen Rahmen bezogen und gerechtfertigt werden. Hierbei stehen vor allem jene Gründe im Vordergrund, welche die Legitimität und die moralische Angemessenheit der Interessen verdeutlichen (soziale Welt). In der darauf folgenden *Diskussionsphase* geht es vor allem darum, Kontakte zwischen den einzelnen Gruppen herzustellen und sich über die Auswirkungen und Rechtfertigungen verstärkt auseinander zusetzten. Erst im Zuge dieser Interaktionen

---

[479] Vgl. Grunig/Hunt [Public Relations 1984], Seite 22f.
[480] Grunig/Hunt [Public Relations 1984], Seite 23.
[481] Vgl. Burkart [Öffentlichkeitsarbeit 1993], Seite 221f.
[482] Burkart [Öffentlichkeitsarbeit 1992], Seite 3.

kann es sich als notwendig erweisen, die *Phase des Diskurses* einzuleiten. In dieser Phase wird versucht, zwischen den unterschiedlichen Bereichen eine Einigung zu erzielen. Sie ermöglicht es, vorhandene Zweifel mit Hilfe von rationalen Argumenten zu beseitigen. In der abschließenden *Phase der Situationsanalyse* ist es die Aufgabe zu kontrollieren, ob das angestrebte Ziel der Verständigung erreicht wurde und das Vorhaben eine Chance zur Umsetzung hat. Ist dies nicht der Fall, müssen die Diskursmöglichkeiten weiterhin gewährleistet werden.[483]

Das Modell wurde im Zusammenhang mit der geplanten Einführung von Sonderabfalldeponien in zwei niederösterreichischen Gemeinden und den daraus resultierenden Protesten entworfen und hat sich im Zuge dieses Projektes bewährt. „Die Befunde untermauern den vielfach postulierten Zusammenhang zwischen Kommunikation und Demokratie: Funktionierende Kommunikation – im Sinne erfolgreich ablaufender Verständigungsprozesse – macht einvernehmliche Konfliktlösungen wahrscheinlicher."[484]

Sowohl Burkart als auch Grunig und Hunt machen jedoch darauf aufmerksam, dass dialogorientierte Kommunikation nicht in jeder Situation die notwendige Maßnahme darstellt. So ist z.B. innerhalb der Informationsphase der verständigungsorientierten Öffentlichkeitsarbeit durchaus der Einsatz von Einwegkommunikation sinnvoll, um die Informationen vorweg publik zu machen. „The contingency view represents the best way to answer which of the four models we have outlined is ‚right'. It all depends…."[485] Darüber hinaus ist die Kommunikationsform einer Organisation in der Regel nicht nur einem Modell zuzuordnen, da in der Praxis meist mehrere Modelle gleichzeitig angewendet werden.

8.2   Ziele von Kommunikation

Der intentionale Charakter von Kommunikation wurde bereits thematisiert. Kommunikation ist somit niemals zweckfrei, sondern folgt immer einem Ziel. Wie in Abbildung 20 dargestellt, könnte eine mögliche Differenzierung dieser Ziele die Unterteilung in das konstante bzw. allgemeine Ziel der Verständigung und spezielle Ziele, welche sich je nach Interessen und Situation unterscheiden können, sein. Die spezielle Intention gibt dabei immer Aufschluss darüber, *warum* ein kommunikatives Handeln überhaupt angestrebt wird.[486] „Indem ein Mensch nun mit seiner kommunikativen Handlung versucht, diesen (seinen) *Interessen zur*

---

[483] Vgl. Burkart [Öffentlichkeitsarbeit 1993], Seite 224ff.
[484] Burkart [Öffentlichkeitsarbeit 1992], Seite 4.
[485] Grunig/Hunt [Public Relations 1984], Seite 43.
[486] Vgl. Burkart [Kommunikationswissenschaft 2002], Seite 26f.

Realisierung zu verhelfen, verfolgt er das *variable Ziel* (Kommunikationsinteressen variieren naturgemäß personen- und situationsspezifisch) jeder kommunikativen Handlung."[487]

```
                        Intention              Ziel
                        allgemein:             konstant:
                        MIT-TEILUNG    →       VERSTÄNDIGUNG
    Kommunikatives
    Handeln
                        speziell:              variabel:
                        INTERESSE      →       INTERESSEN-
                                               REALISIERUNG
```

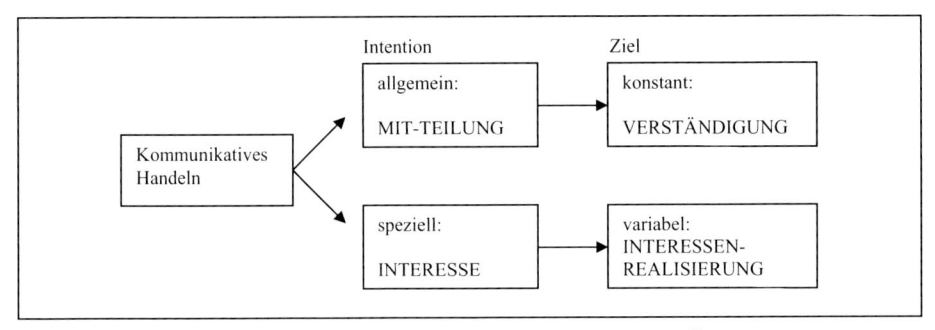

Abbildung 20: Die Intentionalität kommunikativen Handelns[488]

Das allgemeine Ziel der Verständigung vorausgesetzt, können die speziellen Interessen von Kommunikation noch weiter differenziert werden. So unterscheiden Beger et al. in Anlehnung an die bereits dargestellten Kommunikationsarten von Grunig und Hunt das Ziel der Manipulation sowie das Ziel der Akzeptanz und Zusammenarbeit. So zeichnen sich die einseitigen Modelle eher durch einen persuasiven Ansatz aus, während der symmetrische Ansatz auf Kooperation abzielt.[489] Persuasion soll hier verstanden werden als absichtlich beeinflussende, aber nicht manipulierende Kommunikation, da Manipulation das Ziel inne hat, den Empfänger zu täuschen oder zu benachteiligen. Persuasion findet sich sowohl in der Alltagskommunikation als auch im Bereich der Medien, und stellt in bestimmten Situationen auch für Unternehmen ein entscheidendes Erfolgskriterium dar.[490]

Im Sinne der kooperativen Kommunikation lassen sich die Ziele noch weiter systematisieren. So zählt Winterstein die Steigerung von Interessen und der Motivation, die Verbesserung von Integration und Identifikation, die Förderung des Betriebsklimas und der Unternehmenskultur sowie die Gestaltung der Außenwirkung zu jenen Zielen, welche durch eine arbeitnehmerorientierte Informationspolitik verfolgt werden.[491]

Auch der Zeitraum der Zielsetzung ermöglicht eine Unterteilung der Kommunikationsziele. So enthalten die strategischen Oberziele langfristige, konzeptionelle Entscheidungen und

---

[487] Burkart [Kommunikationswissenschaft 2002], Seite 27.
[488] Quelle: Burkart [Kommunikationswissenschaft 2002], Seite 27.
[489] Vgl. Beger et al. [Unternehmenskommunikation 1989], Seite 37f.
[490] Vgl. Würzberg [Beeinflussungskommunikation 1998], Seite 348f.
[491] Vgl. Winterstein [Personalmanagement 1997], Seite 518.

prägen somit das Bild des Unternehmens entscheidend. Die mittel- oder kurzfristigen Ziele werden von den strategischen Vorgaben abgeleitet und auf bestimmte Adressatengruppen angepasst. Insgesamt müssen die unterschiedlichen Zielhierarchien aufeinander abgestimmt und in die Unternehmensgrundsätze integrierbar sein.

Wie in Abbildung 21 ersichtlich, ist dabei zu beachten, dass sich Kenntnisse und Vorstellungen von neuen Sachverhalten relativ kurzfristig kommunizieren lassen, Ansichten und Einstellungen zu bekannten Sachverhalten allerdings nur schwierig zu beeinflussen sind. Kurz- und mittelfristige Kommunikation kann daher in erster Linie nur darauf abzielen, Wissensstände zu erhöhen oder zu ergänzen und Vorstellungen zu korrigieren.[492]

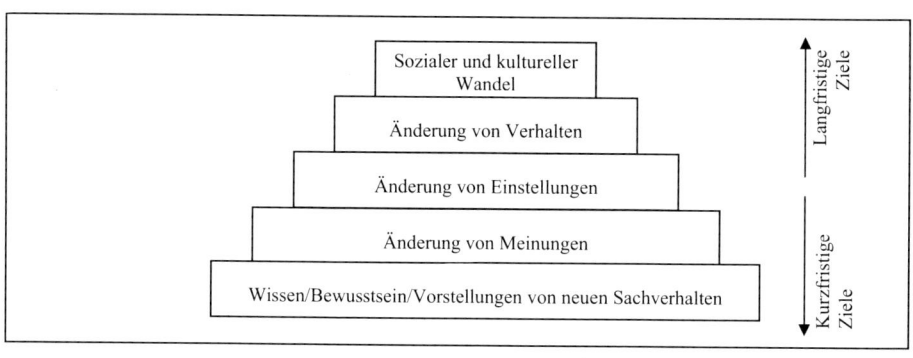

Abbildung 21: Hierarchie der Ziele[493]

Je nach Organisationsstrategie und Aufgabenhorizont lassen sich unterschiedliche Ziele systematisieren. Im Zusammenhang mit der Einführung eines neuen Entgeltsystems können folgende Kommunikationsziele genannt werden:

- Es muss *Klarheit* über das neue Entgeltsystem geschaffen und aufgezeigt werden, was mit den Neuerungen erreicht werden möchte. Hierzu zählen in erster Linie Informationen über den Aufbau und die Funktionsweise des Systems. Wie hängt das eigene Handeln mit den Erfolgsgrößen zusammen? Was wird mit den Veränderungen konkret bezweckt? Nicht der Wissensstand der Projektinitiatoren sollte hierbei im Vordergrund stehen, sondern die Frage, wie klar und einsichtig die Zielsetzung für die Betroffenen ist.

- Die MitarbeiterInnen müssen über den aktuellen Stand der Arbeit informiert werden. Sowohl die Aufklärung über den Implementierungsprozess als auch Informationen darüber, wie das Vorhaben entstanden ist und wer hinter der Umsetzung steckt sollten offen

---

[492] Vgl. Beger et al. [Unternehmenskommunikation 1989], Seite 66.
[493] Quelle: Beger et al. [Unternehmenskommunikation 1989], Seite 67, (leicht modifiziert).

gelegt werden. Die *Transparenz* des Prozesses führt zum Verstehen der MitarbeiterInnen und hilft dabei Akzeptanz und Vertrauen aufzubauen.

- Die *Glaubwürdigkeit* des Vorhabens und der Initianten spielt eine große Rolle bei der Einführung eines neuen Entgeltsystems und stellt daher ein zusätzliches Kommunikationsziel dar. Nur wenn MitarbeiterInnen die kommunizierten Ziele glauben und nicht von verdeckten eigennützigen Zielen ausgehen, werden sie von den Vorteilen des neuen Entgeltsystems zu überzeugen sein.

- Auch die *Effizienzverbesserung* kann zu den Zielen im Kommunikationsbereich zählen. Durch die Aufklärung der MitarbeiterInnen über die Wirkungsweise des Systems wird die Wahrscheinlichkeit erhöht, dass sich die MitarbeiterInnen eher an den neuen Verhaltensweisen orientieren werden. Durch die Summe der Maßnahmen ergibt sich schlussendlich das Ausmaß an Energie, mit welcher sich die Beteiligten an der Umsetzung des neuen Entgeltsystems beteiligen oder sich dagegen sperren werden.[494]

Erst wenn man merkt, dass die Betroffenen den Nutzen eines neuen Entgeltsystems erkennen und der Impuls zum kreativen Mitmachen vorhanden ist, macht es Sinn, den nächsten Schritt zu tun und das Vorhaben zu konkretisieren. Je nach Einstellung und Standort der Betroffenen kann dies mehr oder weniger Zeit und umfassende Maßnahmen benötigen, um die MitarbeiterInnen mit dem Thema vertraut zu machen.[495]

8.3 Barrieren der Kommunikation

In den bisherigen Ausführungen wurde davon ausgegangen, dass die primäre Intention jeder Kommunikation – die Verständigung – erreicht wird. Im Rahmen der Beschreibung des Funktionierens von Kommunikation wurde jedoch bereits angedeutet, dass eine Nachricht vom Empfänger durchaus anders interpretiert werden kann, als sie vom Sender gedacht war. „Wenn ein sogenannter erfolgreicher Kommunikationsvorgang in der korrekten Übermittlung von Information besteht und damit die beabsichtigte Wirkung auf den Empfänger hat, so ist Konfusion die Folge gescheiterter Kommunikation und hinterläßt [sic!] den Empfänger in einem Zustand der Ungewißheit [sic!] oder eines Mißverständnisses [sic!]."[496] Störungen der

---

[494] Vgl. Doppler/Lauterburg [Change Management 1996], Seite 90f., Mohr [Kommunikation 1997], Seite 125 sowie Oppeland [Implementierungstechniken 1989], Spalte 666.

[495] Vgl. Doppler/Lauterburg [Change Management 1996], Seite 91.

[496] Watzlawick [Wirklichkeit 1976], Seite 13.

Kommunikation können beim Menschen Verwirrung oder Angst auslösen und übertragen auf die Organisation zu Widerständen führen.

Nach Davis und Newstrom können drei Arten von Kommunikationsbarrieren unterschieden werden, welche eine Nachricht filtern, in ihrem Sinn verfälschen oder blockieren können (Vgl. Abbildung 22).

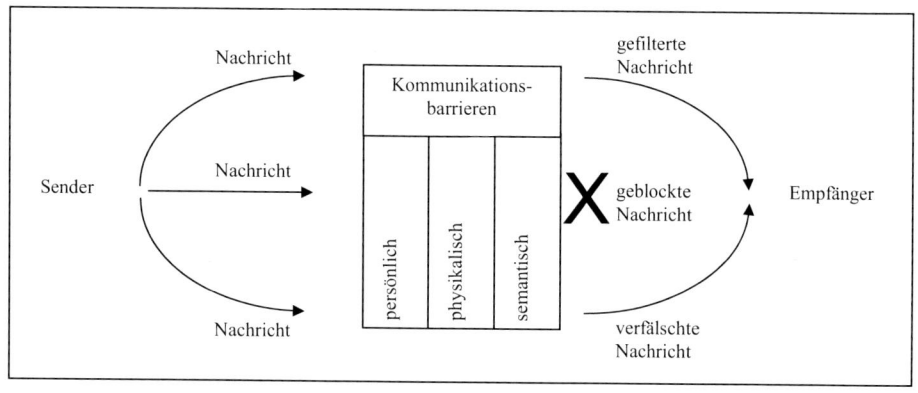

Abbildung 22: Barrieren der Kommunikation[497]

Physikalische Barrieren finden sich vor allem in der Umgebung, in welcher die Kommunikation stattfindet. Hierbei kann es sich um Lärm, räumliche Distanz oder bauliche Behinderungen handeln. Diese Art der Barrieren entspricht den berücksichtigten Störquellen im Kommunikationsmodell von Shannon und Weaver. Sie werden von den Beteiligten relativ schnell erkannt und können meist leicht eliminiert werden. Die *persönlichen Barrieren* werden von den Emotionen, den Wertvorstellungen und den Gewohnheiten des Empfängers beeinflusst. Sie verursachen eine „psychologische Distanz", wodurch die Kommunikation gefiltert oder verhindert werden kann und Missverständnisse entstehen können. „We see and hear, what we are emotionally ‚tuned' to see and hear."[498] *Semantische Barrieren* entstehen durch die Verwendung von Symbolen. Dass diese eine unterschiedliche Bedeutung für die einzelnen Menschen haben können wurde bereits dargestellt. Die Interpretation des Empfängers kann durch sein individuelles Hintergrundwissen anders geschehen, als dies vom Sender gedacht war.

---

[497] Quelle: in Anlehnung an Davis [behavior 1977], Seite 379.
[498] Davis [behavior 1977], Seite 379.

Auch Luthans et al. analysierten den Kommunikationsprozess und konnten dabei unterschiedliche Barrieren identifizieren. So führen sie die etwaige Störung des Informationsflusses auf Wahrnehmungs-, Verstehens-, Sprach-, und Statusbarrieren zurück.[499]

- *Wahrnehmungsbarrieren* beeinflussen den Kommunikationsprozess durch die subjektive Interpretation des Empfängers. Durch die unterschiedlichen Hintergründe einzelner Personen wird die Nachricht dem individuellen Bild der Wirklichkeit angepasst.
- *Verstehensbarrieren* treten dann auf, wenn der Sender die Nachricht nicht eindeutig formuliert hat und dem Empfänger dadurch ein übermäßiger Interpretationsspielraum bleibt. Die mehrdeutige oder unvollständige Information führt zu Schlussfolgerungen, welche nicht mit den Absichten des Senders übereinstimmen müssen.
- *Statusbarrieren* entstehen, wenn das Gewicht einer Mitteilung durch die Stellung des Senders determiniert wird. Die Glaubwürdigkeit beruht hierbei nicht auf dem Sachinhalt der Botschaft, wodurch diesem weniger Aufmerksamkeit geschenkt wird.
- Auch *Sprachbarrieren* können zu Missverstehen führen. Wenn Sender und Empfänger nicht die „gleiche Sprache" sprechen, kann das gemeinsame Verständnis gefährdet werden. Vor allem im Unternehmensbereich kann dies eine Rolle spielen, da unterschiedliche Abteilungen verschiedene Fachausdrücke und spezifische Bezeichnungen verwenden, welche für abteilungsexterne oder neue MitarbeiterInnen zu Problemen führen können.

Im Gegensatz zu diesen eher prozessorientierten Ansichtsweisen beschäftigt sich Schulz von Thun vor allem mit der Bedeutung der Nachricht selbst. Sein Modell, welches die vier Seiten einer Nachricht verdeutlicht[500], wurde im Zuge dieses Buches bereits erläutert und bietet auch einen Ansatz für das Verstehen von Kommunikationsstörungen. Für Schulz von Thun entstehen Kommunikationsprobleme vor allem durch den Decodierungsprozess des Empfängers, welcher auf allen vier Ebenen (Sachinhalt, Appell, Beziehung und Selbstoffenbarung) stattfinden muss. Das Ergebnis dieser Decodierung hängt aber von den Erwartungen, den Befürchtungen und den Vorerfahrungen des Rezipienten ab. Dies kann dazu führen, dass manche Mitteilungen verloren gehen und auf andere zu stark geachtet wird. Die decodierte Botschaft wird hierbei zum „eigenen Werk" des Empfängers. Etwaige Missverständnisse können nur mehr durch Metakommunikation – Kommunikation über den Prozess und die

---

[499] Vgl. Luthans et al. [real managers 1988], Seite 102ff., zitiert nach Hentze et al. [Personalführungslehre 1997], Seite 420.
[500] Vgl. Abschnitt 7.4.2.2.

Störungen selbst – aufgeklärt werden.[501] Überträgt man diese Überlegungen auf Unternehmen, lassen sich nach Wahren drei Ebenen unterscheiden, die man bei der Betrachtung von Kommunikation beachten muss:

Auf der ersten Ebene stehen der Prozess der Informationsübermittlung zwischen Sender und Empfänger und die einzelne übermittelte Nachricht im Mittelpunkt. Hierbei geht es um die Frage, wie der Sender die Nachricht so übermitteln kann, dass sie beim Rezipienten in seinem Sinn ankommt. Kommunikation wird hier zergliedert und materialistisch betrachtet.[502]

Die zweite Stufe bezieht die Wechselseitigkeit des Kommunikationsprozesses mit ein, was den interaktionalen Charakter der Kommunikation in den Vordergrund rückt. Im Gegensatz zur ersten Stufe, in welcher die psychologische Betrachtungsweise dominiert, finden hier soziologische Ansätze ihre Anwendung. In Anlehnung an die Theorie des kommunikativen Handelns von Habermas unterscheidet Wahren zwei Risiken, welche die Interaktion gefährden können. Hierzu gehören Verständigungsprobleme, welche in Folge von Kommunikationsproblemen der ersten Ebene auftreten können. Darüber hinaus kann auch das Misslingen des Handlungsplans, welcher durch das Zusammenspiel sehr unterschiedlicher Faktoren entsteht, Kommunikations- bzw. Interaktionsproblemen führen.[503] „Die Entstehung von Interaktionsproblemen ist also nicht nur vom Grad der Übereinstimmung in der Sache oder den ausgetauschten Informationen abhängig, sondern auch von einer Vielzahl anderer Faktoren, wie z.B. der momentan vorhandenen Stimmung, dem Engagement in einer Angelegenheit, der empfundenen Sympathie und Antipathie dem Kommunikationspartner gegenüber, der Betroffenheit in einer Sache: Kurz dem Commitment der Beteiligten."[504]

Die dritte Ebene betrachtet das gesamte Unternehmen als Kommunikationssystem. Das Unternehmen selbst mit seinen Abläufen und Normen bildet hierbei den Kontext für den Kommunikationsakt. Innerhalb dieses Kommunikationssystems kommunizieren die Mitglieder horizontal, vertikal und auch diagonal. Darüber hinaus ist das System nach außen offen und daher schwer abgrenzbar, da alle am Prozess Beteiligten auch mit anderen Kommunikationssystemen in Beziehung stehen. Hierzu können sowohl der private Bereich, aber auch andere Unternehmen oder Organisationen zählen.[505]

---

[501] Vgl. Schulz von Thun [Miteinander reden 1993], Seite 61f.
[502] Vgl. Wahren [Kommunikation 1987], Seite 45ff. sowie Seite 143.
[503] Vgl. Wahren [Kommunikation 1987], 165f.
[504] Wahren [Kommunikation 1987], Seite 167f.
[505] Vgl. Wahren [Kommunikation 1987], Seite 89.

Um die zwischenmenschliche Kommunikation zu verbessern, empfiehlt es sich also, an diesen drei Ebenen anzusetzen. Im Bereich des *Individuums* können Trainings und die Sensibilisierung für das Thema die Kommunikationskompetenz von Einzelnen verbessern. Es darf allerdings nicht übersehen werden, dass es nicht ausreicht, die Ursachen für gestörte Kommunikation bloß im Bereich des Individuums zu suchen. Im Bereich des *Miteinanders* wird deshalb der Blickwinkel erweitert. Ansatzpunkt ist nicht mehr der Einzelne, sondern auch sein Umfeld. So üben die im Unternehmen vorherrschenden Spielregeln, das Betriebsklima und der Führungsstil einen Einfluss auf die gesamte Kommunikationssituation aus. Im Bereich der *institutionellen bzw. gesellschaftlichen Bedingungen* werden die Rahmenbedingungen für die beiden anderen Ebenen vorgegeben. Ansatzpunkt sind hier die Zustände, unter denen die Individuen zusammenkommen und ihnen bestimmte Umgangsformen aufgezwungen, oder zumindest nahegelegt werden.[506]

8.4 Kommunikation bei der Einführung variabler Entgeltsysteme

Wie die bisherigen Ausführungen zeigen, müssen bei der erfolgreichen Einführung eines variablen Entgeltsystems unterschiedlichste Faktoren bedacht werden. Die Abstimmung der fixen und variablen Bestandteile, die Gestaltung des Systems, die Wahl der Bezugsgrößen und die Abwicklungs- und Auszahlungsmodi sind nur einige dieser Aspekte. Darüber hinaus steht und fällt „der Erfolg von Vergütungsprogrammen … mit zwei Dingen: Die betroffenen Mitarbeiter und Führungskräfte müssen zum einen verstehen, wie die Programme in der Praxis ‚funktionieren', und sollten zum anderen den Wert kennen, den sie ihnen bieten."[507] Um dies zu erreichen, ist es notwendig, die Einführung von Vergütungsprogrammen mit Kommunikationsmaßnahmen zu begleiten. Denn vor allem die MitarbeiterInnen sind es, die durch ihr Mitwirken einen entscheidenden Beitrag zum Erfolg des Systems leisten. Nur durch ihre Zustimmung, Akzeptanz und daraus folgend ihrem Engagement können die (Entgelt-) Weichen neu gestellt werden.

Wie in Abschnitt 2.3 aufgezeigt, lässt sich das Verhalten von Individuen an ihrem Arbeitsplatz unter anderem durch die Anreiz-Beitrags-Theorie erklären. MitarbeiterInnen nehmen Anreize aus ihrer Umwelt auf, um unterschiedliche Situationen beurteilen und entsprechend reagieren zu können. Bei der Einführung eines variablen Entgeltsystems gestaltet sich die Aufgabe des Unternehmens unter anderem darin, diese Anreize – in diesem Fall Informatio-

---

[506] Vgl. Wahren [Kommunikation 1987], Seite 197ff. und ähnlich auch Schulz von Thun [Miteinander reden 1993], Seite 19f.
[507] Towers Perrin [Vergütung 2006], Seite 21.

nen – für die MitarbeiterInnen zur Verfügung zu stellen, um eine Einschätzung der Situation und eine Prognose der Konsequenzen zu ermöglichen. Geschieht dies nicht, werden die MitarbeiterInnen die benötigten Informationen auf informellen Wegen beschaffen und fehlende Kommunikation durch vage Interpretationen oder Gerüchte kompensieren.

Die Bedeutung der Kommunikation spiegelt sich auch bei den formulierten Anforderungen[508] an ein Entgeltsystem wider. Vor allem die Anforderung der Transparenz macht ihre Rolle im Prozess deutlich, doch auch das Gefühl einer Lohngerechtigkeit, das Nachvollziehen von Leistungsorientierung oder die Gestaltung des Systems nach individuellen Präferenzen implizieren einen hohen Kommunikationsbedarf.

Die Art und Menge an Informationen, welche dabei in einer bestimmten Situation zur Verfügung stehen, haben einen wesentlichen Einfluss auf die Reaktion der Betroffenen. MitarbeiterInnen erhalten Informationen über Neuerungen oft zu spät, unvollständig oder unglaubwürdig, was vor allem zu einer Ablehnung des Systems und zu Widerständen führen kann. Doch auch frühzeitige Informationen bergen die Gefahr zu Verunsicherung und Fehlinterpretationen zu führen.[509] Ziel der Kommunikation ist es, mittels eines positiven Anreiz-Beitrags-Verhältnis die Akzeptanz der MitarbeiterInnen zu wecken, um die Umsetzung des neuen Systems starten und durchführen zu können.[510]

Kommunikation kann weder im Rahmen der Neuerung noch bezogen auf die Unternehmensstrategie in luftleerem Raum stattfinden. Daher muss sie bereits bei der Konzeptentwicklung des Entgeltprojekts miteinbezogen und integriert werden. Hierzu ist einerseits eine inhaltliche Abstimmung notwendig, um sicher zu stellen, dass aus den unterschiedlichen Kommunikationskanälen die gleichen Botschaften gesendet werden. Zur besseren und schnelleren Verankerung der Informationen empfiehlt es sich, immer die gleichen Symbole, Metaphern und Bilder zu verwenden, was durch die formale Abstimmung erreicht werden kann. Diese Abstimmung kann sich nicht nur auf einen Zeitpunkt beziehen, sondern muss über den gesamten Zeitraum hinweg beibehalten werden, um die Identität des Projekts zu wahren und in den Köpfen der MitarbeiterInnen zu verankern.[511]

---

[508] Individualisierung und Flexibilisierung, Transparenz, Leistungsorientierung, Lohngerechtigkeit und Wirtschaftlichkeit, vgl. Abschnitt 5.
[509] Vgl. Grewe [Implementierung 2003], Seite 179.
[510] Vgl. Brehm [Kommunikation 2002], Seite 265.
[511] Vgl. Brehm [Kommunikation 2002], Seite 272ff.

8.4.1 Kommunikation in den einzelnen Projektphasen

Wie in Abschnitt 6.3 beschrieben empfiehlt es sich, die Einführung eines neuen Entgeltsystems mit der Hilfe eines Projektmanagements durchzuführen. Es gilt hierbei, die Kommunikation unter anderem mit den Schlüsselpersonen, den Entscheidern, den Projektmitarbeitern und -auftragnehmern sowie dem Umfeld des Projekts und den betroffenen MitarbeiterInnen zu organisieren und zu pflegen.[512] Wie in Abbildung 23 dargestellt, unterscheiden sich die Kommunikationsschwerpunkte und Maßnahmen hierbei je nach Projektphase.

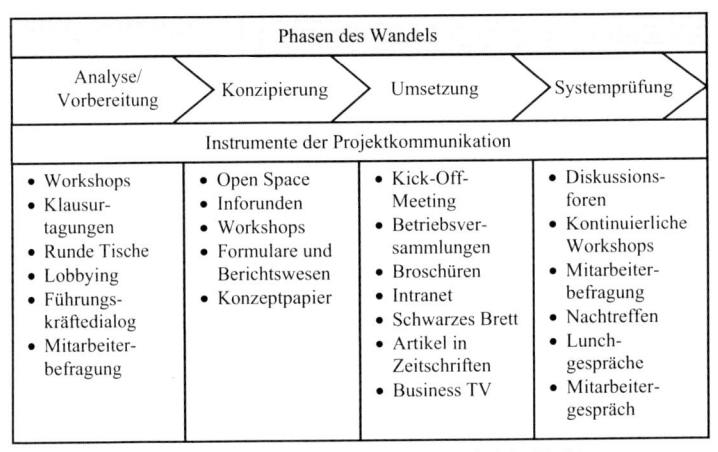

Phasen des Wandels			
Analyse/ Vorbereitung	Konzipierung	Umsetzung	Systemprüfung
Instrumente der Projektkommunikation			
• Workshops • Klausurtagungen • Runde Tische • Lobbying • Führungskräftedialog • Mitarbeiterbefragung	• Open Space • Inforunden • Workshops • Formulare und Berichtswesen • Konzeptpapier	• Kick-Off-Meeting • Betriebsversammlungen • Broschüren • Intranet • Schwarzes Brett • Artikel in Zeitschriften • Business TV	• Diskussionsforen • Kontinuierliche Workshops • Mitarbeiterbefragung • Nachtreffen • Lunchgespräche • Mitarbeitergespräch

Abbildung 23: Mögliche Kommunikationsinstrumente bei der Einführung variabler Entgeltsysteme[513]

Alle relevanten Kommunikationsaktivitäten, welche im Zuge eines Projektmanagements notwendig sind, detailliert zu beschreiben, würde den Rahmen dieses Buches sprengen. Dennoch werden die Besonderheiten und Anforderungen der einzelnen Phasen im Folgenden skizziert, um ein mögliches Vorgehen bei der Umsetzung aufzuzeigen.

8.4.1.1 Kommunikation in der Phase der Vorbereitung und Analyse

In der Phase der Initialisierung muss eine erste Kommunikation über den Bedarf eines neuen Entgeltsystems in Gang kommen. Dies geschieht durch Verantwortungsträger im Unternehmen, beispielsweise dem Vorstand. Wenn es Einigung darüber gibt, dass eine Neuerung durchgeführt werden sollte, muss entschieden werden, wie diese angegangen werden kann. Die erste Herausforderung ist hierbei, dass durch Kommunikation eine gemeinsame Vorstel-

---
[512] Vgl. Keßler/Winkelhofer [Projektmanagement 1997], Seite 142f.
[513] Quelle: in Anlehnung an Brehm [Kommunikation 2002], Seite 290.

lung über den Veränderungsbedarf erreicht werden muss. Nur dann können gezielt Personen ausgewählt und aktiviert werden, die mit der Umsetzung der Einführung betraut werden sollen. Dies geschieht in der Regel durch persönliche Kommunikation, z.B. als Vier-Augen-Gespräch.[514]

Zu diesem Zeitpunkt existiert noch kein umfassendes Kommunikationskonzept. Die Kommunikation wird durch die Frage nach einem neuen Entgeltsystem bestimmt. Um die offen diskutierten Punkte zu strukturieren dominiert eine informale Zweiweg- bzw. sogar Mehrwegkommunikation, doch auch das Nicht-Kommunizieren hat eine große Bedeutung. Unter der Annahme eines Top-Down-Vorgehens, welches bei der Einführung eines variablen Entgeltsystems zu unterstellen ist, kann man davon ausgehen, dass eine lange Vorbereitungsphase durch die Verantwortlichen später eine überzeugendere „Vermarktung" ermöglicht.[515]

Nach der Einführung des Projektteams kann durch einen regelmäßigen und organisierten Informationsaustausch zwischen dem Team und den Entscheidungsverantwortlichen sichergestellt werden, dass Kommunikation nicht auf informellen Wegen geschehen muss, aber auch erfolgen kann, ohne die hierarchischen Wege einhalten zu müssen. Die Fragen was, wann, durch wen, an wen und wie kommuniziert werden soll, müssen unbedingt geklärt werden, um ein einheitliches Auftreten zu ermöglichen.[516]

Im Zuge der Situationsanalyse, in welcher die betrieblichen Rahmenbedingungen, das bestehende Entgeltsystem und die betroffenen Arbeitssysteme analysiert und bewertet werden, sollte der Einsatz von Bottom-Up-Kommunikation forciert werden, um Daten aus möglichst allen Unternehmensbereichen zu erhalten. Eine Mitarbeiterbefragung könnte hier ein hilfreiches Instrumentarium sein, da sie ermöglicht, Informationen über die bestehende Situation einzuholen und so den Status quo eines Unternehmens zu ermitteln. Darüber hinaus erlauben solche Befragungen die MitarbeiterInnen und ihre Meinungen von Anfang an mit in den Prozess einzubeziehen. Durch ihren Einsatz wird den MitarbeiterInnen bereits vermittelt, dass ihre Ansichten gefragt und wichtig für das Unternehmen sind. Dies kann unmittelbar zu einer Verbesserung der Kommunikation und des Betriebsklimas führen.[517] „Außerdem sind Mitarbeiterbefragungen multifunktionale Instrumente: Neben der Diagnosefunktion eignen sie sich als Evaluierungsinstrument zur Erfolgskontrolle, als Instrument zur Ideensammlung und

---

[514] Vgl. Brehm [Kommunikation 2002], Seite 275.
[515] Vgl. Brehm [Kommunikation 2002], Seite 275.
[516] Vgl. Janes/Prammer [Gestaltung 1995], Seite 57.
[517] Vgl. Bungard [Mitarbeiterbefragungen 2004], Spalte 1205f. sowie Ahlemeyer/Grimm [Mitarbeiterbefragungen 1999], Seite 54.

zur Motivationsförderung."[518] Mit Hilfe der Mitarbeiterbefragung können somit nicht nur Oberflächendaten ermittelt, sondern auch Gründe, Meinungen und subjektive Sichtweisen erfasst werden, welche einen Einfluss auf die zukünftigen Entwicklungen haben. Darüber hinaus können durch den Einbezug der MitarbeiterInnen bestimmte Entscheidungen gegenüber der Arbeitnehmervertretung oder den Gesellschaftern legitimiert werden.[519]

Als geeignetes Instrument für den Übergang von der Vorbereitungs- und Analysephase in die Phase der Konzipierung kann beispielsweise eine Informationsveranstaltung für die Führungskräfte betrachtet werden. Bei diesen können die Mitglieder des Vorstandes oder die Verantwortungsträger des Projektes die gewonnenen Erkenntnisse und getroffenen Entscheidungen an die Vorgesetzten der betroffenen Unternehmensbereiche kommunizieren und sie somit frühzeitig in das Vorhaben einbeziehen. Durch die aktive Information des Managements kann die Identifikation der Führungskräfte mit den Entscheidungen erhöht und die Umsetzung abgesichert werden. Ob eine derartig offene Kommunikation zu einem so frühen Zeitpunkt sinnvoll ist, hängt dabei vor allem von der Kommunikationskultur im Unternehmen ab. Die Unternehmensleitung muss davon überzeugt sein, dass die offene Kommunikation die Umsetzung des neuen Entgeltsystems unterstützt.[520]

8.4.1.2 Kommunikation in der Phase der Konzipierung

Im Anschluss an die Analyse der Ausgangssituation folgt die Konzeptionierung des neuen Systems und des Implementierungsprozesses. In dieser Phase müssen auch Überlegungen bezüglich des Kommunikationskonzepts gestartet werden, welches als Teilprojekt der Konzipierung aufgefasst werden kann. Ein Schwerpunkt ergibt sich hierbei in der Festlegung der Kommunikationsmaßnahmen, welche in der Folge durchgeführt werden sollen. Dies beinhaltet einerseits die projektinterne Kommunikation, welche die Festlegung von Formularen, das Berichtswesen, Sitzungen, Informationswege etc. umfasst. In Projekten mit sehr hoher sozialer Komplexität – wie es Entgeltprojekte zweifelsohne sind – nimmt vor allem die Bedeutung der mündlichen Kommunikation zwischen den Beteiligten zu. Hier zählt es zu den zentralen Aufgaben des Projektleiters geeignete Kommunikationsstrukturen zu planen, die Projektmitglieder zu intensiver Kommunikation zu motivieren und den rechtzeitigen Erhalt

---

[518] Reiß [Instrumente 1997], Seite 98.
[519] Vgl. Reiß [Instrumente 1997], Seite 97f.
[520] Vgl. Meifert [Systematische Information 1999], Seite 516ff.

benötigter Informationen sicher zu stellen.[521] Die zentralen Elemente der internen Projektkommunikation werden in Abbildung 24 zusammengefasst.

Mündliche Kommunikation	Berichtswesen	Dokumentation
• Informelle Gespräche • Kick-off-Meetings • Projektstartsitzung • Projektplanungsworkshop • Koordinationssitzung • Projektabschlusssitzung	• Projektfortschrittsberichte • Projektsonderberichte • Protokolle • Projektabschlussberichte	• Projekthandbuch • Projektakte • Ablagesystem

Abbildung 24: Komponenten interner Projektkommunikation[522]

Andererseits muss auch die projektexterne Kommunikation, welche in dieser Phase noch sehr eingeschränkt stattfindet, bereits geplant werden. Ein besonderes Augenmerk liegt hierbei auf jenen Maßnahmen, die den ersten Eindruck bei den MitarbeiterInnen prägen, da dieser entscheidend dafür ist, wie weitere Botschaften selektiert und aufgenommen werden. Durch die beginnende Kommunikation mit den Betroffenen wird direkt die Wahrnehmung der Anreiz-Beitrags-Situation beeinflusst.[523]

Für die Kommunikationsaktivitäten im Rahmen der Einführung haben sich vor allem Informationen über die Gründe, die konkreten Inhalte des Vorhabens, die relevanten Folgen für die Betroffenen und zu einem späteren Zeitpunkt das Feedback über die Erfolge und gegebenenfalls auch Misserfolge als „Pflichtbestandteile" herausgebildet.[524] Die Akzeptanz der Neuerung hängt allerdings nicht nur von der Quantität und der Qualität der übermittelten Informationen ab. Wie bereits erwähnt, beeinflusst auch die situationsspezifische und individuelle Bewertung des wahrgenommenen Risikos die Einschätzung der MitarbeiterInnen. Es ist daher von Bedeutung von Anfang an auch jene Inhalte zu thematisieren, die auf die Reduzierung des subjektiven und objektiven Risikos abstimmen.[525]

Im Rahmen der Vorbereitungen innerhalb der Analysephase wurden, durch die Betrachtung der Situation und die Festlegung der Ziele und Zielgruppen, wichtige Bausteine für das Kommunikationskonzept gelegt. Durch die Formulierung einer Kommunikationsstrategie

---
[521] Vgl. Grewe [Implementierung 2003], Seite 127.
[522] Quelle: Grewe [Implementierung 2003], Seite 127, (leicht modifiziert).
[523] Vgl. Brehm [Kommunikation 2002], Seite 276f.
[524] Vgl. Reiß [Instrumente 1997], Seite 100.
[525] Vgl. Mohr [Kommunikation 1997], Seite 203f.

wird eine einheitliche Projektkommunikation sichergestellt und ein Bezugsrahmen für den Einsatz der Kommunikationsinstrumente geschaffen. Die so erhaltene Einheit der Projektkommunikation nimmt dabei eine Integrations-, Orientierungs- und Koordinationsfunktion ein, wodurch ein gemeinsames Ausrichten aller Kommunikationsaktivitäten ermöglicht wird. Das Vorgehen bei der Entwicklung des Kommunikationskonzepts wird dabei von den Zielen und den erwarteten Sollvorstellungen nach der Umsetzung des Entgeltsystems, den MitarbeiterInnen die angesprochen werden sollen und den Kommunikationsinstrumenten, welche der Umsetzung besonders dienen können, determiniert.[526]

Welche Kommunikationsinstrumente die Einführung des variablen Entgeltsystems ideal unterstützen können ist sehr stark von der jeweiligen Situation, dem konkreten Vorhaben und der Kommunikationskultur im Unternehmen abhängig. Es sollte aber auf jeden Fall darauf geachtet werden, nicht nur Maßnahmen der Einwegkommunikation zu setzen, sondern auch bewusst Möglichkeiten zu schaffen, ein Feedback von den Betroffenen erhalten zu können. Eine exemplarische Auswahl von möglichen Kommunikationsinstrumenten findet sich in Abschnitt 8.4.2.

8.4.1.3 Kommunikation in der Phase der Umsetzung

Bevor die Ergebnisse aus der Konzipierungsphase tatsächlich umgesetzt werden können, empfiehlt es sich, das Vorhaben rechtlich abzusichern. Dies geschieht – sofern für die betroffenen Bereiche ein Bedarf zur kollektivrechtlichen Regelung besteht – in Form einer Betriebsvereinbarung, welche zwischen der Unternehmensleitung und dem Betriebsrat abgeschlossen wird. Da der tatsächliche Abschluss bei einer meist längeren Projektdauer nicht sofort möglich ist, scheint es sinnvoll, die Inhalte zunächst noch nicht endgültig zu fixieren. Durch dieses Vorgehen wird die Unsicherheit einer nicht vollkommen überschaubaren Veränderung reduziert und trägt so dazu bei, dass die Beteiligten auch innovativen Lösungen eher zustimmen. Darüber hinaus bleibt das Projekt dadurch flexibler, um gegebenenfalls Korrekturen vornehmen zu können.[527] Bei der genaueren Ausformulierung der Vereinbarung ist allerdings darauf zu achten, möglichst spezifische und detaillierte Begrifflichkeiten zu verwenden, um ein eindeutiges Verständnis der Vereinbarung zu erlangen. Wenn jene MitarbeiterInnen, die mit der Umsetzung des neuen Systems und mit der Ermittlung der Bemessungsgrundlagen beauftragt sind, Zweifel am Vorgehen hegen, kann dies zu einem späteren Zeitpunkt kosten- und zeitintensive Folgen haben.

---

[526] Vgl. Bruhn [Kommunikationspolitik 1997], Seite 116.
[527] Vgl. Eckardstein [Modernisierung 1995], Seite 38.

Beim Übergang von der Phase der Konzipierung zur tatsächlichen Einführung des Entgeltsystems wechselt auch die Kommunikationsstrategie. Während in der vorangegangenen Phase eher die passive und informelle Kommunikation vorherrschte, werden nun aktive, offene und umfangreiche Kommunikationsaktivitäten eingesetzt. In dieser Phase gilt es nun mit einer Vielfalt an Informationen und durch die Nutzung unterschiedlicher Kommunikationskanäle Transparenz, Vertrauen und Überzeugung zur vollen Entfaltung zu bringen und die MitarbeiterInnen zu mobilisieren.[528] Vor allem vor, während und unmittelbar nach Veränderungen ist der Bedarf der MitarbeiterInnen an Informationen sehr hoch, weshalb die Maßnahmen durch möglichst viel Information begleitet werden sollten. „The system should be flouded with information – verbal, nonverbal, oral, written, formal, informal, up, down, and laterally – over and over again."[529] Denn solange die MitarbeiterInnen das Gefühl haben, dass die Neuerungen fair und professionell abgewickelt werden, sind sie eher bereit, die Folgen auch mitzutragen.[530]

In der Praxis kann allerdings vor allem in diesem Bereich ein enormer Nachholbedarf festgestellt werden. Die bereits zitierte Studie von Towers Perrin zeigt, dass im Jahr 2003 55 Prozent der befragten Unternehmen innerhalb der nächsten drei Jahre verstärkt auf die Kommunikation von vergütungsrelevanten Themen eingehen wollten. Die in Abbildung 25 dargestellten Schwerpunkte der geplanten Kommunikation machen deutlich, dass vor allem auch die Kommunikationsaktivitäten im Zuge der Implementierung neuer oder der Veränderung bereits vorhandener Systeme an Bedeutung gewinnen.[531] Zu einem ähnlichen Ergebnis kam eine Studie von Hewitt, welche einen Überblick der Praxis der Vergabe von Aktienoptionen in den USA gibt. Die Ergebnisse machen deutlich, dass zunehmend mehr Unternehmen in diesem Zusammenhang Wert auf Kommunikationsmaßnahmen legen. Diese sollen dabei helfen, die Funktionsweise der Optionen näher zu bringen und Verständnis für die Unternehmensziele zu fördern. Auch Prognosen bezüglich des Wertanstiegs und welchen Einfluss die MitarbeiterInnen auf die Unternehmensergebnisse haben, sollen an die Betroffenen kommuniziert werden.[532]

---

[528] Vgl. Brehm [Kommunikation 2002], Seite 281.
[529] Noer [Leadership 1996], Seite 129.
[530] Vgl. Noack [Integrationsmanagement 1999], Seite 28, der unterschiedliche Studien im Bereich von Fusionen aufzeigt und vergleicht. Allerdings lässt sich diese Erkenntnis auch auf die hier relevante Fragestellung übertragen.
[531] Vgl. Towers Perrin [Herausforderungen 2003], Seite 6 sowie Seite 13.
[532] Vgl. Hölscher/Sauerborn [Trends 2000], Seite 526.

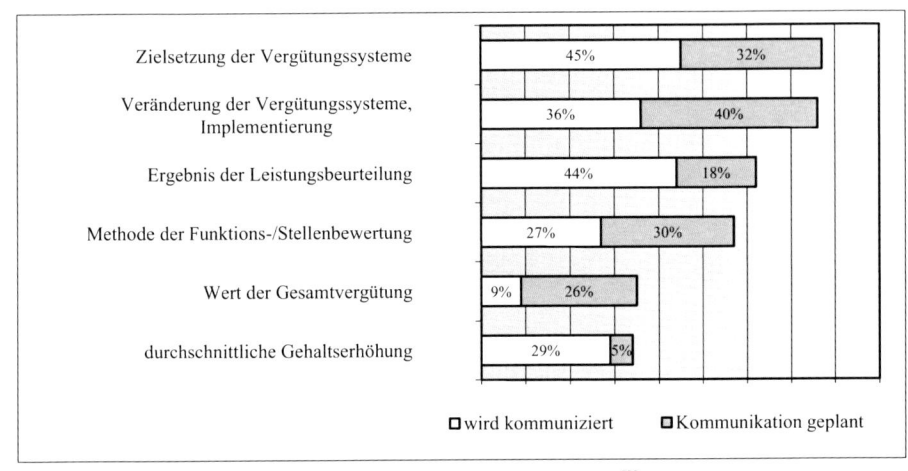

	wird kommuniziert	Kommunikation geplant
Zielsetzung der Vergütungssysteme	45%	32%
Veränderung der Vergütungssysteme, Implementierung	36%	40%
Ergebnis der Leistungsbeurteilung	44%	18%
Methode der Funktions-/Stellenbewertung	27%	30%
Wert der Gesamtvergütung	9%	26%
durchschnittliche Gehaltserhöhung	29%	5%

Abbildung 25: Kommunikationsschwerpunkte[533]

Neben der formellen Kommunikation gewinnt in der Umsetzungsphase auch die informelle Kommunikation wieder an Bedeutung. Durch die Nutzung der informellen Kommunikationskanäle können die Opponenten der Neuerung identifiziert und gezielt angesprochen werden, bevor die formellen Kommunikationsaktivitäten gesetzt werden. Zu den Hauptaufgaben der Kommunikation können in dieser Phase die Differenzierung und Abstimmung von Inhalten und Rezipienten und die Ermöglichung von Feedback durch die MitarbeiterInnen gelten. Auch Überlegungen bezüglich der Wirtschaftlichkeit der Kommunikation, welche bisher eine eher untergeordnete Rolle gespielt haben, sollten spätestens jetzt an Bedeutung gewinnen.[534]

8.4.1.4 Kommunikation in der Phase der Systemprüfung

Die Phase der Systemüberprüfung kann in drei Teilbereiche untergliedert werden: die Evaluierung des Entgeltprojekts, die Kontrolle des neuen Entgeltsystems und die Prüfung der Erfolge im Bereich der Kommunikationsmaßnahmen.

Für die Evaluierung des Projektes selbst empfiehlt sich die Verfassung eines Projektabschlussberichts. In diesem kann festgehalten werden, was im Projekt gut lief und welche Schritte Verbesserung bedürfen. Diese Aufgabe sollte relativ zeitnah zum Projektabschluss passieren, damit Schwierigkeiten und Hindernisse nicht in Vergessenheit geraten und in den Bericht mit aufgenommen werden können.

---

[533] Quelle: Towers Perrin [Herausforderungen 2003], Seite 13.
[534] Vgl. Brehm [Kommunikation 2002], Seite 283ff.

Darüber hinaus kann ein Abschlussbericht auch bei zukünftigen Projekten hilfreich sein. Hierbei kann es sich um ähnliche Projekte in anderen Unternehmensbereichen handeln, aber auch im eigenen Bereich kann auf die formulierten Erfahrungen zurückgegriffen werden. In vielen Unternehmungen erfolgt die Auszahlung der variablen Entgeltkomponente abgestimmt auf den Bemessungszeitraum jährlich. Zwischen den Auszahlungen sind die MitarbeiterInnen in der Regel mit anderen Aufgaben vertraut und befassen sich nur selten mit der Thematik. Durch diesen langen Zeitraum oder einen Wechsel im Personalbereich kann es zu Unsicherheiten in der Durchführung kommen. Um dennoch eine einheitliche und konstante Vorgehensweise bei der Abrechnung zu erlangen, kann das verschriftlichte Wissen vom Vorjahr sehr hilfreich sein.

Auch eine Kontrolle des neu eingeführten Entgeltsystems ist notwendig, um Aussagen über den Erfolg des Systems und seine Funktionsweisen machen zu können. „Die Erfolgswirksamkeit einer – in der Phase der Konzeptentwicklung – gewählten Anreizsystemalternative ist demzufolge nur dann endgültig zu verifizieren, wenn der tatsächliche ‚Systembetrieb' einer Evaluierung unterzogen wird."[535] Vor allem im Sinne der erwünschten motivationalen Wirkung des Entgeltsystems gilt es, die Umsetzung des Systems und seine Funktion kritisch zu hinterfragen. Die Mitarbeiterbefragung würde sich auch hier als geeignetes Evaluationsinstrument anbieten, wenn die Befragung z.B. in einem zeitlichen Abstand von etwa ein bis zwei Jahren wiederholt wird. Dies ermöglicht die Aussagen der Befragungen zu vergleichen und die Entwicklungen im Bereich des Entgeltsystems zu überprüfen. So ist es möglich die Situationsbeschreibung zu aktualisieren und wenn nötig zielgerichtet nachzusteuern.[536]

Als alternativer Lösungsweg und auch um schon nach relativ kurzer Zeit Rückmeldung zu erhalten, bieten sich darüber hinaus Feed-back-Gespräche mit Vorgesetzten oder Interviews und Diskussionsrunden mit MitarbeiterInnen an. Es sollte allerdings darauf geachtet werden, unterschiedliche Mitarbeitergruppen und Abteilungen in der Befragungsgröße zu integrieren, um den Status quo aus unterschiedlichen Blickwinkeln einer Bewertung unterziehen zu können.[537]

Auch der Nachweis der Kommunikationserfolge zählt zu einer zentralen Herausforderung der Evaluierungsphase. Angesichts knapper werdender Budgets wird es immer wichtiger, dem Top-Management den tatsächlichen Nutzen der Kommunikationsmaßnahmen bewusst zu

---

[535] Grewe [Implementierung 2003], Seite 115f.
[536] Vgl. Ahlemeyer/Grimm [Mitarbeiterbefragungen 1999], Seite 52.
[537] Vgl. Grewe [Implementierung 2003], Seite 115f.

machen und aufzuzeigen, dass sich Investitionen in die Kommunikation „lohnen".[538] In der Vergangenheit fand diese Kontrolle stark über die Einhaltung vorgegebener Budgets statt. Doch in den letzten Jahren wird immer öfter die Frage gestellt, welchen Beitrag die Kommunikation zur Wertsteigerung des Unternehmens leistet und wie dieser Beitrag gemessen und sichtbar gemacht werden kann.[539] Da Kommunikation ein vielschichtiger und komplexer Vorgang ist, der seine Wirkung auf mehreren Dimensionen entfaltet, muss auch sein Erfolg oder Misserfolg auf unterschiedlichen Ebenen betrachtet werden:

- So gibt der *Output* Auskunft darüber, ob die Zielgruppen eine Chance hatten die Informationen zu erreichen. Dies drückt sich vor allem in der Zugänglichkeit der Kommunikationskanäle für die Zielgruppen aus. Im Zuge der Einführung eines variablen Entgeltsystems könnte man hierbei – je nach eingesetzten Medien – die Teilnehmer an diversen Veranstaltungen und die Auflagenhöhe bzw. Reichweite der Mitarbeiterzeitung quantifizieren.

- Der Output sagt allerdings noch nichts über die Wirkung der Kommunikationsmaßnahmen bei den Empfängern aus. Hierüber gibt der *Outcome* Auskunft, welcher sich erst in einer zweiten Phase entscheidet. Nutzung, Wahrnehmung und Verstehen der relevanten Bezugsgruppen sind bei dieser Größe ausschlaggebend. Von gelungener Kommunikation im Rahmen dieser Fragestellung kann erst gesprochen werden, wenn über die Bedeutungsvermittlung hinaus auch das Wissen, die Meinungen, Einstellungen und Handlungsweisen der MitarbeiterInnen verändert werden.

- Für Unternehmen spielt auch die betriebswirtschaftliche Wirkung eine entscheidende Rolle, welche als *Outflow* bezeichnet werden kann. Dieser drückt den Beitrag der Kommunikationsmaßnahmen zur Wertschöpfung des Unternehmens aus. Im Fall der variablen Entlohnung stellt sich die Frage, ob das neue System tatsächlich eine Wirkung auf die Motivation der MitarbeiterInnen hat und somit auch der Unternehmenserfolg gesteigert werden kann.[540]

Während der Output relativ leicht über meist quantitative Analysen evaluiert werden kann, lassen sich vor allem der Outcome und der Outflow naturgemäß schwierig messen und erfassen. Merten zeigt in diesem Zusammenhang auf, dass Instrumente zur Evaluation von Kommunikation immer selbst Kommunikationsprozesse sein müssen, da latente Variablen

---

[538] Vgl. Mast [Werte schaffen 2005], Seite 27ff.
[539] Vgl. Pütz [Kommunikation 2005], Seite 85 sowie Mast [Werte schaffen 2005], Seite 27.
[540] Vgl. Zerfaß [Kommunikations-Controlling 2006], Seite 436f.

des Informiertseins, des Wissens und des Meinens nur durch Kommunikation erfasst werden können. Je nach Untersuchungsobjekt stehen hierbei die Beobachtung, die Befragung und die Inhaltsanalyse zur Verfügung.[541] Bei der Einführung eines variablen Entgeltsystems kann hierbei die vielleicht ohnehin durchgeführte Mitarbeiterbefragung dienen, aber auch Experteninterviews sowie Diskussionen und Workshops mit repräsentativen Mitarbeitergruppen können zur Beurteilung herangezogen werden.[542] Darüber hinaus können die Resonanz der MitarbeiterInnen bei Informationsveranstaltungen sowie eine Analyse der verwendeten Informationsmaterialien einen Aufschluss über den Erfolg der gewählten Instrumente geben.

Natürlich reicht es nicht aus, den geplanten Konzepten (im Bereich der Kommunikation, aber auch im gesamten Projektbereich) starr zu folgen und die einzigen Kontrollmaßnamen in summativer Form nach der Umsetzung durchzuführen. Schon während des gesamten Projekts müssen im Sinne einer formativen Kontrolle die Prozesse überprüft und die Meilensteine im Auge behalten werden. Durch diese rollende Planung wird es möglich, Änderungen einfließen zu lassen und Korrekturen rechtzeitig vornehmen zu können. Die Phase der Systemüberprüfung endet somit nicht mit einer einmaligen Kontrollaktion nach Abschluss des Implementierungsprojekts. „Ein derartiges System bedarf einer laufenden Überprüfung und Anpassung an neue Gegebenheiten und Umweltbedingungen. Es ist kein starres einmaliges Programm, sondern ein auf Dauer flexibel angelegtes und ‚quasilebendiges' System. Von daher erklärt sich auch die hohe Relevanz, die dieser letzten Phase beigemessen wird."[543] Daher ist es sinnvoll, eine laufende Evaluierung parallel zum Betrieb des Systems vorzunehmen.

8.4.2 Ausgewählte Instrumente der Projektkommunikation

Nach der Analyse der Ist-Situation, der Definition der Zielgruppen und Projektzielen und der Festlegung von Kommunikationsthemen und -inhalten kann mit der Auswahl und Ausgestaltung der externen Projektkommunikation begonnen werden. Dabei ist zu bedenken, welche Kommunikationsinstrumente bei welchen Zielgruppen und durch welche Inhalte zur Zielerreichung beitragen können. Vor allem auch das Zusammenspiel der unterschiedlichen Instrumente ist zu berücksichtigen, um eine optimale Ergänzung und somit eine erhöhte kumulative Wirkung zu erreichen.[544] So gewinnen z.B. schnelle Medien, wie das Intranet oder Emails an Bedeutung, da sie besser in der Lage sind, Gerüchten und Spekulationen zuvor zu

---

[541] Vgl. Merten [Kommunikationsanalyse 1998], Seite 309ff.
[542] Vgl. Pütz [Kommunikation 2005], Seite 85.
[543] Nagel/Schlegtendal [Entgeltsysteme 1998], Seite 188.
[544] Vgl. Einwiller et al. [Mitarbeiterkommunikation 2006], Seite 235.

kommen. Langsame Medien, wie die Mitarbeiterzeitung, sind hingegen besser dazu geeignet, Zusammenhänge aufzuzeigen und Probleme nachzuarbeiten.[545] Je besser die Instrumente ineinander greifen, desto optimaler kann die Information an die MitarbeiterInnen weitergegeben werden.[546]

Wie in Abschnitt 8.1 aufgezeigt kann Kommunikation auf unterschiedliche Arten differenziert werden. Ähnliche Ausprägungen finden sich auch bei der Systematisierung der Kommunikationsinstrumente wieder. Einen Überblick über mögliche Dimensionen gibt Abbildung 26.

Dimension	Ausprägung		
Ausmaß der Interaktivität	Einseitig	zweiseitig/dialogisch	
Formalisierungsgrad	Formell	informell	
Informationsfluss	Aufwärts	abwärts	horizontal
Zielgruppenspezifität	Individuum	Gruppe	unspezifiziert
Inhalt	Makrothemen-orientiert (z.B. rechtliche Fragen)	Mikrothemen-orientiert (z.B. Arbeitsplatzfragen)	
Form	Schriftlich/gedruckt	mündlich	elektronisch
Periodizität	Regelmäßig	unregelmäßig	einmalig

Abbildung 26: Systematisierung von Kommunikationsinstrumenten[547]

Die im Folgenden dargestellten Kommunikationsinstrumente, welche nach dem Ausmaß der Interaktivität der Beteiligten unterteilt werden, beschränken sich auf jene, die im Zusammenhang mit Veränderungsprozessen sehr häufig genannt werden. Eine eindeutige Zuordnung der Kommunikationsinstrumente ist nicht immer möglich, weshalb die Aufzählung im Sinn einer exemplarischen Beschreibung und nicht einer fixen Aufteilung zu betrachten ist. Darüber hinaus ist anzumerken, dass eine vollständige und allumfassende Beschreibung der Instrumente im Rahmen dieses Buches nicht möglich und auch nicht sinnführend ist.

---

[545] Vgl. Mast [Change Communication 2006], Seite 422.
[546] Vgl. Schwab/Zowislo [Kommunikationsmanagement 2002], Seite 41.
[547] Quelle: in Anlehnung an Bruhn [Kommunikationspolitik 1997], Seite 932 sowie Einwiller et al. [Mitarbeiterkommunikation 2006], Seite 235

8.4.2.1 Instrumente der Einwegkommunikation

Medien der Einwegkommunikation dienen in der Regel der Distribution von Informationen an einen möglichst großen Empfängerkreis. Charakterisierend für diese Instrumente ist vor allem, dass sie kein bzw. nur sehr limitiert Feedback ermöglichen.[548] Meier zeigt in seiner Untersuchung in internationalen Großunternehmen, dass bei der Mitarbeiterkommunikation vor allem Instrumente der Einwegkommunikation, welche zumeist auch Instrumente der Abwärtskommunikation darstellen, eingesetzt werden.[549] Und auch Hinweise bezüglich (neuer) Anreizsysteme werden von Unternehmen meist in Mitarbeiterzeitschriften und durch Aushänge – die klassischen Instrumente der Einwegkommunikation – publiziert.[550]

Druckwerke stellen einen sehr großen Teil der Einweginstrumentarien dar. *Mitarbeiterzeitungen* und *-zeitschriften*, die meist periodisch erscheinen, gehören zu den ältesten Medien in diesem Bereich. In vielen Unternehmen sind sie das einzige regelmäßig genutzte Kommunikationsinstrument. Moderne Firmenpublikationen dienen nicht mehr in erster Linie der Übermittlung von gefilterten Informationen, sondern sollen den MitarbeiterInnen betriebliche Zusammenhänge und Hintergründe vermitteln. „Glaubwürdigkeit stellt sich – wie grundsätzlich im Bereich des Journalismus – erst ein, wenn ein gewisses Maß an Objektivität deutlich wird, die internen Redakteure also nicht als bloßes Sprachrohr der Führungsriege missbraucht werden."[551] Die Glaubwürdigkeit ist vor allem dann gefährdet, wenn mit Übertreibungen und „Schönwetter-Berichten" gearbeitet wird. Die Artikel sollten daher nicht nur aus Erfolgsberichten, sondern auch aus Erfahrungsberichten über Einführungsschwierigkeiten bestehen.

Die abgedruckten Beiträge müssen darüber hinaus interessant gestaltet sein, um bei den MitarbeiterInnen ein Kommunikationsbedürfnis zu wecken.[552] Wie Abbildung 27 zeigt, spielt bei der Erreichung der MitarbeiterInnen, neben der inhaltlichen Aufbereitung der Beiträge, auch die grafische Darstellung der Botschaft eine Rolle.

---

[548] Vgl. Einwiller et al. [Mitarbeiterkommunikation 2006], Seite 236.
[549] Vgl. Meier [interne Kommunikation 2002], Seite 86.
[550] Vgl. Thom [Anreizaspekte 1991], Seite 611.
[551] Schwab/Zowislo [Kommunikationsmanagement 2002], Seite 53.
[552] Vgl. Beger et al. [Unternehmenskommunikation 1989], Seite 135 sowie Einwiller et al. [Mitarbeiterkommunikation 2006], Seite 235 und Bruhn [Kommunikationspolitik 1997], Seite 932.

> Das
> hier ist
> eine Setzspielerei
> in Form eines Dreiecks.
> Die Idee ist eigentlich nicht
> neu, aber es ist doch erstaunlich, dass
> obwohl der Text ziemlich nichtssagend und ohne
> jeden Humor ist, fast alle, die ihn nun einmal zu lesen
> angefangen haben, nicht aufhören können, bis zu diesem Punkt.

Abbildung 27: Gestaltung der Botschaft[553]

Da alle MitarbeiterInnen Zugang zu denselben Inhalten haben, können gute Berichte durchaus zur anschließenden Diskussion im Unternehmen anregen.[554] Auch andere Druckwerke wie Broschüren, Handbücher und Guidelines können dabei helfen, die MitarbeiterInnen zu erreichen und neue Regelungen umzusetzen. Vor allem speziell für das neue Entgeltsystem entwickelte Instrumente verfügen über höhere Glaubwürdigkeit und sind Ausdruck für das unternehmerische Engagement. Beispielsweise gesonderte Broschüren, welche idealerweise den Grund, die Inhalte und die Wirkungsweisen des neuen Systems darlegen und auf weitere Informationsmöglichkeiten hinweisen.[555] Diese scheinen vor allem bei Implementierungsvorgängen sehr sinnvoll, da die Betroffenen durch das zusätzliche Medium verstärkt darauf aufmerksam gemacht werden, dass es „etwas Neues" im Unternehmen gibt.[556]

Auch *Aushänge* und *Rundschreiben* zählen zum klassischen Repertoire der Einwegkommunikation. Die Inhalte sind in der Regel nicht auf spezielle Mitarbeitergruppen abgestimmt und es besteht auch hier eine Distanz zwischen Sender und Empfänger. Rückmeldungen durch die MitarbeiterInnen sind meist unerwünscht und werden weitgehend vermieden.[557] Seit der Verbreitung des Intranets haben sich die Bedeutung und die Anwendung dieser Instrumentarien allerdings verändert. So greifen viele Unternehmen gerne auch zur „Online-Version" des schwarzen Brettes, wodurch eine Rückmeldung auf die Inhalte leicht möglich wird. Und auch Rundschreiben, die inzwischen per Email versendet werden, ermöglichen eine zielgruppengenaue Ansprache und den Erhalt von Feedback.[558] Sowohl für die „Offline-" als

---

[553] Quelle: Kaldasch/Müller [Die Medien 2004], o.S.
[554] Vgl. Reiß [Instrumente 1997], Seite 101 sowie Einwiller et al. [Mitarbeiterkommunikation 2006], Seite 235.
[555] Vgl. Grewe [Implementierung 2003], Seite 130.
[556] Vgl. Grimmeisen [Implementierungscontrolling 1998], Seite 132.
[557] Vgl. Bruhn [Kommunikationspolitik 1997], Seite 932.
[558] Vgl. Schwab/Zowislo [Kommunikationsmanagement 2002], Seite 53.

auch für die „Online-Variante" gilt jedoch der Anspruch, dass die Inhalte stets aktuell und sorgfältig gepflegt sein müssen, da die MitarbeiterInnen diesen Kanal nur dann regelmäßig nutzen werden, wenn echte Neuigkeiten gewonnen werden können.[559]

Eine neuere Variante der Einwegkommunikation findet sich im *Business-TV* bzw. dem *Business-Radio*. Vor allem beim Business-TV bietet sich der Vorteil, dass attraktiv aufbereitete Inhalte an einen relativ großen Adressatenkreis vermittelt werden können.[560] Und auch beim Business-Radio, welches die günstigere Alternative der beiden Varianten darstellt, können den MitarbeiterInnen relevante Inhalte übermittelt werden. Durch den technischen Fortschritt und die steigenden Übertragungsleistung werden künftig immer mehr Unternehmen Business-TV und Business-Radio kostengünstig über Intranet anbieten können.[561]

8.4.2.2 Instrumente der Zweiwegkommunikation

Eine Limitierung der Maßnahmen auf den Bereich der Einwegkommunikation und die bloße Vermittlung von technischen Details ist beim Prozess der Einführung eines neuen Entgeltsystems allerdings als nicht ausreichend zu betrachten.[562] „Während die Instrumente der Einweg-Kommunikation geeignet sind, generell ein positives Klima für die Veränderung und somit eine Art kollektive Basis für die individuelle Akzeptanz zu schaffen, bedarf es immer auch der Zweiwegkommunikation, um die Akzeptanz des Einzelnen tatsächlich zu erreichen, indem speziell seine Ängste oder Unsicherheiten aufgegriffen und dann abgebaut werden können."[563]

Betriebsversammlungen und *Firmenevents* bieten den Vorteil, dass sich Sender und Empfänger direkt – ohne zwischengeschaltetes Medium – verständigen können. Auf diese Art wird die gesamte Person des Senders wahrgenommen und nicht nur seine verschriftlichte Botschaft. Wie schon in Abschnitt 8.1.1 beschrieben, findet sich vor allem in der nonverbalen Kommunikation ein sehr überzeugendes und emotional durchgreifendes Instrument. Allerdings birgt diese Art der Kommunikation auch Gefahren, da unsicheres Auftreten, unklare oder widersprüchliche Gestik und zögernde Antworten schnell zu gravierenden Rückschlüs-

---

[559] Vgl. Einwiller et al. [Mitarbeiterkommunikation 2006], Seite 235 sowie Schwab/Zowislo [Kommunikationsmanagement 2002], Seite 71.
[560] Für ausführlichere Informationen zu diesem Thema vgl. Bullinger/Broßmann [Hrsg.] (Business Television 1997).
[561] Vgl. Schick [Unternehmenskommunikation 2002], Seite 126.
[562] Vgl. Grewe [Implementierung 2003], Seite 179.
[563] Grimmeisen [Implementierungscontrolling 1998], Seite 134.

sen führen können.[564] Dennoch können Betriebsversammlungen zu bestimmten Themenbereichen (beispielsweise der Einführung eines neuen Entgeltsystems) das Zusammengehörigkeitsgefühl der Beteiligten und die Identifikation mit dem Vorhaben stärken. Um die Wirkung der Veranstaltung zu erhöhen, können symbolische Veranschaulichungen und Materialen verteilt werden, welche die Information vertiefen und zu anschließenden Gesprächen anregen.[565] Darüber hinaus hinterlassen derartige Veranstaltungen bei den MitarbeiterInnen oft einen nachhaltigeren Eindruck als offizielle Gelegenheiten. Vor allem die sogenannte *Kick-Off-Veranstaltung* zu Beginn des Projekts kann dazu dienen, die Ziele zu vermitteln, die Bedeutung des Projekts hervorzuheben und einen symbolischen „Startschuss" zu setzen.

Auch im *Mitarbeitergespräch* findet sich ein Instrument, welches Kommunikation in unterschiedliche Richtungen unterstützt. Es wird in der Praxis für sehr viele verschiedene Anlässe wie z.B. Personaleinstellung, Entlassung, Entwicklung oder Beurteilung angewendet.[566] Auch im Bereich des neuen Entgeltsystems kann es die aktive Kommunikation unterstützen. Zwar wird es für die Verteilung von Informationen nur eine untergeordnete Rolle spielen, da ein größerer Personenkreis nur durch einen dementsprechenden Aufwand erreicht werden kann. Aber für Gespräche bei der Bildung des Projektteams, die direkte Ansprache von Promotoren oder Opponenten und die Vereinbarungen von Zielen ist dieses Instrument sicher sehr hilfreich.

Die *Mitarbeiterbefragung* als Instrument der Implementierung wurde bereits benannt. Sie ist bewusst im Bereich der Zweiwegkommunikation eingeordnet, da die direkte und zeitnahe Rückmeldung der Ergebnisse an die Befragten eine wichtige Maßnahme zur Vertrauensförderung und Motivationssteigerung darstellt. Die Form und der Inhalt der Befragung müssen grundsätzlich am Ziel und der Operationalisierung des Systems ausgerichtet werden. In der Praxis hat sich allerdings die schriftliche, standardisierte und in der Regel anonyme Befragung durchgesetzt, die inzwischen auch immer öfter über kostengünstige Online-Plattformen durchgeführt wird. Darüber hinaus wäre aber auch eine mündliche oder telefonische Abwicklung denkbar. Um eine möglichst große Teilnahmebereitschaft zu erreichen, empfiehlt es sich, den Betriebsrat zu beteiligen und die MitarbeiterInnen frühzeitig zu informieren. Von Bedeutung für die partizipative Wirkung der Mitarbeiterbefragung ist vor allem die Einstellung des Managements. Wenn dieses nicht für negatives Feedback offen und zu gegebenenfalls

---

[564] Vgl. Schwab/Zowislo [Kommunikationsmanagement 2002], Seite 42.
[565] Vgl. Einwiller et al. [Mitarbeiterkommunikation 2006], Seite 237.
[566] Einwiller et al. [Mitarbeiterkommunikation 2006], Seite 237f.

notwendigen Änderungen bereit ist, kann dies zu Frustration, Demotivation und Resignation bei den MitarbeiterInnen führen.[567]

Eine weitere Möglichkeit den MitarbeiterInnen die Neuerungen näher zu bringen findet sich im *Kaskadenprinzip*. Hierbei wird wenigen MitarbeiterInnen durch einen *Workshop* das neue Entgeltsystem vermittelt. In einem nächsten Schritt werden diese TeilnehmerInnen die ModeratorInnen für weitere MitarbeiterInnen. Diese Vorgehensweise kann solange wiederholt werden, bis alle MitarbeiterInnen an einem Workshop teilgenommen haben und somit über das neue System informiert wurden. Grewe macht allerdings darauf aufmerksam, dass vor allem im Bereich eines Entgeltprojekts dieses Vorgehen nicht unproblematisch ist. Er sieht insbesondere darin eine Gefahr, dass betroffene MitarbeiterInnen zu ModeratorInnen werden. Dies kann dazu führen, dass sie in den vorangegangenen Workshops Gerüchte und Fehlinterpretationen unkritisch übernehmen und unreflektiert an andere MitarbeiterInnen weitergeben.[568]

Doch oft beginnen Maßnahmen zur offenen und dialogischen Zweiwegkommunikation bereits bei viel weniger aufwendigen und kostengünstigeren Dingen. So bieten vor allem der Einsatz von Internet und Intranet neue und schnelle Möglichkeiten Informationen auszutauschen und die MitarbeiterInnen besser in den Kommunikationsfluss einzubinden. Es gilt allerdings auch zu bedenken, dass vor allem in Produktionsunternehmen MitarbeiterInnen nicht immer einen leichten Zugang zu Online-Informationen haben oder den Umgang mit neuen Medien scheuen. Darüber hinaus fehlen den Online-Medien jene bereits angesprochenen wichtigen emotionalen Elemente, welche sich vor allem im Bereich der nonverbalen Kommunikation ergeben. Es kann daher nicht ausreichen, den Kommunikationsfluss ausschließlich mit digitalen Kanälen zu gestalten. Diese sollen die bisher genannten Maßnahmen ergänzen und unterstützen. Mit Hilfe von *„offenen Türen"* finden sich gute Möglichkeiten auf interpersonaler Ebene ein Interesse an den Rückmeldungen der MitarbeiterInnen zu signalisieren und somit einen freien Gedankenaustausch zu erreichen. Und auch beim „Management-by-Wandering-around", bei welchem Manager durch die Büros gehen oder in der Kantine gemeinsam mit den MitarbeiterInnen zu Mittag essen, kann der direkte Kontakt und das persönliche Gespräch gefunden werden.[569] Auf diese Weise kann die Entfernung von Spitze und Basis überbrückt werden, um so die Gefühle und Gedanken der MitarbeiterInnen zu

---

[567] Vgl. Bruhn [Kommunikationspolitik 1997], Seite 934 sowie Grewe [Implementierung 2003], Seite 93f.
[568] Vgl. Grewe [Implementierung 2003], Seite 130f.
[569] Vgl. Einwiller et al. [Mitarbeiterkommunikation 2006], Seite 243.

erfahren. Auch informelle Gesprächsrunden oder Telefongespräche bieten Gelegenheit, die MitarbeiterInnen zum Meinungsaustausch zu ermutigen und Anregungen zu erhalten. Auf diese Weise kann ein Einblick in die „Unterwelt" des Unternehmens gewonnen werden, ohne dabei kontrollierend zu wirken.

Insgesamt geht es darum, durch Begegnungsräume im Arbeitsumfeld die Möglichkeit zum informellen (Informations-)Austausch zu schaffen und so spontane Kontakte und lebendige Kommunikation auch zwischen den Hierarchien zu ermöglichen.[570] Durch die Kontaktaufnahme und die direkte Anteilnahme an der Person einzelner MitarbeiterInnen kann Vertrauen und Kooperation gefördert werden.[571]

Die Gestaltung der Kommunikationsmaßnahmen benötigt eine integrierte Sichtweise, die sowohl die Ziele und Konzepte des Gesamtprojekts aber auch die verschiedenen Instrumente zur Projektkommunikation mit einbezieht. Hierbei ist vor allem darauf zu achten die Instrumente so zu koordinieren und aufeinander abzustimmen, dass sie sich gegenseitig unterstützen und verstärken.[572] Da die Kommunikationsmaßnahmen einen wesentlichen Erfolgsfaktor bei der Einführung eines neuen Entgeltsystems darstellen, sind die einzelnen Instrumente bezüglich ihrer Vorteilhaftigkeit zu prüfen, da – wie in Abbildung 28 dargestellt – auch der Einsatz von Kommunikationsinstrumenten dem Spannungsfeld zwischen Effektivität und Effizienz ausgesetzt ist.

---

[570] Vgl. Doppler/Lauterburg [Change Management 1996], Seite 326ff.
[571] Vgl. Einwiller et al. [Mitarbeiterkommunikation 2006], Seite 237f.
[572] Vgl. Einwiller et al. [Mitarbeiterkommunikation 2006], Seite 244f.

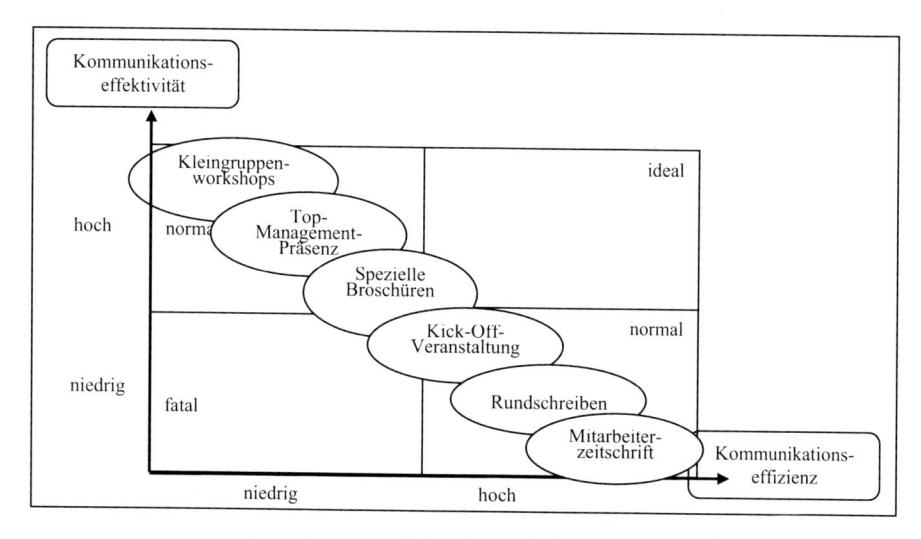

Abbildung 28: Spannungsfeld zwischen Effektivität und Effizienz[573]

So erweisen sich Beiträge in der Mitarbeiterzeitschrift als effizient und sind deshalb auch weit verbreitet, sie stellen aber keine besonders effektive Form der Kommunikation dar. Im Gegenzug dazu stellen Kleingruppentreffen ein sehr effektives Werkzeug dar, welches wegen der hohen Kosten aber eher selten eingesetzt wird. Bei der Gestaltung der Projektkommunikation sollten diese unterschiedlichen Effektivitäts- und Effizienzstärken der Instrumente bedacht und aufeinander abgestimmt werden.[574] Wenn allerdings die Akzeptanzerreichung bei der Gestaltung der Kommunikationsinstrumente im Vordergrund steht, sollten vor allem jene Instrumente bevorzugt werden, welche grundsätzlich eine Zweiwegkommunikation zulassen, da der Sender auf Rückfragen oder Anmerkungen reagieren und die Information auf den Empfänger abstimmen kann. Dies erhöht die Wahrscheinlichkeit, dass die Botschaft auch tatsächlich ankommt und wahrgenommen wird.[575]

Ferner ist bei der Gestaltung darauf zu achten, dass alle Kommunikationskanäle dieselben Inhalte verbreiten, um nicht zu Verwirrung und Desorientierung zu führen. Insbesondere Botschaften durch die Geschäftsleitung, den Betriebsrat und weitere Projektmitglieder sind abzustimmen um Doppeldeutigkeiten und mögliche Fehlinterpretationen zu vermeiden.

---

[573] Quelle: in Anlehnung an Reiß [Optimierung 1997], Seite 126 sowie Grewe [Implementierung 1997], Seite 132.

[574] Vgl. Reiß [Instrumente 1997], Seite 125.

[575] Vgl. Grimmeisen [Implementierungscontrolling 1998], Seite 132.

9 Schlussfolgerungen und Ausblick

Das Thema der Motivation von MitarbeiterInnen und vor allem die Frage nach monetären Anreizen findet in der Literatur enorme Beachtung und bietet dennoch keine allgemein anerkannten Erkenntnisse. Nach den bisherigen Ausführungen lassen sich einige zentrale Schlussfolgerungen ableiten, welche sich vor allem an der Frage nach der Motivierbarkeit von MitarbeiterInnen durch variable Entgeltsysteme orientieren.

Zum einen wurde herausgestellt, dass im Rahmen externen und internen Veränderungen von Unternehmen ein neues Beziehungsmuster zwischen der Unternehmung und ihren MitarbeiterInnen entstanden ist. Der Faktor Geld hat in diesem Miteinander wieder stärker an Bedeutung gewonnen. Der Grund hierfür liegt allerdings nicht wie in den frühen Annahmen in der Verfolgung von streng ökonomischen Eigeninteressen oder der Notwendigkeit Grund- und Sicherheitsbedürfnisse befriedigen zu können. Diese Ansätze wurden in der Literatur ausführlich behandelt und zu Recht als unzureichend befunden. Die „neue" Bedeutung des Faktors Geld spiegelt vielmehr den Wunsch nach Anerkennung, Wertschätzung und Fairness wider. Vor allem variable Entgeltanteile sind dazu geeignet, diesen Anforderungen nachzukommen, da durch ihre enge Verknüpfung mit der individuellen Leistung oder dem Erfolg des Unternehmens die Rolle des Einzelnen im Unternehmensnetzwerk deutlicher wird. Darüber hinaus bietet die Variabilisierung der Vergütung eine Möglichkeit, die Ziele des Unternehmens transparenter zu gestalten und für die MitarbeiterInnen als „Teilziele" greifbarer zu machen. Eine Verknüpfung der Unternehmensziele mit den individuellen Zielen ermöglicht außerdem ein „Ziehen an einem Strang", wodurch die Energie der MitarbeiterInnen gebündelt und auf ein gemeinsames Vorhaben ausgerichtet werden kann.

Zum anderen sollte klar geworden sein, dass vor allem Vertrauen und Akzeptanz der MitarbeiterInnen einen großen Einfluss auf die Wirksamkeit des Entgeltsystems haben. Wenn diese das Gefühl haben, durch das neue System schlechter gestellt zu werden oder dass die Unternehmensleitung einen rein eigennützigen Zweck damit verfolgt, wird die motivationale Wirkung aufgehoben oder sogar gebrochen. Vertrauen und Akzeptanz lassen sich allerdings nur erlangen, wenn die MitarbeiterInnen das System verstehen und den Grund sowie die Konsequenzen erkennen. Durch offene Kommunikationsmaßnahmen, die den MitarbeiterInnen auch ermöglichen ihre Ängste und Befürchtungen zu artikulieren und sich mit der Unternehmensleitung auszutauschen, kann Vertrauen gebildet und somit zur Akzeptanz des Systems beigetragen werden.

Diese Antworten werfen wiederum neue Fragen auf, weshalb sich im Umfeld der Erkenntnisse über Flexibilisierung und Individualisierung von Entgeltbestandteilen weiterer Forschungsbedarf ergibt. Die Diskussion über die Systematisierung von Gestaltungsmaßnahmen kann hierbei allerdings nicht Aufgabe der Wissenschaft allein sein, sondern nur in Zusammenarbeit mit der Praxis erfolgen. Einige dieser offenen Punkte sollen an dieser Stelle thematisiert und schwerpunktmäßig aufgezeigt werden.[576]

- Die Frage nach dem Zusammenhang zwischen der Leistungsorientierung bei der Vergütung und dem tatsächlichen Unternehmenserfolg wurde bisher häufig nur auf Managementebene gestellt. Obwohl Untersuchungen bei MitarbeiterInnen von niedrigeren Hierarchieebenen deutlich zeigen, dass die Variabilisierung meist positiv beurteilt wird, fehlen dennoch Nachweise darüber, wie sich diese auf die Leistung und somit auf den Erfolg des Unternehmens auswirkt.
- Neue Technologien – vor allem im Bereich der Information und Kommunikation – haben in den letzten Jahren auch in das Personalmanagement Einzug gehalten. Inwieweit diese neue Möglichkeiten zur Gestaltung und Umsetzung eines variablen Entgeltsystems eröffnen, darüber kann im Augenblick nur gemutmaßt werden. Allerdings wäre vor allem bei der Flexibilisierung und Verrechnung von Arbeitszeit und Entgelt sowie bei der Durchführung eines Cafeteria-Systems ein hilfreicher Einsatz neuer Technologien denkbar.
- In der Praxis lassen sich Korrelationen zwischen den Initiatoren eines neuen Entgeltsystems und der Art der Umsetzung erkennen. So gehen Anregungen in Richtung Kapitalbeteiligung eher von der Unternehmensführung aus, wohingegen Vorschläge zur betrieblichen Altersvorsorge meist von Seiten des Betriebsrates initiiert werden. Untersuchungen darüber, welche Präferenzen und Nutzenerwartungen wie auf die Gestaltung und Einführung von Entgeltsystemen einwirken, könnten dazu führen, Unterschiede in den Systemen verschiedener Unternehmen verstehen und erklären zu können.
- Der Aufbau von Erfolgsindikatoren und die Definition klarer und nachvollziehbarer Bewertungskriterien stellen für die Praxis eine enorme Herausforderung dar. Vor allem für MitarbeiterInnen, die außerhalb der unternehmerischen Kernfunktionen tätig sind, fehlt es oft an einem guten Berichtswesen und verfügbaren Indikatoren. Dies führt zur Schwierigkeit der Erfolgsbemessung, zumal viele Leistungsbeurteilungssysteme Mängel

---

[576] Vgl. Wagner et al. [Entgeltbestandteile 2005], Seite 175ff. und Lurse et al. [Ziele 2002], Seite 96.

aufweisen und subjektive Einflüsse zulassen. Systeme zu finden die eine faire, transparente und unkomplizierte Umsetzung ermöglichen könnte die Gefahr eines Misserfolges deutlich verringern.

Als Fazit lassen sich Argumente für und gegen die Einführung eines variablen Entgeltsystems finden. Letztendlich entscheidet die Ausgestaltung über Erfolg oder Scheitern des Systems. Wichtig sind hierbei eine gesamtheitliche Betrachtung des Systems und ein offener Umgang mit den Betroffenen und ihren Ängsten. Und auch die Ziele der Unternehmensleitung, welche mit der Einführung des neuen Entgeltsystems verfolgt werden sollen, müssen transparent und klar abgesteckt sein. Geht es wirklich darum, die MitarbeiterInnen zu belohnen, um sie stärker zu motivieren und somit den Erfolg des Unternehmens nachhaltig zu steigern? Oder soll das neue System eigentlich ausschließlich der kurzfristigen Verbesserung des Shareholder-Values dienen? Diese Frage sollte sich die Unternehmensführung im Vorfeld der Neuerung stellen und (zumindest sich selbst) ehrlich beantworten. Denn durch Variabilisierung ausschließlich eine Lohnkostensenkung erreichen zu wollen, dass hieße „mit Kanonen **neben** Spatzen zu schießen"[577] und kann langfristig nur negative Folgen haben.

---

[577] Janes/Prammer [Gestaltung 1995], Seite 59, (im Original ohne Hervorhebung).

Literaturverzeichnis

Ahlemeyer/Grimm [Mitarbeiterbefragungen 1999]
Ahlemeyer, H. W./Grimm, H.: Die Organisation im Spiegel ihrer Mitglieder. Funktionen und Ablauf partizipativer Mitarbeiterbefragungen, in: Organisationsentwicklung (1999), 3, Seite 52-64.

Antoni (Hrsg.) [flexibles Unternehmen 2004]
Antoni, C. H. (Hrsg.): Das flexible Unternehmen: Arbeitszeit, Gruppenarbeit, Entgeltsysteme, Düsseldorf 2004.

Apel (Hrsg.) [Sprachpragmatik 1982]
Apel, K. O. (Hrsg.): Sprachpragmatik und Philosophie, Frankfurt am Main 1982.

Armour [Generation Y 2005]
Armour, St.: Generation Y: They've arrived at work with a new attitude, in: USA today (2005), URL: http://www.usatoday.com/money/workplace/2005-11-06-gen-y_x.htm (29.04.2007)

Badura [Sprachbarrieren 1973]
Badura, B.: Sprachbarrieren: zur Soziologie der Kommunikation, 2. Auflage, Stuttgart 1973.

Bau [junge Unternehmen 2003]
Bau, F.: Anreizsysteme in jungen Unternehmen: eine empirische Untersuchung, Lohmar 2003.

Bauer [Zielvereinbarungen 2005]
Bauer, Y.: Wie Zielvereinbarungen im Coaching helfen, in Wirtschaftspsychologie aktuell (2005), 1, Seite 40, URL: http://wirtschaftspsychologie-aktuell.de/Material_1_2005/40.pdf (27.05.2007).

Beblo et al. [Vergütung 2002]
Beblo, M./Wolf, E./Zwick, T.: Erfolgsabhängige Vergütung: Ein sicherer Weg zur Steigerung der Leistung von Top-Managern? Zentrum für Europäische Wirtschaftsforschung (ZEW), Discussion Paper No. 02-72, November 2002, URL: ftp://ftp.zew.de/pub/zew-docs/dp/dp0272.pdf (02.04.2007)

Becker [Mitarbeiterführung 2000]
Becker, F. G.: Anreizsysteme als Instrumente der strukturellen Mitarbeiterführung, in: Antoni (Hrsg.) [flexibles Unternehmen 2004], Kapitel 06.05, Seite 1-16.

Becker [Anreizsysteme 1995]
Becker, G. F.: Anreizsysteme als Führungsinstrumente, in: Kieser et al. (Hrsg.) [HWFü 1995], Spalte 34-45.

Becker [Anreizsysteme 1990]
Becker, F. G.: Anreizsysteme für Führungskräfte: Möglichkeiten zur strategisch orientierten Steuerung des Managements, Stuttgart 1990.

Beckerath et al. (Hrsg.) [Betriebspsychologie 1981]
Beckerath, P. G. v./Sauermann, P./Wiswede, G. (Hrsg.): Handwörterbuch der Betriebspsychologie und Betriebssoziologie, Stuttgart 1981.

Beger et al. [Unternehmenskommunikation 1989]
Beger, R./Gärtner, H. D./Mathes, R.: Unternehmenskommunikation: Grundlagen, Strategien, Instrumente, Frankfurt am Main 1989.

Bentele/Beck [Grundbegriffe 1994]
Bentele, G./Beck, K.: Information – Kommunikation – Massenkommunikation. Grundbegriffe und Modelle der Publizistik- und Kommunikationswissenschaft, in: Jarren (Hrsg.) [Medien 1994], Seite 16-52.

Bentele/Rühl (Hrsg.) [Kommunikation 1993]
Bentele, G./Rühl, M. (Hrsg.): Theorien öffentlicher Kommunikation: Problemfelder, Positionen, Perspektiven, München 1993.

Beyer et al. [junge Milde 1999]
Beyer, S./Festenberg, N. v./Mohr, R.: Die jungen Milden, in: Der Spiegel (1999), 28, Seite 94-103.

Blumer [Interaktionismus 2004]
Blumer, H.: Der methodologische Standort des Symbolischen Interaktionismus, in: Burkart/Hömberg (Hrsg.) [Kommunikationstheorien 2004], Seite 24-41.

Böhnisch [Widerstände 1979]
Böhnisch, W.: Personale Widerstände bei der Durchsetzung von Innovationen, Stuttgart 1979.

Boenigk [integrierte Kommunikation 2001]
Boenigk, M.: Umsetzung der integrierten Kommunikation: Anreizsysteme zur Implementierung integrierter Kommunikationsarbeit, Wiesbaden 2001.

Bonfadelli [Grundbegriffe 2005]
Bonfadelli, H.: Was ist öffentliche Kommunikation? Grundbegriffe und Modelle, in: Bonfadelli et al. (Hrsg.) [Publizistikwissenschaft 2005], Seite 73-101.

Bonfadelli et al. (Hrsg.) [Publizistikwissenschaft 2005]
Bonfadelli, H./Jarren, O./Siegert, G. (Hrsg.): Einführung in die Publizistikwissenschaft, 2. Auflage, Wien et al. 2005

Bowles/Gintis [Homo reciprocans 2002]
Bowles, S./Gintis, H.: Homo reciprocans, in: Nature (2002), 415, Seite 125-128, URL: http://www.unipublic.unizh.ch/magazin/wirtschaft/2002/0413/Homo_Reciprocans-def.pdf (27.04.2007).

Brandenberg [Anreizsysteme 2001]
Brandenberg, A.: Anreizsysteme zur Unternehmenssteuerung: Gestaltungsoptionen, motivationstheoretische Herausforderungen und Lösungsansätze, Wiesbaden 2001.

Brehm [Kommunikation 2002]
Brehm, C. R.: Kommunikation im Wandel, in: Krüger (Hrsg.) [Excellence 2002], Seite 261-291.

Bruhn [Kommunikationspolitik 1997]
Bruhn, M.: Kommunikationspolitik: Bedeutung – Strategien – Instrumente, München 1997.

Bühler/Siegert (Hrsg.) [Unternehmenssteuerung 1999]
Bühler, W./Siegert, T. (Hrsg.): Unternehmenssteuerung und Anreizsysteme, Stuttgart 1999.

Bühner [Personalmanagement 1994]
Bühner, R.: Personalmanagement, Landsberg am Lech 1994.

Bullinger/Broßmann [Hrsg.] (Business Television 1997)
Bullinger, H.-J./Broßmann, M. (Hrsg.): Business Television. Beginn einer neuen Informations-kultur in den Unternehmen, Stuttgart 1997.

Bullinger/Warnecke (Hrsg.) [Neue Organisationsformen 1996]
Bullinger, H. J./Warnecke, H. J. (Hrsg.): Neue Organisationsformen im Unternehmen: ein Handbuch für das moderne Management, Berlin et al. 1996.

Bungard [Mitarbeiterbefragungen 2004]
Bungard, W.: Mitarbeiterbefragungen, in: Gaugler et al. (Hrsg.) [Personalwesen 2004], Spalte 1203-1213.

Burkart [Kommunikationswissenschaft 2002]
Burkart, R.: Kommunikationswissenschaft: Grundlagen und Problemfelder; Umrisse einer interdisziplinären Sozialwissenschaft, 4. Auflage, Wien et al. 2002.

Burkart [Öffentlichkeitsarbeit 1993]
Burkart, R.: Verständigungsorientierte Öffentlichkeitsarbeit – Ein Transformationsversuch der Theorie des kommunikativen Handelns, in: Bentele/Rühl (Hrsg.) [Kommunikation 1993], Seite 218-227.

Burkart [Öffentlichkeitsarbeit 1992]
Burkart, R.: Verständigungsorientierte Öffentlichkeitsarbeit: ein Modell zum Umgang mit gesellschaftlichen Konflikten, in: ÖHZ (1992), 5, Seite 3-4.

Burkart/Hömberg (Hrsg.) [Kommunikationstheorien 2004]
Burkart, R./Hömberg, W. (Hrsg.): Kommunikationstheorien: Ein Textbuch zur Einführung, 3. Auflage, Wien 2004.

Cameron et al. [Effects of Rewards 2001]
Cameron, J./Banko, K. M./Pierce, W. D.: Pervasive negative effects of rewards on intrinsic motivation: The myth continues, in: The Behavior Analyst (2001), 24, Seite 1-44, URL: http://www.behavior.org/education/bhan-24-1-1.pdf (11.05.2007)

Clarke [essence of change 1998]
Clarke, L.: The essence of change, 5. Auflage, New York et al. 1998.

Coch/French [Resistance 1948]
Coch, L./French, J.R.: Overcoming Resistance to Change, in: Human Relations (1948), 4, Seite 512-532.

Conrad [Maslow-Kritik 1983]
Conrad, P.: Maslow-Modell und Selbsttheorie: Eine Kritik, in: Die Unternehmung (1983), 3, Seite 258-277.

Corsten/Reiß (Hrsg.) [Handbuch 1995]
Corsten, H./Reiß, M. (Hrsg.): Handbuch Unternehmungsführung: Konzepte – Instrumente – Schnittstellen, Wiesbaden 1995.

Coupland [Generation X 1991]
Coupland, D.: Generation X: tales for an accelerated culture, New York 1991.

Crott [Interaktion 1979]
Crott, H.: Soziale Interaktion und Gruppenprozesse, Stuttgart et al. 1979.

Davis [behavior 1977]
Davis, K.: Human behavior at work, 5. Auflage, New York 1977.

Deci et al. [meta-analytic review 1999]
Deci, E. L./Koestner, R./Ryan, R. M.: A meta-analytic review of experiments examining the effects of extrinsic rewards on intrinsic motivation, in: Psychological Bulletin (1999), 125, Seite 627-668.

Deibl [Führungsaufgabe 1991]
Deibl, M.: Motivation als Führungsaufgabe, Wien 1991.

Doppler/Lauterburg [Change Management 1996]
Doppler, K./Lauterbug, Ch.: Change Management: den Unternehmenswandel gestalten, 5. Auflage, Frankfurt am Main et al. 1996.

Dressler [Anreizsysteme 2000]
Dressler, M.: Variable Anreizsysteme motivieren, in: Personalwirtschaft, Sonderheft (2000), 9, Seite 40-46.

Dressler [Arbeitsmotivation 1999]
Dressler, M.: Der Einfluß variabler Vergütung auf die Arbeitsmotivation, in:. Personal (1999), 6, Seite 294-297.

Drumm [Personalwirtschaft 2000]
Drumm, H. J.: Personalwirtschaft, 4. Auflage, Berlin 2000.

Eckardstein [Modernisierung 1995]
Eckardstein, D. v.: Zur Modernisierung betrieblicher Entlohnungssysteme in industriellen Unternehmen, in: Eckardstein/Janes (Hrsg.) [Lohnfindung 1995], Seite 15-39.

Eckardstein/Janes (Hrsg.) [Lohnfindung 1995]
Eckardstein, D. v./Janes, A. (Hrsg.): Neue Wege der Lohnfindung für die Industrie, Wien 1995.

Einwiller et al. [Mitarbeiterkommunikation 2006]
Einwiller, S./Klöfer, F./Nies, U.: Mitarbeiterkommunikation, in: Schmid/Lyczek (Hrsg.) [Unternehmenskommunikation 2006], Seite 217-256.

Elšik/Nachbargauer [Enlohnung 2002]
Elšik, W./Nachbargauer, A.: Entlohnung, in: Kasper/Mayrhofer (Hrsg.) [Personalmanagement 2002], Seite 527-564.

Evers/Hören [Bonussysteme 1996]
Evers, H./Hören, M. v.: Bonussysteme als Umsetzungshebel zielorientierter Unternehmensführung, in: Personal (1996), 9, Seite 456-461.

Eyer (Hrsg.): [ERA 2006]
Eyer, E. (Hrsg.): ERA erfolgreich einführen. Methoden und Praxisbeispiele zum Entgeltrahmenabkommen, Düsseldorf 2006.

Eyer/Haussmann [Zielvereinbarung 2001]
Eyer, E./Haussmann, Th.: Zielvereinbarung und variable Vergütung: ein praktischer Leitfaden – nicht nur für Führungskräfte, Wiesbaden 2001.

Fehr/Fischbacher [Human Altruism 2003]
Fehr, E./Fischbacher, U.: The nature of human altruism, in: nature (2003), 425, Seite 785-791, URL: http://www.iew.unizh.ch/home /fehr/papers/NatureOfHuman Altruism.pdf (11.02.2007).

Festinger [kognitive Dissonanz 1978]
Festinger, L.: Theorie der kognitiven Dissonanz, Bern et al. 1978.

Fink [Unternehmensstrukturen 1998]
Fink, D. H.: Virtuelle Unternehmensstrukturen: strategische Wettbewerbsvorteile durch Telearbeit und Telekooperation, Wiesbaden 1998.

Fragiacomo [Y generation 2005]
Fragiacomo, L.: Talking about Y generation, in MIS (2005), URL: http://www.misweb.com/magarticle.asp?doc_id=24223&rgid=7&listed_months=0 (11.02.2007).

Frech [Kommunikation 1993]
Frech, M.: Kommunikation als Grundlage der Führung, in: Kasper/Mayrhofer (Hrsg.) [Führung 1993], Seite 49-97.

Frese (Hrsg.) [Handwörterbuch 1992]
Frese, E. (Hrsg.): Handwörterbuch der Organisation, 3. Auflage, Stuttgart 1992.

Frese/Maly (Hrsg.) [Organisationsstrategien 1994]
Frese, E./Maly, W. (Hrsg.): Organisationsstrategien zur Sicherung der Wettbewerbsfähigkeit: Lösungen deutscher Unternehmungen, Zfbf Sonderheft 33, Düsseldorf 1994.

Frey/Osterloh (Hrsg.) [Managing Motivation 2000]
Frey, B. S./Osterloh, M. (Hrsg.): Managing Motivation: wie Sie die neue Motivationsforschung für Ihr Unternehmen nutzen können, Wiesbaden 2000.

Frey/Osterloh [Motivation 2000]
Frey, B. S./Osterloh, M.: Motivation – der zwiespältige Produktionsfaktor, in: Frey/Osterloh (Hrsg.) [Managing Motivation 2000], Seite 19-42.

Frey/Osterloh [Performance 2000]
Frey, B. S./Osterloh, M.: Pay for performance – immer empfehlenswert?, in: Zeitschrift Führung + Organisation (2000), 2, Seite 64-69.

Frey/Osterloh [Sanktion 1997]
Frey, B. S./Osterloh, M.: Sanktionen oder Seelenmassage? Motivationale Grundlagen der Unternehmensführung, in: Die Betriebswirtschaft (1997), 57, Seite 307-321.

Gaugler et al. (Hrsg.) [Personalwesen 2004]
Gaugler, E./Oechsler, W. A./Weber, W. (Hrsg.): Handwörterbuch des Personalwesens, 3. Auflage, Stuttgart 2004.

Glasl [situatives Anpassen 1975]
Glasl, F.: Situatives Anpassen der Strategie, in: Glasl/Houssaye (Hrsg.) [Organisationsentwicklung 1975], Seite 145-158.

Glasl/Houssaye (Hrsg.) [Organisationsentwicklung 1975]
Glasl, F./Houssaye, L. (Hrsg.): Organisationsentwicklung: das Modell des Niederländischen Instituts für Organisationsentwicklung und seine praktische Bewährung, Bern et al. 1975.

Gogoi [Gen Y workplace 2005]
Gogoi, P.: Welcome to the Gen Y workplace, in: Business Week online (2005), URL: http://www.businessweek.com/bwdaily/dnflash/may2005/nf2005054_4640_db_083.htm (29.04.2007).

Graham et al. [Survey of Perceptions 1991]
Graham, G. H./Unruh, J./Jennings, P.: The Impact of Nonverbal Communication in Organizations: A Survey of Perceptions, in: Journal of Business Communication (1991), 1, Seite 45-62, URL: http://job.sagepub.com/content/vol28/issue1/ (20.06.2007).

Graumann [Psychologie 1969]
Graumann, C. F.: Einführung in die Psychologie, Band 1: Motivation, Frankfurt am Main 1969.

Greif (Hrsg.) [Organisationspsychologie 1995]
Greif, S. (Hrsg.): Arbeits- und Organisationspsychologie: internationales Handbuch in Schlüsselbegriffen, 2. Auflage, Weinheim 1995.

Grewe [Implementierung 2003]
Grewe, A.: Implementierung neuer Anreizsysteme: Grundlagen, Konzept und Gestaltungsempfehlungen, 2. Auflage, München et al. 2003.

Grimmeisen [Implementierungscontrolling 1998]
Grimmeisen, M.: Implementierungscontrolling: wirtschaftliche Umsetzung von Change-Programmen, Wiesbaden 1998.

Grunig/Hunt [Public Relations 1984]
Grunig, J. E./Hunt, T.: Managing public relations, Fort Worth et al. 1984.

Guest [Zielsetzungsmethoden 1995]
Guest, D.: Zielsetzungsmethoden (Goal Setting), in: Greif (Hrsg.) [Organisationspsychologie 1995], Seite 467-472.

Gull [Homo oeconomicus 2002]
Gull, T.: Der Homo oeconomicus – neu definiert, in unireport Universität Zürich (2002), URL: http://www.unipublic.unizh.ch/magazin/wirtschaft/2002/0413/ (11.02.2007).

Habermas [Universalpragmatik 1982]
Habermas, J.: Was heißt Universalpragmatik?, in: Apel (Hrsg.) [Sprachpragmatik 1982], Seite 174-272.

Habermas [kommunikatives Handeln 1981]
Habermas, J.: Theorie des kommunikativen Handelns, Band 1, Handlungsrationalität und gesellschaftliche Rationalisierung, Frankfurt am Main 1981.

Hahn/Taylor (Hrsg.) [strategisches Unternehmen 1999]
Hahn, D./Taylor, G. (Hrsg.): strategische Unternehmensplanung, strategische Unternehmensführung – Stand und Entwicklungstendenzen, 8. Auflage, Heidelberg 1999.

Haussmann [Long-Term-Incentive-Pläne 2000]
Haussmann, Th.: Long-Term-Incentive-Pläne, in: Personalwirtschaft, Sonderheft (2000), 9, Seite 28-35.

Heckhausen (Hrsg.) [Motivation 2006]
Heckhausen, J. (Hrsg.): Motivation und Handeln, 3. Auflage, Heidelberg 2006.

Heckhausen [Motivation 1989]
Heckhausen, H.: Motivation und Handeln, 2. Auflage, Berlin 1989.

Heckhausen/Heckhausen [Einführung 2006]
Heckhausen, J./Heckhausen, H.: Motivation und Handeln: Einführung und Überblick, in: Heckhausen (Hrsg.) [Motivation 2006], Seite 1-9.

Heissmann [Variable Vergütung 2007]
Dr. Dr. Heissmann GmbH: Variable Vergütung – Erfolgsfaktoren und Nutzen, Wiesbaden 2007.

Heng [IuK-Technologien 2002]
Heng, S.: Informations- & Kommunikationstechnologien. Allheilmittel gegen den Verkehrsinfarkt?, in: Economics (2002), 34, Seite 2-11, URL: http://www.db research.de/PROD/DBR_INTERNET_DE-PROD/PROD0000000000049911.pdf (21.04.2007)

Hentze et al. [Personalführungslehre 1997]
Hentze, J./Kammel, A./Lindert, K.: Personalführungslehre: Grundlagen, Funktionen und Modelle der Führung, 3. Auflage, Bern et al. 1997.

Herbst [Wissensmanagement 2000]
Herbst, D.: Erfolgsfaktor Wissensmanagement: Wissen als einzigartige Kombination von Information und Erfahrung; systematische Erfassung, Archivierung und Verbreitung von Wissen; Instrumente des Wissensmanagement, Berlin 2000.

Herzberg et al. [Motivation 1993]
Herzberg, F./Mausner, B./Snyderman B.: The motivation to work, Plymouth et al. 1993.

Hesch [Menschbild 1997]
Hesch, G.: Das Menschenbild neuer Organisationsformen: Mitarbeiter und Manager im Unternehmen der Zukunft, Wiesbaden 1997.

Hewitt [High-Potentials 2006]
Hewitt Associates GmbH: High-Potentials müssen motiviert werden; Führungskräfte: Viel reden, wenig handeln; URL: http://www.hewittassociates.com/Intl/EU/de-DE/AboutHewitt/Newsroom/PressReleases/2006/august-15-2006.aspx (05.09.2006).

Hill et al. [Organisationslehre 2 1998]
Hill, W./Fehlbaum, R./Ulrich, P.: Organisationslehre, Teil 2: Theoretische Ansätze und praktische Methoden der Organisation sozialer Systeme, 5. Auflage, Bern 1998.

Hölscher/Sauerborn [Trends 2000]
Hölscher, C./Sauerborn, G.: Aktienoptionen: Trends aus den USA, in: Personal (2000), 10, Seite 524-527.

Holling/Kanning [Organisationspsychologie 2004]
Holling, H./Kanning, U. P.: Theorien der Organisationspsychologie, in: Schuler (Hrsg.) [Organisationspsychologie 2004], Seite 59-87.

Hornberger [Individualisierung 2006]
Hornberger, S.: Individualisierung in der Arbeitswelt aus arbeitswissenschaftlicher Sicht, Frankfurt am Main 2006.

Hoss [Personalwirtschaft 1996]
Hoss, D.: Personalwirtschaft an der Schwelle zum 21. Jahrhundert, in: Personal (1996), 12, Seite 632-634.

Inglehart [Modernisierung 1998]
Inglehart, R.: Modernisierung und Postmodernisierung: kultureller, wirtschaftlicher und politischer Wandel in 43 Gesellschaften, Frankfurt am Main et al. 1998.

Ingun [Abschied 2005]
Ingun, A.: Abschied vom Homo oeconomicus, in: DW-World.de (2005), URL: http://www.dw-world.de/popups/popup_printcontent/0,,1505080,00.html (10.11.2006).

Jablonski [Generation X 2002]
Jablonski, G.: Generation X: Selbst- und Fremdbeschreibung einer Generation. Eine literaturwissenschaftliche Studie, Düsseldorf 2002, URL: http://deposit.ddb.de/cgi-bin/dokserv?idn=969090536&dok_var=d1&dok_ext=pdf&filename=969090536.pdf (29.04.2007).

Jabornegg et al. [Arbeitsrecht 2005]
Jabornegg, P./Resch, R./Strasser, R.: Arbeitsrecht: Individualarbeitsrecht, kollektives Arbeitsrecht, 2. Auflage, Wien 2005.

Janes/Prammer [Gestaltung 1995]
Janes, A./Prammer, K.: Gestaltung von Entgeltsystemen aus systemischer Perspektive, in: Eckardstein/Janes (Hrsg.) [Lohnfindung 1995], Seite 40-60.

Jarren (Hrsg.) [Medien 1994]
Jarren, O. (Hrsg.): Medien und Journalismus 1: eine Einführung, Opladen 1994.

Jung [Personalwirtschaft 2001]
Jung, H.: Personalwirtschaft, 4. Auflage, München et al. 2001.

Kaar/Grünell [Variable Entlohnung 2001]
Kaar, R. v. h./Grünell, M.: Variable Entlohnung in Europa, 2001, URL: http://www.eurofound.europa.eu/eiro/2001/04/study/tn0104203s.html (20.04.2007).

Kahlert/Würz [Long-Term-Incentives 2003]
Kahlert, A./Würz, St.: Long-Term-Incentives als On-Top-Vergütung, in: Personalwirtschaft (2003), 6, Seite 66-70.

Kaldasch/Müller [Die Medien 2004]
Kaldasch, J./Müller, Ch.: Die Medien, 2004, URL: http://www.it-infothek.de/fhtw/semester_4/ bwl_4_09.html (27.04.2007).

Kaschube/Rosenstiel [leistungsorientierte Bezahlung 2000]
Kaschube, J./Rosenstiel, L. v.: Motivation von Führungskräften durch leistungsorientierte Bezahlung, in: zfo (2000), 2, Seite 70-76.

Kasper/Mayrhofer (Hrsg.) [Personalmanagement 2002]
Kasper, H./Mayrhofer, W. (Hrsg.): Personalmanagement, Führung, Organisation, 3. Auflage, Wien 2002.

Kasper/Mayrhofer [Wandel 2002]
Kasper, H./Mayrhofer, W.: Wandel als ‚basso continuo', in: Kasper/Mayrhofer (Hrsg.) [Personalmanagement 2002], Seite 9-17.

Kasper/Mayerhofer (Hrsg.) [Führung 1993]
Kasper, H./Mayrhofer, W. (Hrsg.): Management-Seminar Personal, Führung, Organisation: Führung, Wien 1993.

Keßler/Winkelhofer [Projektmanagement 1997]
Keßler, H./Winkelhofer, G. A.: Projektmanagement: Leitfaden zur Steuerung und Führung von Projekten, Berlin et al. 1997.

Kieser [Managementlehre 2002]
Kieser, A.: Managementlehre und Taylorismus, in: Kieser (Hrsg.) [Orgnaisationstheorien 2002], Seite 93-132.

Kieser (Hrsg.) [Organisationstheorien 2002]
Kieser, A. (Hrsg.): Organisationstheorien, 5. Auflage, Stuttgart 2002.

Kieser et al. (Hrsg.) [HWFü 1995]
Kieser A./Reber, G./Wunderer, R. (Hrsg.): Handwörterbuch der Führung, 2. Auflage, Stuttgart 1995.

Kirchler (Hrsg.) [Organisationspsychologie 2005]
Kirchler, E. (Hrsg.): Arbeits- und Organisationspsychologie, Wien 2005.

Kirchler/Hölzl [Arbeitgestaltung 2005]
Kirchler, E./Hölzl, E.: Kapitel II: Arbeitsgestaltung, in: Kirchler (Hrsg.) [Organisationspsychologie 2005], Seite 199-316.

Kirchler/Walenta [Motivation 2005]
Kirchler, E./Walenta, Ch.: Kapitel III: Motivation, in: Kirchler (Hrsg.) [Organisationspsychologie 2005], Seite 319-408.

Kirsch et al. [geplanter Wandel 1979]
Kirsch W./Esser, W. M./Gabele, E.: Das Management des geplanten Wandels von Organisationen, Stuttgart 1979.

Klages [Werte 2001]
Klages, H.: Brauchen wir eine Rückkehr zu traditionellen Werten?, in: Aus Politik und Zeitgeschichte (2001), 29, Seite 7-14.

Knebel [Leistungslohn 2006],
Knebel, H.: Mythos Leistungslohn, in: Personal (2006), 12, Seite 18-20.

Kohn [Rewards 1993]
Kohn, A.: Punished by rewards: the trouble with gold stars, incentive plans, a's, praise, and other bribes, Boston et al. 1993.

Kohn [Alfie Kohn o.J.]
Kohn, A.: Alfie Kohn, o.J., URL: http://www.alfiekohn.org/index.html (20.04.2007).

Konradt [virtuelle Unternehmen 1999]
Konradt, U.: Partner im virtuellen Unternehmen, in: Harvard Business Manager (1999), 3, Seite 103-107.

Kramarsch [Vergütung 1997]
Kramarsch, M. H.: Vergütung im Marketing und Vertrieb, neue kreative Anreizse sind gefordert, in: Marktforschung und Management (1997), 3, 106-111.

Kraushaar [68er-Bewegung 2001]
Kraushaar, W.: Denkmodelle der 68er-Bewegung, in: Aus Politik und Zeitgeschichte (2001), 22-23, Seite 14-27.

Kreikebaum [Humanisierung 1988]
Kreikebaum, H.: Humanisierung der Arbeit: Arbeitsgestaltung im Spannungsfeld ökonomischer, technologischer und humanitärer Ziele, Wiesbaden 1988.

Krüger (Hrsg.) [Excellence 2002]
Krüger, W. (Hrsg.): Excellence in Change. Wege zur strategischen Erneuerung, 2. Auflage, Wiesbaden 2002.

Krüger [Kernaufgabe 1999]
Krüger, W.: Implementierung als Kernaufgabe des Wandlungsmanagements, in: Hahn/Taylor (Hrsg.) [strategisches Unternehmen 1999], Seite 863-891.

Krüger [Implementierungsproblem 1994]
Krüger, W.: Umsetzung neuer Organisationsstrategien: Das Implementierungsproblem, in: Frese/Maly [Organisationsstrategien 1994], Seite 197-221.

Krüger [Anwendungssysteme 1990]
Krüger, W.: Organisatorische Einführung von Anwendungssystemen, in: Kurbel/Strunz (Hrsg.) [Wirtschaftsinformatik 1990], Seite 275-288.

Kunczik/Zipfel [Publizistik 2005]
Kunczik, M./Zipfel, A.: Publizistik: ein Studienhandbuch, 2. Auflage, Köln et al. 2005.

Kurbel/Strunz (Hrsg.) [Wirtschaftsinformatik 1990]
Kurbel, K./Strunz, H. (Hrsg.): Handbuch Wirtschaftsinformatik, Stuttgart 1990.

Lamnek [Sozialforschung 2005]
Lamnek, S.: Qualitative Sozialforschung, 4. Auflage, Weinheim 2005.

Lawler [pay 1990]
Lawler, E. E.: Strategic pay: aligning organizational strategies and pay systems, San Francisco et al. 1990.

Leptien [Anreizsysteme 1996]
Leptien, Ch.: Anreizsysteme in Forschung und Entwicklung: unter besonderer Berücksichtigung des Arbeitnehmererfindergesetzes, Wiesbaden 1996.

Leupold [Lego 2003]
Leupold, M.: Von Lego lernen, in phi (2003), 2, Seite 4-5, URL: http://www.phi-hannover.de/pdf/phi-2-2003.pdf (26.04.2007).

Lurse et al. [Ziele 2002]
Lurse, K./Stockhausen, A./Bretschko, W.: Manager und Mitarbeiter brauchen Ziele. Führen mit Zielvereinbarungen und variable Vergütung, 2. Auflage, Neuwied et al. 2002.

Lutz [Einleitung 1996]
Lutz, B.: Einleitung, in: Lutz et al. (Hrsg.) [21. Jahrhundert 1996], Seite 9-43.

Lutz et al. (Hrsg.) [21. Jahrhundert 1996]
Lutz, B./Hartmann, M./Hirsch-Kreinsen, H. (Hrsg.): Produzieren im 21. Jahrhundert. Herausforderungen für die deutsche Industrie. Ergebnisse des Expertenkreises „Zukunftsstrategien", Band 1, Frankfurt am Main 1996.

Maletzke [Überblick 1998]
Maletzke, G.: Kommunikationswissenschaft im Überblick: Grundlagen, Probleme, Perspektiven, Opladen et al. 1998.

Maletzke [interkulturelle Kommunikation 1996]
Maletzke, G.: Interkulturelle Kommunikation: zur Interaktion zwischen Menschen verschiedener Kulturen, Opladen 1996.

Maletzke [Psychologie 1963]
Maletzke, G.: Psychologie der Massenkommunikation: Theorie und Systematik, Hamburg 1963.

March/Simon [Organisation 1976]
March, J. G./Simon, H. A.: Organisation und Individuum: menschliches Verhalten in Organisationen, Wiesbaden 1976.

Marcus/Schuler [Leistungsbeurteilung 2001]
Marcus, B./Schuler, H.: Leistungsbeurteilung, in: Schuler (Hrsg.) [Personalpsychologie 2001], Seite 397-431.

Marr/Kötting [Implementierung 1992]
Marr, R./Kötting, M.: Implementierung, organisatorische, in: Frese (Hrsg.) [Handwörterbuch 1992], Spalte 827-841.

Maslow [Motivation 1994]
Maslow, A. H.: Motivation und Persönlichkeit, Reinbek bei Hamburg 1994.

Mast [Change Communication 2006]
Mast, C.: Change Communication. Balancieren zwischen Emotionen und Kognitionen, in: Schmid/Lyczek (Hrsg.) [Unternehmenskommunikation 2006], Seite 399-429.

Mast [Werte schaffen 2005]
Mast, C.: Werte schaffen durch Kommunikation: Was von Kommunikaitonsmanagern erwartet wird, in: Pfannenberg/Zerfaß (Hrsg.) [Wertschöpfung 2005], Seite 27-35.

Matthiesen [Kritik 1995]
Matthiesen, K. H.: Kritik des Menschenbildes in der Betriebswirtschaftslehre: auf dem Weg zu einer sozialökonomischen Betriebswirtschaftslehre, Bern et al. 1995.

McGregor [Enterprise 1970]
McGregor, D.: The human side of enterprise, Düsseldorf/Wien 1970.

Meier [Interne Kommunikation 2002]
Meier, P.: Interne Kommunikation im Unternehmen. Von der Hauszeitung bis zum Intranet, Zürich 2002.

Meier (Hrsg) [HRM 1996]
Meier, H. (Hrsg.): Human resources management in Banken: Strategien, Instrumente und Grundsatzfragen, Wiesbaden 1996.

Meifert [Systematische Information 1999]
Meifert, M.: Systematische Information von Führungskräften, in: Personal (1999), 3, Seite 516-519.

Merten [Einführung 1999]
Merten, K.: Einführung in die Kommunikationswissenschaft, Münster et al. 1999.

Merten [Kommunikationsanalyse 1998]
Merten, K.: Kommunikationsanalyse als Korrektiv der Unternehmenskommunikation, in: Merten/Zimmermann (Hrsg.) [Unternehmenskommunikation 1998], Seite 309-317.

Merten [Kommunikation 1977]
Merten, K.: Kommunikation: eine Begriffs- und Prozessanalyse, Opladen 1977.

Merten/Zimmermann (Hrsg.) [Unternehmenskommunikation 1998]
Merten, K./Zimmermann, R. (Hrsg.): Das Handbuch der Unternehmenskommunikation, Köln et al. 1998.

Mertens/Faisst [Virtuelle Unternehmen 1997]
Mertens P./Faisst, W.: Virtuelle Unternehmen: Ideen, Informationsverarbeitung, Illusion, in: Scheer (Hrsg.): [Organisationsstrukturen 1997], Seite 101-135 URL: http://www3.psychologie.hu-berlin.de/arbpsy/lehre/a_ogest/aogest_I/Literatur/Mertens(1997)-Virtuelles%20Unternehmen(gut).pdf (26.04.2007).

Mohr [Kommunikation 1997]
Mohr, N.: Kommunikation und organisatorischer Wandel: ein Ansatz für ein effizientes Kommunikationsmanagement im Veränderungsprozeß, Wiesbaden 1997.

Morgan [Organisation 1997]
Morgan, G.: Bilder der Organisation, Stuttgart 1997.

Müller [21. Jahrhundert 2003]
Müller, H. E.: Personal im 21. Jahrhundert – Zwischen Anspruch und Wirklichkeit, in: Personal (2003), 1, Seite 32.

Münch [Bonussysteme 1997]
Münch, G.: Bonussysteme für den Tarifbereich, in: Personalwirtschaft (1997), 2, Seite 26-27.

Nagel/Schlegtendal [Entgeltsysteme 1998]
Nagel, K./Schlegtendal, G.: Flexible Entgeltsysteme: fair entlohnen – besser motivieren, Landsberg am Lech 1998.

Nerdinger [Motivierung 2001]
Nerdinger, F. W.: Motivierung, in: Schuler (Hrsg.) [Personalpsychologie 2001], S. 349-371.

Neuberger [Arbeitszufriedenheit 1974]
Neuberger, O.: Theorien der Arbeitszufriedenheit, Stuttgart et al. 1974.

Niederer [Homo oeconomicus 2004]
Niederer, M.: Vom Homo oeconomicus zum sozialen Wesen, in: der Arbeitsmarkt (2004), 6, Seite 16-18, URL: http://www.iza.org/en/webcontent/news/falk_homo_oecon.pdf (11.02.2007).

Nieschlag et al. [Marketing 2002]
Nieschlag, R./Dichtl, E./Hörschgen H.: Marketing, 19. Auflage, Berlin 2002.

Noack [Integrationsmanagement 1999]
Noack, H.-Ch.: Die meisten Fusionen scheitern am Integrationsmanagement. Unternehmen vernachlässigen die weichen Faktoren/Offene Kommunikation und faire Personalauswahl, in: Frankfurter Allgemeine Zeitung, 14.06.1999, Seite 28.

Noelle-Neumann/Petersen [Zeitwende 2001],
Noelle-Neumann E./Petersen T. L: Zeitenwende. Der Wertewandel 30 Jahre später, in: Aus Politik und Zeitgeschichte (2001), 29, Seite 15-22.

Noelle-Neumann/Strümpel [Arbeit 1985]
Noelle-Neumann, E./Strümpel B.: Macht Arbeit krank? Macht Arbeit glücklich? Eine aktuelle Kontroverse, 2. Auflage, München/Zürich 1985.

Noer [Leadership 1996]
Noer, D. M.: Leadership in an Age of Layoffs, in: Sattelberger (Hrsg.) [Umbruch 1996], Seite 261-291.

o.V. [21. Jahrhundert 2007]
o.V.: Personal im 21. Jahrhundert, 13. Handelsblatt Jahrestagung, München 2007, URL: http://www.euroforum.de/data/pdf/p1200068.pdf (04.03.2007).

o.V. [Generation Y 1993]
o.V.: Generation Y, in: Advertising Age (1993), o.S., URL: http://naa.missouri.edu/trade/93generation.htm (29.04.2007).

Oechsler [Vergütungsgestalter 1996]
Oechsler, W. A.: Vom Lohnempfänger zum Vergütungsgestalter, Entgeltfindung im Wandel, in: Personal (1996), 3, Seite 125-129.

Oelert [Kommunikationsmanagement 2003]
Oelert, J.: Internes Kommunikationsmanagement: Rahmenfaktoren, Gestaltungsansätze und Aufgabenfelder, Wiesbaden 2003.

Olfert/Steinbuch [Personalwirtschaft 2001]
Olfert, K./Steichbuch, P. A.: Personalwirtschaft, 9. Auflage, Ludwigshafen 2001.

Oppeland [Implementierungstechniken 1989]
Oppeland, H. J.: Implementierungstechniken, in: Szyperski (Hrsg.) [HWPlan 1989], Spalte 665-677.

Osterloh/Frost [Prozeßmanagement 2000]
Osterloh, M./Frost, J.: Prozeßmanagement als Kernkompetenz: wie Sie Business Reengineering strategisch nutzen können, 3. Auflage, Wiesbaden 2000.

Payer [Netzwerk 2002]
Payer, H.: Wieviel Organisation braucht das Netzwerk? Entwicklung und Steuerung von Organisationsnetzwerken mit Fallstudien aus der Cluster- und Regionalentwicklung, Klagenfurt 2002, URL: http://www.oear.at/OEAR_Dissertation_Netzwerk_Payer_2002_1,7MB.pdf (25.04.2007).

Peterke [Changeprojekte 2006]
Peterke, J.: Wie Changeprojekte garantiert scheitern, in: Personalmagazin (2006), 8, Seite 64-65.

Pfannenberg/Zerfaß (Hrsg.) [Wertschöpfung 2005]
Pfannenberg, J./Zerfaß, A. (Hrsg.): Wertschöpfung durch Kommunikation. Wie Unternehmen den Erfolg ihrer Kommunikation steuern und kommunizieren, Frankfurt am Main 2005.

Picot et al. [Unternehmung 1996]
Picot, A./Reichwald, R./Wigand, R.: Die grenzenlose Unternehmung: Information, Organisation und Management; Lehrbuch zur Unternehmensführung im Informationszeitalter, 2. Auflage, Wiesbaden 1996.

Piwinger/Zerfaß (Hrsg.) [Unternehmenskommunikation 2007]
Piwinger, M./Zerfaß, A. (Hrsg.): Handbuch Unternehmenskommunikation, Wiesbaden 2007.

Polzer [Entgeltsysteme 1995]
Polzer, M.: Einführung neuer Entgeltsysteme – der Kompormiß über die Leistung!, in: Eckardstein/Janes (Hrsg.) [Lohnfindung 1995], Seite 148-170.

Popper [Erkenntnis 1973]
Popper, K. R.: Objektive Erkenntnis: ein evolutionärer Entwurf, Hamburg 1973.

Porter et al. [Organizations 1975]
Porter, L. W./Lawler, E. E./Hackman, J. R.: Behavior in organizations, New York et al. 1975.

Pütz [Kommunikation 2005]
Pütz, H.: Interne Kommunikation medienübergreifend messen und steuern, in: Pfannenberg/Zerfaß (Hrsg.) [Wertschöpfung 2005], Seite 85-92.

Reichwald et al. [Reorganisationsprozesse 1996]
Reichwald, R./Höfer, C./Weichselbaumer, J.: Erfolg von Reorganisationsprozessen: Leitfaden zur strategieorientierten Bewertung, Stuttgart 1996.

Reiß [Herausforderung 1997]
Reiß, M.: Change Management als Herausforderung, in: Reiß et al. (Hrsg.) [Change Management 1997], Seite 5-29.

Reiß [Instrumente 1997]
Reiß, M.: Instrumente der Implementierung, in: Reiß et al. (Hrsg.) [Change Management 1997], Seite 91-108.

Reiß [Optimierung 1997]
Reiß, M.: Optimierung des Wandels, in: Reiß et al. (Hrsg.) [Change Management 1997], Seite 123-144.

Reiß [Implementierung 1995]
Reiß, M.: Implementierung als Baustein des Veränderungsmanagement, in: Corsten/Reiß (Hrsg.) [Handbuch 1995], Seite 291-301.

Reiß [Führungsaufgabe 1993]
Reiß, M.: Führungsaufgabe Implementierung, in: Personal (1993), 12, Seite 551-555.

Reiß et al. (Hrsg.) [Change Management 1997]
Reiß, M./Rosenstiel, L. v./Lanz, A. (Hrsg.): Change Management – Programme, Projekte und Prozesse, Stuttgart 1997.

Rieckmann [Managen 2005]
Rieckmann, H.: Managen und Führen am Rande des 3. Jahrtausends: Praktisches, Theoretisches, Bedenkliches, 3. Auflage, Frankfurt am Main et al. 2005.

Rieker/Risch [trauriges Kapitel 1994]
Rieker, J./Risch, S.: Ein trauriges Kapitel, in: Manager-Magazin (1994), 6, Seite 171-188.

Robbins [organizational behavior 1991]
Robbins, S. P.: Organizational behavior: concepts, controversies and applications, 5. Auflage, London 1991.

Roehrs et al. [Generation.com 2003]
Roehrs, L./Roehrs, B./Schikora, C.: Generation.com, Norderstedt 2003.

Rösler/Hinrichsen [Entgeltsysteme 2003]
Rösler, D./Hinrichsen, S.: Entgeltsysteme mit Methode gestalten, Entgeltrahmenabkommen als Chance für mehr Gerechtigkeit und Leistungsorientierung, in: Unternehmen der Zukunft (2003), 4, Seite 22-24, URL: http://www.iaw.rwth-aachen.de/download/publikationen/24167_roesler.pdf (05.06.2007).

Roethlisberger [Morale 1976]
Roethlisberger, F. J.: Management and morale, 17. Auflage, Cambridge et al. 1976.

Roethlisberger/Dickson [Management 1964]
Roethlisberger, F. J./Dickson, W. J.: Management and the worker: an account of a research program conducted by the Western Electric Company, Hawthorne Works, Chicago, 13. Auflage, Cambridge 1964.

Rosenstiel [Anreizsysteme 1999]
Rosenstiel, L. v.: Motivationale Grundlagen von Anreizsystemen, in: Bühler/Siegert (Hrsg.) [Unternehmenssteuerung 1999], Seite 47-77.

Rosenstiel [Grundlagen 1992]
Rosenstiel, L. v.: Grundlagen der Organisationspsychologie: Basiswissen und Anwendungshinweise, 3. Auflage, Stuttgart 1992.

Rosenstiel [motivationale Grundlagen 1975]
Rosenstiel, L. v.: Die motivationalen Grundlagen des Verhaltens in Organisationen: Leistung und Zufriedenheit, Berlin 1975.

Rosenstiel et al. [Organisationspsychologie 1995]
Rosenstiel, L. v./Molt, W./Rüttinger, B.: Organisationspsychologie, 8. Auflage, Stuttgart 1995.

Sanders/Kianty [Organisationstheorien 2006]
Sanders, K./Kianty, A.: Organisationstheorien: eine Einführung, Wiesbaden 2006.

Sattelberger (Hrsg.) [Umbruch 1996]
Sattelberger, T. (Hrsg.): Human Resource Management im Umbruch: Positionierung, Potentiale, Perspektiven, Wiesbaden 1996.

Schanz (Hrsg.) [Handbuch 1991]
Schanz, G. (Hrsg.): Handbuch Anreizsysteme, Stuttgart 1991.

Schegg et al. [Benchmarking 2005],
Schegg, R./Steiner, Th./Jufer, M./Liebrich, A.: Hotel Benchmarking Schweiz 2005, URL: http://www.tourismus-benchmarking.ch/pdf/hotel_benchmarking_schweiz_2005.pdf (21.04.2007).

Schein [psychology 1980]
Schein, E. H.: Organizational psychology, 3. Auflage, Englewood Cliffs 1980.

Schein [psychology 1965]
Schein, E. H.: Organizational psychology, Englewood Cliffs 1965.

Scherer [non-verbale Kommunikation 1970]
Scherer, K. R.: Non-verbale Kommunikation: Ansätze zur Beobachtung und Analyse der außersprachlichen Aspekte von Interaktionsverhalten, Hamburg 1970.

Schick [Unternehmenskommunikation 2002]
Schick, S.: Interne Unternehmenskommunikation: Strategie entwickeln, Strukturen schaffen, Prozesse steuern, Stuttgart 2002.

Schmid/Lyczek [Rolle der Kommunikation 2006]
Schmid, F. B./Lyczek, B.: Die Rolle der Kommunikation in der Wertschöpfung der Unternehmung, in: Schmid/Lyczek (Hrsg.) [Unternehmenskommunikation 2006], Seite 3-146.

Schmid/Lyczek (Hrsg.) [Unternehmenskommunikation 2006]
Schmid, F. B./Lyczek, B. (Hrsg.): Unternehmenskommunikation: Kommunikationsmanagement aus Sicht der Unternehmensführung, Wiesbaden 2006.

Schöb [dezentrale Organisationsstrukturen 1998]
Schöb, O.: Gestaltung von Anreizsystemen bei dezentralen Organisationsstrukturen: dargestellt am Beispiel eines Revenue Centers, Frankfurt am Main et al. 1998.

Scholz [Stammplatzgarantie 2003]
Scholz, Ch.: Spieler ohne Stammplatzgarantie: Darwiportunismus in der neuen Arbeitswelt, Weinheim 2003.

Scholz [Generation Y 2000]
Scholz, Ch.: Generation Y sucht Job-Entertainment, in: Personalwirtschaft (2000), 4, Seite 60-63.

Scholz [Personalmanagement 2000]
Scholz, Ch.: Personalmanagement, informationsorientierte und verhaltenstheoretische Grundlagen, 5. Auflage, München 2000.

Schuler (Hrsg.) [Organisationspsychologie 2004]
Schuler, H. (Hrsg.): Lehrbuch Organisationspsychologie, 3. Auflage, Bern et al. 2004.

Schuler (Hrsg.) [Personalpsychologie 2001]
Schuler, H. (Hrsg.): Lehrbuch der Personalpsychologie, Göttingen 2001.

Schultetus [Entgeltsysteme 1996]
Schultetus, W.: Ergebnisorientierte Entgeltsysteme, in: Bullinger/Warnecke (Hrsg.) [Neue Organisationsformen 1996], Seite 901-912.

Schulz von Thun [Miteinander reden 1993]
Schulz von Thun, F.: Miteinander reden: Störungen und Klärungen; Psychologie der zwischenmenschlichen Kommunikation, Reinbek bei Hamburg 1993.

Schwab/Zowislo [Kommunikationsmanagement 2002]
Schwab, H./Zowislo, N.: Praxishandbuch Kommunikationsmanagement: Grundlagen und Instrumente der internen und externen Unternehmenskommunikation, Frankfurt am Main et al. 2002.

Semmer/Udris [Arbeit 2004]
Semmer, N./Udris, I.: Bedeutung und Wirkung von Arbeit, in: Schuler (Hrsg.) [Organisationspsychologie 2004], Seite 157-195.

Shannon/Weaver [mathematical theory 1971]
Shannon, C. E./Weaver, W.: The mathematical theory of communication, 12. Auflage, Urbana et al. 1971.

Sigmund et al. [Fair Play 2002]
Sigmund, K./Fehr, E./Nowad, M. A.: The Economics of Fair Play, in: Scientific American (2002), 286, Seite 82-87, URL: http://www.iew.unizh.ch/home/fehr/papers/fairplay.pdf (28.04.2007).

Sonnenmoser [Geld 2006]
Sonnenmoser, M.: Geld regiert die Welt – und ist doch nicht alles. Was Führungskräfte motiviert und demotiviert, in: Personalführung (2006), 7, Seite 42-46.

Sprenger [Motivation 1992]
Sprenger, R. K.: Mythos Motivation: Wege aus einer Sackgasse, 4. Auflage, Frankfurt am Main 1992.

Sprenger [Person, o.J.]
Sprenger, R.: Dr. Reinhard K. Sprenger – Person, o.J., URL: http://www.sprenger.com/person.php (20.04.2007).

Staehle [Management 1999]
Staehle, W. H.: Management: eine verhaltenswissenschaftliche Perspektive, 8. Auflage, München 1999.

Steiger [Gestaltung 2003]
Steiger, Th. M.: Methoden der Gestaltung von Veränderungsprozessen, in: Steiger/Lippmann (Hrsg.) [Angewandte Psychologie 2003], Seite 274-288.

Steiger/Lippmann (Hrsg.) [Angewandte Psychologie 2003]
Steiger, Th. M./Lippmann, E. D. (Hrsg.): Handbuch Angewandte Psychologie für Führungskräfte. Führungskompetenz und Führungswissen, Band 2, 2. Auflage, Berlin et al. 2003.

Storbeck [Ankunft 2006]
Storbeck, O.: Ankunft in der Wirklichkeit, in: Handelsblatt.com (2006), URL: http://www.handelsblatt.com/news/printpage.aspx?_p=302030&_t=ftprint&_b=1029984 (11.02.2007)

Szyperski (Hrsg.) [HWPlan 1989]
Szyperski, N. (Hrsg.): Handwörterbuch der Planung, Stuttgart 1989.

Tapscott [Net generation 1998]
Tapscott, D.: Growing up digital: the rise of the Net generation, New York et al. 1998.

Theis-Berglmair [Organisationskommunikation 2003]
Theis-Berglmair, A. M.: Organisationskommunikation: theoretische Grundlagen und empirische Forschungen, 2. Auflage, Münster et al. 2003.

Thom [Anreizaspekte 1991]
Thom, N.: Anreizaspekte im BetrieblichenVorschagswesen, in: Schanz (Hrsg.) [Handbuch 1991], Seite 595-614.

Towers Perrin [Benefits 2006]
Towers Perrin: Flexible Benefits im gesamteuropäischen Kontext, Trends und Potentiale, o.O., 2006.

Towers Perrin [Vergütung 2006]
Towers Perrin: Vergütung: Investition oder Kostenfaktor? Mehr Performance und Produktivität durch eine systematische Gesamtvergütung, o.O., 2006.

Towers Perrin [Herausforderungen 2003]
Towers Perrin: Herausforderung im Reward- und Performance-Management, o.O. 2003.

Türk [Personalführung 1984]
Türk, K.: Personalführung – soziologisch betrachtet. Ein alternativer Weg zur Lösung aktueller Führungsprobleme, in: Harvard Manager (1984), 3, Seite 63-71.

Tulgan [Management 1997]
Tulgan, B.: Generation-X-Management: 1963-1981 – eine Generation auf dem Weg von McJobs zu BigJobs, Wien 1997.

Tulgan/Martin [Generation Y 2001]
Tulgan, B./Martin, C. A.: Managing Generation Y: Global Citizens Born in the Late Seventies and Early Eighties, Amherst 2001.

Ulich [Arbeitspsychologie 2001]
Ulich, E.: Arbeitspsychologie, 5. Auflage, Zürich/Stuttgart 2001.

Ulich [Arbeitspsychologie 1998]
Ulich, E.: Arbeitspsychologie, 4. Auflage, Zürich/Stuttgart 1998.

Unruh [Arbeitskraftunternehmer 2001]
Unruh, L.: Vom Lohnsklaven zum Arbeitskraftunternehmer?, in: direkte Aktion (2001), 146, URL: http://www.arbeitsalltag.de/Texte/Lohnskl-AKU.pdf (27.04.2007).

Wagner [Anreizpotentiale 1991]
Wagner, D. (1991): Anreizpotentiale und Gestaltungsmöglichkeiten von Cafeteria-Modellen, in: Schanz (Hrsg.) [Handbuch 1991], Seite 91-109.

Wagner [Personalmanagement 1991]
Wagner, D.: Organisation, Führung und Personalmanagement: neue Perspektiven durch Flexibilisierung und Individualisierung, 2. Auflage, Freiburg im Breisgau 1991.

Wagner [Cafeteria-Ansatz 1986]
Wagner, D.: Möglichkeiten und Grenzen des Cafeteria-Ansatzes in der Bundesrepublik Deutschland, in: Betriebswirtschaftliche Forschung und Praxis (1986), 1, Seite 16-27.

Wagner et al. [Entgeltbestandteile 2005]
Wagner, D./Grawert, A./Doyé, Th./Langemeyer, H./Legel, A.: Flexibilisierung und Individualisierung von Entgeltbestandteilen: Eine empirische Studie, in: Zander/Wagner (Hrsg.) [Entgeltmanagement 2005], Seite 153-180.

Wahren [Kommunikation 1987]
Wahren, H. K. E.: Zwischenmenschliche Kommunikation und Interaktion in Unternehmen: Grundlagen, Probleme und Ansätze zur Lösung, Berlin et al. 1987.

Walter-Busch [Arbeitszufriedenheit 1977]
Walter-Busch, E.: Arbeitszufriedenheit in der Wohlstandsgesellschaft: Beiträge zur Diagnose der Theoriesprachenvielfalt betriebspsychologischer und industrie-soziologischer Forschung, Bern et al. 1977.

Watzlawick [Wirklichkeit 1976]
Watzlawick, P.: Wie wirklich ist die Wirklichkeit? Wahn – Täuschung – Verstehen, München/Zürich 1976.

Watzlawick et al. [Kommunikation 1974]
Watzlawick, P./Beavin, J. H./Jackson, D. D.: Menschliche Kommunikation: Formen, Störungen, Paradoxien, 4. Auflage, Bern et al. 1974.

Webers [Zielvereinbarungen 2006]
Webers, Th.: Führungskräfte für Zielvereinbarungen qualifizieren, in: Eyer (Hrsg.): [ERA 2006], Seite 149-168.

Weinert [Personalpsychologie 2004]
Weinert, A. B.: Organisations- und Personalpsychologie, 5. Auflage, Weinheim et al. 2004.

Weinert [Menschenbilder 1995]
Weinert, A. B.: Menschenbilder und Führung, in: Kieser et al. (Hrsg.) [HWFü 1995], Spalte 1495-1510..

Weinert [Anreizsysteme 1992]
Weinert, A. B.: Anreizsysteme, verhaltenswissenschaftliche Dimension, in: Frese (Hrsg.) [Handwörterbuch 1992], Spalte 122-133.

Weinert [Lehrbuch 1992]
Weinert, A. B.: Lehrbuch der Organisationspsychologie: menschliches Verhalten in Organisationen, 3. Auflage, Weinheim 1992.

Weinert [Lehrbuch 1987]
Weinert, A. B.: Lehrbuch der Organisationspsychologie: menschliches Verhalten in Organisationen, 2. Auflage, München et al. 1987.

Werhahn [Menschenbild 1989]
Werhahn, P. H.: Menschenbild, Gesellschaftsbild und Wissenschaftsbegriff in der neueren Betriebswirtschaftslehre: faktortheoretischer Ansatz, entscheidungsorientierter Ansatz und Systemansatz im Vergleich, 2. Auflage, Bern et al. 1989.

Wienkamp [Anreizförderung 1996]
Wienkamp, H.: Anreizförderung durch systematisches Gehaltsmanagement, in: Meier (Hrsg) [HRM 1996], Seite 261-290.

Winter [Gestaltung 1997]
Winter, S.: Möglichkeiten der Gestaltung von Anreizsystemen für Führungskräfte, in: Die Betriebswirtschaft (1997), 5, Seite 615-629.

Winter [Managementanreizsysteme 1996]
Winter, S.: Prinzipien der Gestaltung von Managementanreizsystemen, Wiesbaden 1996.

Winterstein [Personalmanagement 1997]
Winterstein, H.: Erfolgreiches Personalmanagement durch Mitarbeiterinformation, in: Personal (1997), 10, Seite 518-522.

Wiswede [Kommunikation 1981]
Wiswede, G.: Kommunikation, in: Beckerath et al. (Hrsg.) [Betriebspsychologie 1981], Seite 226-231.

Wolf [Cafeteria-Plan 1993]
Wolf, Ch.: Variable Vergütung in Form eines Cafeteria-Plans, in: Personal (1993), 5, Seite 204-210.

Wolff/Göschel [Führung 1990]
Wolff, G./Göschel, G.: Erfolgsfaktor Führung, Kommunikation und Kooperation als Antwort auf den Wertewandel, Frankfurt am Main 1990.

Würzberg [Beeinflussungskommunikation 1998]
Würzberg, G. H.: Unternehmenskommunikation ist Beeinflussungskommunikation. Eine Warnung vor dem fahrlässigen Verzicht auf das Kerngeschäft, in: Merten/Zimmermann (Hrsg.) [Unternehmenskommunikation 1998], Seite 346-354.

Wunderer/Grundwald [Führungslehre 1980]
Wunderer, R./Grunwald, W.: Führungslehre. Band 1: Grundlagen der Führung, Berlin et al. 1980.

Zander/Wagner (Hrsg.) [Entgeltmanagement 2005]
Zander, E./Wagner, D.: Handbuch des Entgeltmanagements, München 2005.

Zerfaß [Unternehmenskommunikation 2007]
Zerfaß, A.: Unternehmenskommunikation und Kommunikationsmanagement: Grundlagen, Wertschöpfung, Integration, in: Piwinger/Zerfaß (Hrsg.) [Unternehmenskommunikation 2007], Seite 21-70.

Zerfaß [Kommunikations-Controlling 2006]
Zerfaß, A.: Kommunikations-Controlling. Methoden zur Steuerung und Kotrolle der Unternehmenskommunikation, in: Schmid/Lyczek (Hrsg.) [Unternehmenskommunikation 2006], Seite 431-465.

Zimbardo et al. [Psychologie 2006]
Zimbardo, P. G./Gerrig, R. J./Graf, R.: Psychologie, 16. Auflage, München 2006.

Die Autorin:

Nach ihrer Ausbildung zur Touristikkauffrau an der Höheren Lehranstalt für Tourismusberufe in Bad Leonfelden war Heike Kniesel mehrere Jahre in verschiedenen Bereichen der Hotellerie und Gastronomie tätig. Durch ihre Studien der Kommunikationswissenschaft und der Angewandten Betriebswirtschaftslehre erfuhr die Autorin eine interdisziplinäre Ausbildung, welche ihr eine breite Herangehensweise an spezifische Fragestellungen erlaubt. Schon früh erkannte sie ihr Interesse für die Bereiche Marketing und Personal, welches sie durch ihre universitäre Ausbildung auch theoretisch vertiefen konnte. Während ihrer Studienzeit war Heike Kniesel im Einzelhandel, in einer Marketing Agentur sowie im Personalbereich tätig. Im Anschluss daran war sie als Assistentin und Lektorin an der Abteilung für Marketing und Internationales Management an der Alpen-Adria Universität Klagenfurt beschäftigt. Aktuell arbeitet Heike Kniesel an ihrer Dissertation im Bereich Marketing/Neue Medien.